HELLA SCHWERLA

Hitze, Dreck & Erleuchtung

Mein Leben im Kral eines afrikanischen Schamanen

GOLDMANN
Lesen erleben

Buch

Wenn die Trommeln schweigen … Hella Schwerla folgt der Einladung eines afrikanischen Sangoma, eines Schamanen, ihn in sein abgeschiedenes Dorf zu begleiten. Sie wurde als Retterin ausgewählt, wurde ihr geweissagt. Schon in früher Kindheit entdeckte sie ihre übersinnlichen Fähigkeiten, doch erst in der Abgeschiedenheit des südafrikanischen Dorfes erkennt sie ihre Bestimmung. Eingeholt von der harten Realität und bitteren Armut, begibt sie sich auf eine spirituelle Reise, an deren Ende sich sowohl ihr eigenes Schicksal als auch das des Stammes zum Positiven wenden.

Autorin

Hella Schwerla, geboren und aufgewachsen im Emsland, lebt seit vielen Jahren in München. Sie ist gelernte Journalistin, arbeitete bei Tageszeitungen und Illustrierten. Neben ihrer Tätigkeit als Autorin für Feature, Hörspiel, Film und Fernsehen, Kinder- und Sachbücher schrieb sie drei Romane. Psychologie sowie Energiearbeit sind ein zweites Standbein der Vielgereisten. Zu ihrem engsten Kreis gehören ihr Sohn Andreas, seine Frau Diana, der Enkel Alexander, die Hündin Ninja, die sie aus Afrika mitbrachte, Manu, ihre große Liebe, und eine Handvoll sehr guter Freunde.

Hella Schwerla

Hitze, Dreck & Erleuchtung

Mein Leben im Kral eines
afrikanischen Schamanen

GOLDMANN

MIX
Papier aus verantwortungsvollen Quellen
FSC® C014496

Verlagsgruppe Random House FSC® N001967
Das für dieses Buch verwendete FSC®-zertifizierte Papier
Pamo House liefert Arctic Paper Mochenwangen GmbH.

Originalausgabe Januar 2015

Umschlaggestaltung: UNO Werbeagentur, München
Umschlagmotiv: Getty Images / AWL Images / Peter Adams;
Corbis / Hero Images; FinePic®, München
Fotos: Hella Schwerla, privat
Karte: Peter Palm, Berlin
Lektorat: Birgit Groll, Benediktbeuern
SSt · Herstellung: cb
Satz: EDV-Fotosatz Huber/Verlagsservice G. Pfeifer, Germering
Druck und Bindung: GGP Media GmbH, Pößneck
Printed in Germany
ISBN: 978-3-442-22098-4

www.goldmann-verlag.de

»Ich kenne Hella Schwerla seit unserer gemeinsamen Zeit mit Don Eduardo Calderon in den Achtzigerjahren. Sie ist willensstark, mit einem klaren Geist und einem wunderbaren Sinn für Humor. So überrascht es mich nicht, dass sie die Härten und die Herausforderungen gemeistert hat, die das Leben mit einem afrikanischen Sangoma und seinem Stamm ausmachen. Ihrem Mut und einem offenen Herzen verdanken wir ihre Weisheit und die Gaben, die sie uns mitbringt.«

Alberto Villoldo, Anthropologe, Schamane und Bestseller-Autor

Der Sangoma, Jambolane Mpapane, beim Knochen werfen

Inhalt

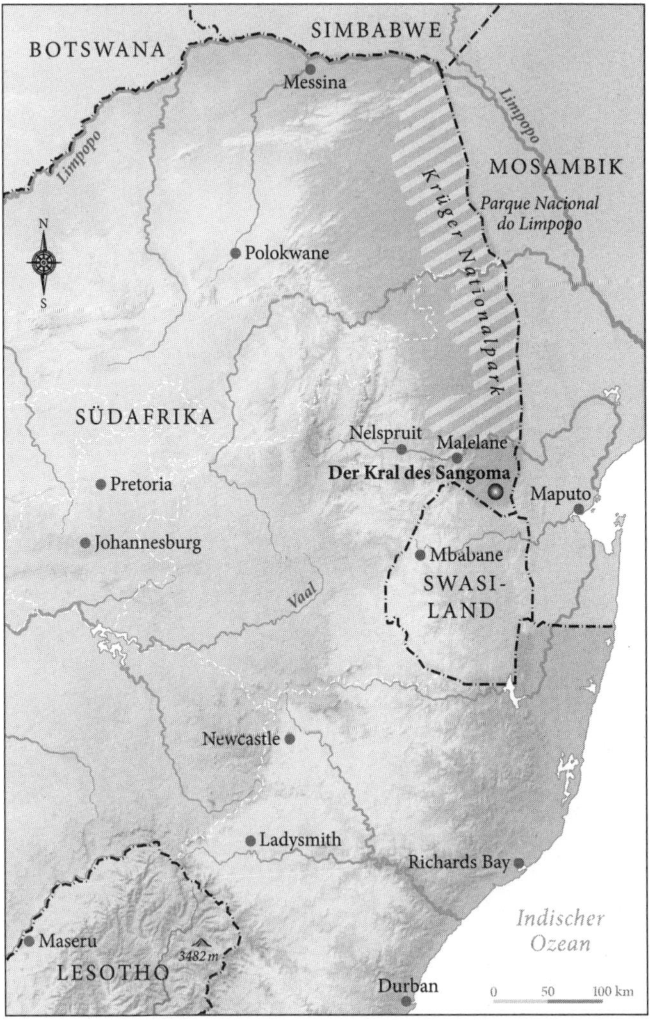

SIMBABWE
BOTSWANA
Messina
Limpopo
Limpopo
MOSAMBIK
Krüger Nationalpark
Parque Nacional
do Limpopo
N
S
Polokwane
SÜDAFRIKA
Nelspruit
Malelane
Der Kral des Sangoma
Pretoria
Maputo
Johannesburg
Mbabane
SWASI-
LAND
Vaal
Newcastle
Ladysmith
Richards Bay
Indischer
Ozean
Maseru
3482 m
LESOTHO
Durban
0
50
100 km

Prolog

»Reisen ist, in jedem Augenblick
geboren werden und sterben.«
Victor Hugo

Unerklärlicher Leichtsinn mag mich geleitet haben. Oder ein ebenso wenig erklärbares Vertrauen in einen Clan mächtiger Schutzengel. Als jugendliche Torheit kann mein afrikanisches Abenteuer jedenfalls nicht durchgehen. Immerhin habe ich die Mitte des Lebens überschritten, und in diesem Alter ziehen es Frauen aus meinem Kulturkreis im Allgemeinen vor, sich in komfortablen Hotels an Touristenstränden zu vergnügen.

Ich aber habe die Einladung eines Sangoma im Süden Afrikas angenommen. So werden die Schamanen dort genannt. Mich darauf einzulassen war wohl das Verrückteste auf meinem ohnehin nicht eben geradlinig verlaufenden Lebensweg.

Wie ein roter Faden zieht sich ungebändigte Neugier, gepaart mit einem Hang zu Risiko und Experimentierfreude, durch mein Leben. Mit Selbst- und Grenzerfahrungen, die mich hier, im tiefsten Afrika, in einem Albtraum gefangen halten.

Jeden Abend höre ich die Trommeln aus der großen Hütte am anderen Ende des Krals. Ich weiß inzwischen, dass sie nur dann stumm bleiben, wenn jemand gestorben ist. Und das kam viele Male vor in den sechs langen Monaten, während ich hier lebe – wenn man das leben nennen kann.

Werden die Trommeln das nächste Mal meinetwegen schweigen?

Noch bin ich am Leben. Und das grenzt an ein Wunder.

Es ist noch sehr früh, ungefähr vier Uhr, und die dicke schwarze Frau vor der Hütte neben mir stampft unaufhörlich den Mais in einem Trog. Dumpfe, monotone Geräusche. Unmöglich, noch ein wenig zu schlafen. Stundenlang geht das so weiter, bis in den Vormittag hinein, und ich kann nichts denken als dieses Bumm, Bumm, Bumm, das meinen Körper vibrieren lässt.

Ich sitze inzwischen vor meiner mit Blech gedeckten Hütte, denn drinnen würde ich mich bei fast fünfzig Grad in Kürze wie ein gebratenes Spiegelei fühlen. Das Vordach bietet nur wenig Schatten. So drücke ich mich fest an die Lehmwand meiner Hütte. Kinder toben durch den Kral, schielen immer wieder verstohlen zu mir herüber. Anfangs schrien sie noch vor Angst, denn für sie, die noch nie eine Weiße gesehen hatten, war ich ein Geist. Die Frauen tragen Ballen auf dem

Kopf, balancieren Wassereimer, bewegen sich träge und stetig. Hin und wieder ein Kopfnicken in meine Richtung, ein paar Sätze mit Klicklauten, die ich nicht verstehe. Sie laufen barfuß oder in zerfledderten Sandalen an mir vorbei, bunte Tücher um die Hüften. Bis vor Kurzem noch hatten sie meist nackte Oberkörper, die jungen Frauen feste runde Brüste, die alten Frauen Schläuche, an denen schon viele Kinder gestillt worden waren.

Mir läuft der Schweiß in Strömen am ganzen Körper hinunter. Aus Angst vor den vielen Schlangen, den tödlichen Schwarzen und Grünen Mambas, trage ich hoch geschnürte Stiefel und Safarikleidung aus dem Outdoorshop in meiner deutschen Stadt, die im Augenblick unerreichbar ist – eine Fata Morgana. Auf meinem Kopf trage ich den runden gefleckten Safarihut, und mein Gesicht ist mit einer Sonnenmilch mit dem höchsten Schutzfaktor eingecremt, was mich noch weißer wirken lässt. Ich atme ein und atme aus. Ein, aus, ein, aus, ein, aus. Niemand spricht mit mir, niemand nimmt mich wahr. Bin ich unsichtbar? Der Schweiß rinnt in Strömen über meinen glühenden Körper. Wie lange hat mein Körper noch Flüssigkeitsreserven? Kaum mehr Trinkwasser. Der Hunger macht mir nichts, aber der Durst trocknet nicht nur meine Kehle aus, er erzeugt auch Wahnvorstellungen.

Ich hielt mich immer für einen gebenden, sich eher aufopfernden Menschen, der auch einmal auf etwas verzichten kann, um anderen zu helfen. Nun kann ich mir zum ersten Mal vorstellen, dass ich für sauberes Wasser stehlen, betrügen, vielleicht sogar töten könnte. Ich habe Angst vor einer

Welt, in der das eines Tages passieren könnte, ich habe Angst vor mir selbst.
Wenn es doch nur wieder Nacht wäre, da sinkt die Temperatur auf 30 bis 35 Grad, und ich kann vor meiner Hütte sitzen, ohne zu leiden. Wie sehr hatte ich um eine mit Schilf bedeckte Hütte gebeten, denn da drinnen wäre es sicherlich kühler, aber niemand verstand mich. Die Blechbüchse, in der ich leben muss, ist eine Ehre für den weißen Gast. Anfangs trug ich auch noch ein Netz über dem Gesicht zur Moskitoabwehr, bis ich merkte, dass es dort, am Fuße der Hügel, keine Moskitos gibt. Die Tabletten, die ich geschluckt hatte als Vorsorge gegen die schwirrenden Ungeheuer, schwächen mich, machen mich krank. Mein Oberkörper ist mit Schorf bedeckt, und mein Fieberthermometer zeigt fast 40 Grad.

Als ich mich vor einiger Zeit – ich weiß nicht, ob es zwei Tage oder zwei Wochen her ist – dem Brunnen näherte, um mir in einer blauen Plastikschüssel Wasser zu holen, warnte mich eine der Frauen mit einem unverständlichen Wortschwall aber eindeutigen Handbewegungen davor, das Wasser aus dem Brunnen zu trinken. Die Kühe grasen oberhalb des Brunnens, und ihre Ausscheidungen gelangen ins Grundwasser.

Ich muss haushalten mit den restlichen Wasserflaschen.

Es gibt nur ganz wenige Männer in diesem Kral – zwei heranwachsende Söhne von Jambolane, dem Schamanen, der in Afrika Sangoma genannt wird, zwei bis drei Lohnarbeiter, die nur tagsüber schwereren Tätigkeiten nachgehen. Sie machen wochenlang einen großen Bogen um mich herum. Später erfahre ich, dass der Alte ihnen Verwünschungen angedroht hat, falls sie mir zu nahe kommen.

Der Sangoma Jambolane, der Schamane, Doktor, Psychotherapeut, Zauberer, Priester und Fürst seines Clans ist, hat vierzehn Ehefrauen und fünfundachtzig Kinder. Inzwischen ist er über achtzig Jahre alt, hat dennoch ein fast faltenloses Gesicht, wenig graue Haare an den Schläfen und einen schlanken, durchtrainierten Körper.

Er hatte mir einen Übersetzer versprochen, Ngwenya aus Swasiland, aber bisher ist nichts passiert. Ich fühle mich wie in einer Falle, ohne Chance, das ändern zu können. Zuerst war ich verzweifelt, tobte, schrie, inzwischen bin ich lethargisch, wehre mich nicht mehr.

Wahrscheinlich werde ich hier sterben. Mein Leben zieht an mir vorbei, die Höhen und Tiefen – ein bewegtes Leben, und ich gebe mich hin. Was ist so schlimm daran, in Afrika zu sterben? Ich habe gelebt, und es gibt nichts zu bedauern.

Als ich nach vorne kippe, fängt mich eine junge Frau auf, sie ist wunderschön und spricht ein fast unverständliches Englisch. Ich solle keine Angst haben, es würde gesorgt für mich, der Sangoma würde mich heilen. Träume ich? Die Hütte, in die man mich trägt, ist kühl.

Mehrere Frauen flößen mir eine bittere Flüssigkeit ein, und innerhalb kurzer Zeit verlässt mich, was ich in den letzten Wochen zu mir genommen habe, aus allen Körperöffnungen. Es ist erstaunlich, was noch alles in mir war. Mit dem stinkenden Wasser aus dem Brunnen werde ich abgewaschen.

Man schleppt mich in einen engen Raum, der erfüllt ist mit heißem Dampf. Es riecht nach Kräutern. Eine übel riechende Decke wird über mich geworfen, und ich meine zu ersticken.

Die Stimme von Jambolane kommt von irgendwoher – ein monotoner Singsang.

Togo, die ich später Kleopatra nenne, redet beruhigend auf mich ein, dass alles gut wird, ich keine Angst haben soll. Ich atme ein und aus, und dann umgibt mich tiefe Schwärze.

Das war's dann wohl, ist mein letzter Gedanke.

ERSTER TEIL

Die Einladung

»Gott hat den Weißen die Uhren gegeben –
und uns die Zeit.«

Afrikanisches Sprichwort

Hätte ich nicht doch ahnen können, worauf ich mich einlassen würde, als Jambolane mich in seinen Kral einlud? Denn immerhin kenne ich mich doch um einiges besser als die meisten Menschen, mit denen ich zu tun habe. Und die Erfahrungen mit mir selbst zeigten mir im Laufe der inzwischen gelebten Jahre, dass die Unebenheiten des Lebens mich eher anzogen als glatt polierte, überschaubare Flächen. Dennoch schien anfangs nichts darauf hinzudeuten, dass eine Reise nach Afrika unberechenbar, ja sogar gefährlich werden könnte.

Durch meine Arbeit als Journalistin bin ich vielen bunten Vögeln begegnet, zu denen für mich auch Schamanen und Heiler gehörten, über die ich in meinen Berichten eher leisen Spott träufeln ließ. Je näher ich die Magie, die Naturmedizin wie auch die Menschen aus verschiedenen Kulturen kennenlernte, umso mehr wuchs meine Achtung, desto weniger lehnte ich das Andersartige ab.

Als meine Beiträge nicht mehr so kritisch und verurteilend waren wie früher, blieben Aufträge in dieser Richtung aus, und so nutzte ich die Zeit, mich mit wesentlichen, tief gehenden Inhalten zu beschäftigen.

Während verschiedener Schamanengipfel in Europa arbeitete ich von nun an nicht mehr als gut bezahlte Reporterin, sondern als ehrenamtliche Mitarbeiterin. Non-profit-Gewinn der edelsten Art. Ich lernte wunderbare Menschen kennen und gewann Einblick in neue Dimensionen des Lebens.

In Alpbach, einem österreichischen Ort in den Bergen, war ich seit Beginn der 1980er-Jahre dabei, dort begegnete ich Schamanen und Heilern aus aller Welt, u.a. dem Peruaner Don Eduardo, der bis zu seinem Tod mein Freund und Lehrer war. Auch Percy, einen Sangoma aus Soweto, traf ich dort, der wie fast alle Schamanen und Heiler die Scheu vor den Kongressteilnehmern von Mal zu Mal verlor, aber – wie ich mit Bedauern feststellte – damit auch das Ursprüngliche, Authentische der Anfänge.

Nach wie vor aber waren alle Schamanen, die ich im Laufe der Jahre kennenlernte, in der Welt der Spirits ebenso zu Hause wie in der realen. Und in der Realität waren sie manchmal alles andere als Heilige.

1998 fand der Kongress am Mondsee in Österreich statt, und dieses Mal war auch der Lehrer von Percy, Jambolane, eingeladen. Man hatte ihn in einem entlegenen Winkel von Südafrika entdeckt, an der Grenze von Mosambik und Swasiland, irgendwo im Niemandsland.

Es war nicht einfach gewesen, ihn zu der großen Reise mit dem eisernen Vogel, der viele Kontinente überflog, zu überreden, aber nun war er da und mit ihm sein Übersetzer und Schüler aus Swasiland, Mthandem Ngwenya. Und ich sollte die beiden während der Zeit des Kongresses betreuen.

Ngwenyas Name bedeutet »Krokodil«, und als ich ihm gegenüberstand, musste ich lachen. Wie kann ein so freundlicher Mensch Krokodil heißen? Sein von ihm verehrter Lehrer und Meister Jambolane, dem in seinem Kulturkreis so viel Macht und Wissen zugesprochen wird, wirkt im postkartenschönen Mondsee mit Hunderten von Gästen wie ein schüchterner alter Mann, dessen Outfit mit Federn und Fellen einem Kostüm gleicht.

Ich will ihm die Hand schütteln, aber er weicht zurück. Mit sanfter Stimme erklärt Ngwenya, das Krokodil, dass man einen Sangoma nicht berühren darf. Ich mache die buddhistische Verneigung, Namasté, und nun lächelt der Alte. Ein kurz aufblitzendes Vertrauen zeigt sich in seinen dunklen Augen. Dennoch – die vielen weißen Menschen machen ihm offensichtlich Angst. Er ist irritiert, verunsichert und zieht sich in den ersten Stunden hinter einer Wand des Schweigens zurück. Das Krokodil versucht sich an einem Small Talk mit mir, aus dem ich nichts erfahre. Wie das bei Small Talks eben so ist.

In einer großen Zeremonie mit Musik und Ansprachen werden die Schamanen aus aller Welt am nächsten Morgen den Kongressteilnehmern und der Presse vorgestellt. Eine spirituelle, exotische

Show vom Feinsten. Die meisten scheinen das zu genießen – meine beiden Schützlinge lassen es über sich ergehen wie ein unausweichliches Schicksal. Beide sind die Energien der Erwartung, Hoffnung, Neugier und Bedürftigkeit in dieser hohen Potenz nicht gewöhnt.

Die überkritische Journalistin von früher bin ich nicht mehr – inzwischen bin ich fest davon überzeugt, dass es für uns Westler wichtig ist, von alten Kulturen zu lernen. Andererseits habe ich Sorge, dass wir dabei die Menschen erneut ausbeuten. In alten Zeiten nahmen wir den Eingeborenen die Bodenschätze weg, was auch heute noch in einigen Ländern der Welt der Fall ist. Vermarkten wir nun als Nächstes ihre Spiritualität? Ich denke, der Planet ist nur zu retten, wenn wir voneinander lernen, wenn wir Hand in Hand gehen. Andernfalls schafft auch hier die Globalisierung ein neues Gefälle von Armut und Reichtum, von äußerlich satten, innerlich leeren Menschen, die sich bedienen an den seelischen Ressourcen Hungernder. Oder gibt es irgendwann eine Balance, einen echten Energieausgleich?

Ich merke, dass sich meine Gedanken mal wieder heillos verknoten, je mehr ich nachdenke. Bin ich vielleicht deshalb hier, um ein Gleichgewicht in meinem eigenen Inneren gewinnen zu können? Ich habe keinen blassen Schimmer. Und das Einzige, was mir für eine Weile Ruhe schenkt, ist, wenn ich mich still hinsetze, atme, nicht rede. Das bringt vor allem die innere Quasselstrippe zum Schweigen.

Zum Glück habe ich ein eigenes Zimmer, und nach dem Trubel des ersten Tages tut es mir gut, allein zu sein. Ich lege mich angezogen aufs Bett und schaue in die Abenddämmerung, die bald von der Dunkelheit umarmt wird. In der wohltuenden Ruhe allerdings werden auch die Stimmen in mir lauter, bis ich sie durch tiefes Atmen beruhigen kann. Dennoch – die Fragen nach dem Woher, Warum und Wohin wispern weiter. Meine Gedanken fliegen weit zurück.

Ich habe gelernt, andere zu analysieren, zu durchschauen. Obwohl ich für mein offenes, freundliches Wesen geschätzt werde, Herzen damit gewinne, ahne ich immer mehr, dass ich mich verstecke, sozusagen eine Tarnkappe trage, damit niemand mein wahres Wesen erkennt. Weil die Angst vor Ächtung, Bestrafung größer ist als die Sehnsucht, gesehen und geliebt zu werden, wie ich bin. Ich kann nicht schlafen, starre in die Dunkelheit, erinnere mich an das kleine Mädchen, das ich einmal war.

> Auf einem Bauernhof in einem winzigen Dorf an der holländischen Grenze bin ich als Nachkömmling aufgewachsen. Meine fast erwachsene Schwester verhätschelte das hübsche Lockenköpfchen mit den blauen Sternenaugen, mit dem sie wie mit einer Puppe spielte, und meine beiden großen Brüder beschützten mich.
> Die überforderte Mutter, der schwache, alkoholabhängige Vater – beide liebten das heitere, anspruchslose Kind. Jahrelang war ich der Sonnenschein in ihrem armen grauen Leben. Vielleicht haben mir diese ersten heilen Jahre so

viel Stabilität gegeben, dass ich spätere Höllen überleben konnte.

Und ich liebte die Tiere des Hofes, gab jedem einen Namen. Der Hund, doppelt so groß wie ich, war mein starker, verlässlichster Freund. Ich sammelte verletzte Tiere, brachte sie mit nach Hause und pflegte sie, bis sie gesund waren und ich sie wieder freilassen konnte. Wie zum Beispiel einige Meisen, eine Krähe, eine Schwalbe – doch wenn ich meine kleine Hand öffnete, um sie in ihre Welt der Lüfte fliegen zu lassen, weinte ich bitterlich. All das wurde von der Familie nachsichtig hingenommen. Als ich jedoch beim Füttern von Mäusebabys erwischt wurde, fielen die ersten harten Worte. Damals verstand ich nicht, dass Bauern keine Mäusezucht auf dem Hof dulden konnten, und ich war sehr böse, als man die kleinen Wesen ertränkte.

Ich fing an, mich zu verstecken, wenn ich laute Stimmen hörte. Ob sich meine Eltern stritten oder meine Geschwister, immer dachte ich, ich hätte etwas falsch gemacht, und machte mich aus dem Staub. Mein Lieblingsversteck war die Heureuse über den Pferden. Der dampfende Geruch des Heus und das beruhigende Schnauben der Pferde machten mich schläfrig und zufrieden. Manchmal wurde ich erst nach Stunden gefunden. Niemand zeigte Freude, wenn man mich fand, die ersten Bestrafungen begannen. Zunächst erntete ich missbilligende Worte und Blicke, dann erhielt ich Schläge für den Ungehorsam. Mit vier Jahren wollte ich schon lesen und schreiben lernen und löcherte die Geschwister und Eltern, mir die schwarzen Buchstaben in der einzigen Zeitung zu erklären. Aber es kamen mir nur

Hohn und Ablehnung entgegen. Man schubste das nervende, störende Kind so lange weg, bis es nicht mehr fragte. Also sprach ich nur noch mit den Tieren, die mich verstanden. Selbst die Kettenhunde des Dorfes ließen mich in ihre Hütten, duldeten es, wenn ich mich an ihr verfilztes Fell schmiegte. Erst wenn ich ihnen lästig wurde, beförderten sie mich aus ihrer Behausung. Ohne mir je weh zu tun. Als ich einen Bauern mit einem Gewehr kommen sah, wusste ich, dass er den Hund erschießen würde, wenn ich länger bliebe. Ich hatte öfter gesehen, wie es war, wenn ein Tier getötet wurde, und verzichtete auf weitere Besuche in den Hundehütten. So verbrachte ich meine Tage oft auf einer Wiese oder im Wald, wo ich mich sicher fühlte. Dort konnte ich träumen, mit den Waldgeistern reden, mit all den unsichtbaren Wesen in der Natur, zu denen nur ich Zutritt hatte.

Tante Maria, die Nachbarin von gegenüber, wurde Kräuterhexe genannt. Obwohl sie aufgesucht wurde, wenn man ihre Hilfe brauchte, mied man sie am Tage. Mir wurde verboten, zu ihr zu gehen, was meine Neugier ins Unermessliche wachsen ließ. Karlchen, ihr Enkel, sah anders aus als die semmelblonden, rotbackigen Kinder des Dorfes mit seinen schwarzen Haaren, seiner braunen Haut und den dunklen Augen. Ich fand ihn wunderschön und hätte gern mit ihm gespielt, war aber ebenso scheu wie er. Als ich fünf Jahre alt war, verschluckte ich einen Hühnerknochen, und nun rief meine Mutter nach Tante Maria, die mich an den Füßen hochhob und so lange auf mir herumklopfte, bis der Knochen wieder herausflog und ich aufhörte zu keuchen. Ohne sie wäre ich erstickt, und nun konnte mir niemand mehr verbieten, sie und Karlchen zu besuchen.

Es wurde ein wunderschöner, glücklicher Sommer. Wann immer ich dem Elternhaus entwischen konnte – nun musste ich mich nicht mehr verstecken. Ich hüpfte vergnügt über die wenig befahrene Dorfstraße auf die andere Seite zu dem verwinkelten Häuschen, das nicht zu Unrecht Hexenhaus genannt wurde, zu Tante Maria und ihrem schönen, dunkelhaarigen Enkel. Sie nahmen mich mit in den Wald, um Kräuter zu pflücken. Tante Maria kochte sie in einem großen Topf über dem offenen Feuer oder verarbeitete sie zu Pasten. Dabei murmelte sie unverständliche Worte. Wenn die Leute im Dorf den Rosenkranz beteten, hörte sich das ähnlich an. Damit würden sie zu richtigen Heilsalben, sagte sie. Ich aß bei ihr, und es schmeckte mir besser als zu Hause, wo man meine besten Freunde, die Hühner und Schweine, tötete. Bei ihr gab es häufig frische Salate und Gemüse. Meine Wangen röteten sich, und meine Mutter konnte nichts sagen, denn ich sah gesund aus, und außerdem verdankte ich ja Tante Maria mein Leben. Manchmal schlichen sich Leute ins Haus, meist aus den Nachbardörfern, manchmal auch nach Einbruch der Dunkelheit, aus unserem Dorf. Tante Maria rief mich zu sich, wenn die Patienten, wie sie sie nannte, die Augen geschlossen hatten und legte meine kleinen Hände auf die Stellen, wo sie Schmerzen hatten. Nach wenigen Malen wusste ich von selbst, was ich zu tun hatte, und ich spürte, dass es den Menschen sofort besser ging. Ich machte diese Arbeit mit großer Freude und voller Stolz, und ich verlor meine Schüchternheit.

»Kann ich jetzt zaubern wie du?«, fragte ich Tante Maria mit großen Augen.

»Das ist kein Zauber«, lächelte sie, »das konnten früher viele Menschen. Heute wissen nur die meisten nichts mehr davon. Aber behalte das besser für dich. Menschen wie wir es sind, sind immer verfolgt worden.«

Ich schüttelte empört meine langen Locken, weil ich das gar nicht verstehen konnte. Es fühlte sich schön an, wenn meine Hände auf den Kranken lagen, und sie waren so dankbar. Tante Maria allerdings sorgte dafür, dass ich außer Sicht war, wenn diese wieder die Augen aufschlugen. Ich bekam von Tante Maria nach den »Behandlungen« immer etwas Süßes, das rar war in dieser Zeit, und das Geld legte sie auf die Seite.

»Für Karlchen«, bemerkte sie entschuldigend.

»Dann heirate ich Karlchen später, wenn er reich ist«, antwortete ich spitz, denn etwas ungerecht fand ich es schon, dass ich nichts davon bekam. Meine Mutter hatte mir oft klargemacht, wie wichtig Geld sei und dass ich mal einen reichen Bauern heiraten solle. Damit es mir besser ginge als ihr.

So ging der Sommer dahin, und meine Mutter schaute mich von Tag zu Tag missbilligender an, wenn ich hoch erhobenen Hauptes sagte, dass ich nun zu Tante Maria ginge, um ihr zu helfen. Was ich dort machte, verriet ich nicht, aber meine Mutter schimpfte, ich solle lieber ihr im Haushalt und auf dem Feld helfen.

Tante Maria hatte auch nichts dagegen, wenn ich mit Karlchen allein an den Fluss und in den Wald ging. »Ich vertraue euch. Also passt gut aufeinander auf. Und lasst euch nicht von den Leuten im Dorf erwischen.« Wir verstanden ihre Sorge nicht. Karlchen und ich bauten Höhlen, kletterten auf Bäume, planschten im seichten Wasser des Flusses, gingen Hand in Hand durch den Wald und beobachteten Tiere.

An einem heißen Sommertag ruhten wir uns auf einer sonnenbeschienenen Lichtung aus. Ich kuschelte mich eng an ihn. »Willst du mich heiraten?«, flüsterte ich. Er nickte und streichelte meine Haare, schaute mir in die Augen und sagte mir, wie schön ich sei. Ja, ihn würde ich heiraten, und zwar nicht wegen des Erbes von Tante Maria. Dass meine Eltern das nicht so gern sähen, war mir klar, aber es kümmerte mich nicht.

»Warum heiraten wir nicht gleich?«, fragte ich ihn leise. Und dann zog ich mich aus. Er tat dasselbe, und wir kuschelten uns eng aneinander, streichelten uns überall. So hatte ich es mal bei meinem älteren Bruder gesehen, der schon eine Freundin hatte und sich mit ihr heimlich im Wald traf. Ich seufzte – jetzt wusste ich, warum Erwachsene das so gern taten.

Plötzlich knackte es in den Büschen, und meine beiden Brüder standen mit hochroten Köpfen über uns.

»Was haben wir da für kleine Ferkel?«, schrie der eine empört. »Jetzt wollen wir mal hören, wie ihr quieken könnt.« Der Größere schnappte sich Karlchen, der wie erstarrt war und sich nicht wehrte. Ich strampelte und schrie, versuchte wegzulaufen, aber der jüngere Bruder war stärker und schleppte mich hinterher. Zwischendurch ohrfeigte er mich, wenn ich zu laut schrie und weinte.

»Karlchen werden wir bei der Hexe abgeben, und du kommst mit nach Hause. Vielleicht sieht Mama jetzt, dass du nicht mehr das süße Goldmädchen bist«, knurrte er böse.

Ich sah noch, wie der Ältere Karlchen vor die Haustür seiner Großmutter schubste und dass Tante Maria ihn in die Arme nahm und tröstete. Vor dem Haus wartete meine Mutter, die die Jungen losgeschickt hatte, um mich zu suchen. Der Vater war wieder in der Kneipe und trank, und ich war die Einzige, die ihn holen konnte. Als sie sah, dass ich nur ein Höschen anhatte, fragte sie den Bruder, was los sei.

»Die hat Schweinereien mit Karlchen gemacht. Und jetzt wirst du sie sicher genauso bestrafen wie uns sonst. Immer wird sie vorgezogen.« Ich sah, dass sie nicht wusste, was sie tun sollte, und schaute sie flehend an.

Aber dann stieg ihr das Blut in den Kopf, und sie schrie voller Zorn: »Das werden wir dir austreiben. Die alte Hexe hat dich verzaubert.« Meinem Bruder sagte sie, er solle die Peitsche holen, er wisse ja, wo sie sei.

Triumphierend kam er mit der Peitsche zurück, die inzwischen nur noch fünf lederne Striemen hatte, und ich wand mich in den Armen der Mutter. »Bitte nicht«, flüsterte ich, denn ich ahnte, wie sehr das schmerzen würde. Oft genug hatte ich andere Kinder im Dorf schreien hören, wenn sie geschlagen wurden. Sie sagte meinem Bruder, er solle mich festhalten, und dann schlug sie zu, immer wieder, während ihr die Tränen über die Wangen liefen. Ich schrie bei jedem Schlag erschrocken auf, weil es furchtbar weh tat. Tante Maria hatte mir gesagt, es gäbe Engel und Geister, die mir immer helfen würden. Tonlos sprach ich zu ihnen, bat sie, mich von den Schmerzen zu erlösen. Von einer Sekunde zur anderen spürte ich nichts mehr, hörte auf zu weinen. Ich lachte und sang, weil es aufgehört hatte, weh zutun. Meine Mutter hielt inne und schlug dann noch wütender zu. »Sie ist völlig verstockt, es sind böse Geister in ihr. Ich werde mit dem Pfarrer sprechen.« Dann ließ sie mich abrupt los, und ich lag bewegungslos auf der staubigen Straße. Niemand konnte mir mehr weh tun.

Wenn sie mich in den nächsten Jahren schlug, und das kam immer öfter vor, spürte ich die Schläge nicht mehr, und selbst als ich vom Fahrrad fiel und mir einen Arm brach, merkte ich nichts. Es war, als ob ein trockener Ast abbrach.

Es dauerte Jahrzehnte, bis ich wieder körperlichen Schmerz spüren konnte. So lange hatte sich mein Körper einen Schutzpanzer zugelegt.

Zu Tante Maria durfte ich nicht mehr, und wenn ich ihr oder Karlchen zufällig begegnete, senkte ich den Kopf. Ich war nun ein blasses Kind, das häufig das Essen ablehnte und wortkarg wurde. Ich machte gehorsam die Arbeiten, die meine Mutter mir auftrug, und als ich endlich in die Schule kam, flackerte mein Lebenslicht etwas heller, weil das Lernen mir leicht fiel. Die Lehrer waren verwundert, dass ich schon etwas lesen und schreiben konnte, aber da ich auf ihre Fragen nicht antwortete, ließen sie mich in Ruhe. Ich wurde die Beste in der kleinen Dorfschule, und meiner Mutter gefiel es nicht, dass ich bevorzugt wurde. »Bleib bescheiden. Du bist nichts Besonderes«, predigte sie mir fast täglich.

Als einer meiner Brüder krank wurde, setzte ich mich zu ihm ans Bett. Meine Hand wollte sich auf seinen schmerzenden Bauch legen, aber ich zuckte zurück. Es war noch nicht so lange her, dass er mich verraten hatte, mich von Tante Maria und Karlchen weggerissen hatte. Ich konnte ihm nicht verzeihen, wünschte ihm sogar, dass es ihm noch schlechter ging.

»Du gehörst in die Hölle«, sagte ich, und ich spürte, dass mir schlecht wurde. Schnell verließ ich sein Zimmer, das er mit seinem Bruder teilte. Kurz darauf bekam er hohes Fieber, und man benachrichtigte den Doktor, der ihm etwas einflößte. Danach ging es ihm wieder besser, aber wenn er mir begegnete, zischte er: »Ich hab's gehört – du wolltest, dass ich sterbe. Du bist auch eine Hexe.« Plötzlich wusste ich, dass ich nicht hilflos war, und ich nahm mir vor, jeden zu bestrafen, der mir weh tun wollte.

Kurz darauf wurde ich selbst krank, bekam auch hohes Fieber, das sich nicht senken ließ. Der Arzt war ratlos, seine Medikamente halfen nichts.

»Ich will Tante Maria«, wimmerte ich. »Die Hexe kommt mir nicht ins Haus«, schimpfte meine Mutter, und dann weinte sie. Mein Vater kam zur Tür herein, und er war so nüchtern, wie ich ihn kaum kannte. »Es geht jetzt um ihr

Leben, und wenn sie glaubt, dass Maria ihr helfen kann, hole ich sie. Sie hat ihr schon mal das Leben gerettet«, setzte er sanfter hinzu und legte den Arm um die Mutter.

Kurz darauf kam Tante Maria ins Zimmer. »Ich muss mit ihr allein sein, sonst kann ich nichts tun«, sagte sie ungewohnt scharf. Mein Vater schob die Mutter, die ängstlich schaute, behutsam aus dem Raum. Tante Maria setzte sich an mein Bett, flößte mir eine bittere Flüssigkeit ein, legte ihre Hand auf meine Brust und strich mir über den Kopf.

»Du weißt schon, warum du krank bist, meine Kleine«, sagte sie liebevoll.

Ich senkte schuldbewusst den Blick.

»Du hast die Gabe, Menschen zu heilen, aber mit derselben Kraft kannst du sie auch krank machen, ja sogar zerstören«, sprach sie so ernst wie noch nie mit mir. Dann zog sie eine kleine Statue aus der Tasche. Die Muttergottes, die immer auf ihrem Sims stand, wenn sie Kranke versorgte. »Schwöre, dass du deine Gabe nie mehr so anwenden wirst, denn sonst wirst du krank davon. Du kannst helfen, und du sollst helfen.«

Ich schwor und fragte, ob ich bei ihr lernen dürfe. Sie schüttelte den Kopf.

»Das war viel zu früh, ich hätte es wissen müssen. Erst wenn du erwachsen bist, kannst du weitermachen.«

Ich schüttelte verzweifelt den Kopf. »Wenn ich es jetzt nicht darf, will ich es gar nicht mehr«, antwortete ich trotzig und weinte wieder.

Ich war noch am selben Abend gesund, aber Tante Maria hatte meiner Mutter versprochen, dass sie mich nicht mehr in ihr Haus ließe. Ein paar Monate später starb sie. Bei der Beerdigung von Tante Maria sah ich Karlchen zum letzten Mal, man brachte ihn zu entfernten Verwandten, und ich spürte, wie ich wieder erstarrte. Ich wollte nicht so werden wie er oder Tante Maria, wollte weder Böses noch Gutes tun. Ich wollte ein Kind werden wie die anderen. So fing ich an zu verleugnen, wer ich war, weil ich fürchtete, dadurch Menschen zu verlieren, die ich liebte, und weil ich Angst vor Bestrafung hatte.

Gewaltloser Widerstand wurde mir fast zur Gewohnheit. Trotz meiner Bitten und der Empfehlungen meiner Volksschullehrer, mich aufs Lyzeum zu schicken, verweigerten meine Eltern mir weitere Bildung. »Nutzlos für ein Mädchen, das nähen und kochen lernen sollte. Gefährlich für ein Mädchen, weil es dann zu klug für einen Mann und vielleicht eine alte Jungfer werden würde«, waren die Kommentare meiner Eltern. Ende der 1950er-Jahre eine gängige Denkweise, besonders auf dem Land. Ich redete nicht mehr, auch wenn es dann Ohrfeigen gab, ich aß fast drei Monate nichts, trank nur heimlich Wasser. Bis der Arzt sich einschaltete und meinen Eltern klar machte, dass ich sterben würde, wenn sie meinen Wunsch nicht erfüllten. Ich gewann und jubelte innerlich. Ich hatte ein Machtmittel entdeckt gegen Diktatur. Als Erwachsene hatte das allerdings keine Wirkung mehr.

Meine Mutter, die mich trotz ohnmächtiger Strenge auf ihre Weise liebte, spürte, dass ich ihr entglitt, und reagierte zornig auf jedes Fremdwort, das aus meinem Mund kam. Was mich beflügelte, nur noch komplizierte Sätze, gespickt mit Fremdwörtern, zu formulieren. In der Pubertät provozierte ich sie so sehr, dass sie mich halb tot schlug. Schreiend und weinend. An einem Heiligabend, an dem ich mich vergeblich an den Handgelenken geritzt hatte, versteckte ich mich in einer Waldhöhle und kämpfte dagegen an, böse Flüche gegen die Familie, ja gegen das ganze Dorf, auszustoßen. Ich erinnerte mich an Tante Maria, die ich so sehr vermisste, und an mein Versprechen. Als man mich Stunden später fand, halb erfroren, wild blickend, blutig, schlug meine Mutter die Irrenanstalt vor. Ihre Hilflosigkeit mit diesem seltsamen Kind hatte ihren Höhepunkt erreicht. Mein sonst schwacher Vater verbot das, und ich passte mich die Jahre darauf an.

Belohnung zu erhalten für Heuchelei und das Vernebeln meiner Fähigkeiten – das waren bis ins Erwachsenenalter meine sowohl traurigen als auch bewährten Strategien.
All diese Erinnerungen überfluteten mich in meinem Hotelzimmer, und die Tränen wollten nicht aufhören zu fließen. Ich weinte noch einmal um das geschundene Kind, das sich nicht wehren konnte. Dann schlief ich endlich ein.

Das erste Seminar mit Jambolane ist übervoll. Es ist das erste Mal, dass er in Europa ist. Man hat viel über ihn gehört, aber ihn noch nie persönlich erlebt. Ich stelle ihn und seinen Übersetzer Ngwenya vor, erzähle etwas über den Hintergrund ihrer Arbeit, aber viel mehr als das, was in der Broschüre der Veranstalter steht, ist es nicht.

Jambolanes Werkzeug ist das Knochenwerfen, ein Orakel. Er hält das Bündel mit den Knochen fest unter seinen Arm geklemmt, und alle warten darauf, dass er es nun endlich vorführt. Von Percy, Jambolanes Schüler, sind sie das seit Jahren gewöhnt. Alle schauen nun erwartungsvoll auf den so authentischen großen Stammesfürsten und Schamanen.

Als Ngwenya ihm die Bitte vorträgt, schüttelt er energisch den Kopf. Das sei ein heiliges Ritual, das man nicht einfach vorführen dürfe. Es müsse einen Grund dafür geben, zum Beispiel, wenn jemand Hilfe braucht. Ein enttäuschtes Raunen geht durch den Raum. Ich bitte um Verständnis und sage, dass stattdessen Fragen gestellt werden könnten.

Ein Finger hebt sich zögernd. »Was machst du mit einem Schwerkranken, wenn du ihm nicht mehr helfen kannst?«, fragt eine junge Frau aus der ersten Reihe. Zögernd antwortet der Alte auf Swasi, von Ngwenya ins Englische und dann von mir ins Deutsche übersetzt. Ich versuche, neutral zu wirken, obwohl ich ahne, dass eine spirituelle Antwort erwartet, aber nicht kommen wird.

»Dann versuche ich, ein Auto zu organisieren, und bringe ihn ins nächste Krankenhaus«, lässt Jambolane sagen. Enttäuschte Gesichter. An diesem Tag und auch am nächsten. Weiterhin verweigert Jambolane, der Sangoma, die Demonstration mit dem Knochenorakel, und seine Antworten fallen meist pragmatisch aus. Die Teilnehmer haben viel Geld für die Woche mit den Schamanen aus aller Welt gezahlt und wollen etwas dafür haben. Ich verstehe das ebenso wie die Zurückhaltung des Alten. Wie so oft sitze ich zwischen sämtlichen Stühlen.

In den Tagen darauf erfahre ich von Jambolane, dass er sich als Bindeglied zur modernen Medizin sieht. In seinem Land wird er von den weißen Ärzten ebenso geachtet, wie er sie akzeptiert. In Europa hatte er erhofft, sich austauschen, Neues erfahren zu können. Noch sind keine Ärzte auf ihn zugekommen, nur Menschen, die etwas wissen und von ihm haben wollen. Er fühlt sich turbulenten, unbekannten Energien ausgesetzt, die ihm fast körperlich weh tun.

Ich merke, dass es ihm nicht gut geht, seine Kraft von dieser großen Menge Hilfe suchender, neugieriger und wissbegieriger Menschen gefressen wird. Auch wenn er versucht, ihnen gerecht zu werden, es gelingt ihm nicht. Er wird von Tag zu Tag stiller.

Nach dem Abendessen sitze ich mit ihm und Ngwenya in seinem Zimmer – auf dem Boden, auch wenn das meinem Rücken nicht gut tut. Ich frage ihn, was ich für ihn tun könne. »Fahr mich nach Hause«, antwortet er mit einem Blick, der mich an ET erinnert. Und was macht man mit einem heimwehkranken Kind? Eis essen gehen.

Natürlich mache ich den beiden klar, dass das nicht geht mit der Fahrt nach Afrika, über Kontinente und das Meer, und dass er ja schließlich den Veranstaltern etwas versprochen hat, das er auch halten muss – aber ich würde versuchen, ihnen die Freizeit so angenehm wie möglich zu machen.

Also packe ich ihn und das Krokodil in mein altes Cabrio und fahre Richtung Achensee. An einem Restaurant an der Straße halte ich. Bereits der Seminarort ist durch die vielen Menschen nicht gerade still, hier aber rasen noch dazu unentwegt Autos vorbei. Die beiden strahlen, finden es spannend, die funkelnden Karossen zu betrachten und zu zählen.

Ich schlage zuerst Wiener Schnitzel vor, und meine farbigen Gäste rollen verzückt mit den Augen, als sie die handtellergroßen Fleischfladen essen. Dann gibt es endlich das versprochene Eis, das erste im Leben der beiden Männer. Noch nie habe ich so leuchtende Augen bei irgendjemandem gesehen, nicht einmal bei Kindern.

Wir steigen in ein Touristenboot und gondeln bei strahlendem Sonnenschein über den Achensee. Die beiden lehnen sich an die Reling und schauen staunend auf das Wasser, in die Berge. Eine leuchtende Energie geht von ihnen aus. Wenn die Touristen auf dem Boot zu ihnen schauen, lächeln sie freundlich. Zwei Gestalten mit bunten Tüchern, Federn und Pelzmützen mitten im Sommer, die sind nicht zu übersehen. Einige nähern sich und fragen, woher sie kommen, was sie hier machen. Ich habe selten Fremden gegenüber eine solche Hochachtung gespürt. Ich gebe die Fragen weiter, und Jambolane hört gar nicht mehr auf zu erzählen, so dass Ngwenya und ich mit dem Übersetzen kaum nachkommen. Zum ersten Mal scheint sich der alte Mann wohlzufühlen.

Als wir aussteigen und an den Souvenirständen vorbeigehen, fragt ein stämmiger Bayer in Tracht die beiden, was sie sich wünschen.

Er will ihnen ein Geschenk machen. Sie wählen zwei Maßkrüge und zwei Affen in Tracht, die jodeln, wenn man ihnen auf den Bauch drückt. Gelächter bei meinen Schützlingen und der Traube von Menschen in Tracht um uns herum.

Am liebsten würden die beiden nur noch Ausflüge machen, aber ich erkläre ihnen noch einmal, dass sie auch eine Verpflichtung gegenüber den Kongressteilnehmern eingegangen sind, und dass man erwartet, von ihnen beiden viel über ihre Arbeit als Sangoma zu erfahren. Nun endlich haben sie verstanden und sind bereit, so viel preiszugeben wie möglich. Schließlich haben sie außer den Reisekosten auch noch ein Honorar bekommen, das den Familien zu Hause eine Weile helfen wird.

Die Gestaltung der Seminare wird jetzt leichter, Jambolane wirft die Knochen hin und wieder sogar für einen der Teilnehmer, wenn er erkennt, dass dieser krank ist oder anderweitig Hilfe braucht. So kommt letztlich doch noch jeder auf seine Kosten.

In der freien Zeit fahren wir weiter herum, ich zeige ihnen einen Teil dieser für sie so fremden Welt. Als wir einmal in ein Dorf kommen, und ein Freilichtmuseum mit uralten Häusern besuchen, sind beide begeistert.

»So haben die Menschen hier also früher gewohnt«, raunt Ngwenya mir zu.

Jambolane pfeift leise Melodien, murmelt vor sich hin, während er sich die Häuser innen mit großem Interesse anschaut, alles anfasst, während ich den Wärter ablenke.

Hinterher – natürlich bei Bier und Schnitzel – frage ich Ngwenya, warum sein Lehrer gepfiffen und geredet hätte. »Er hat mit den

Geistern der Vorfahren geredet«, antwortet Ngwenya. Sie haben ein elendes Leben gehabt, und einige der Seelen irrten immer noch in den Häusern herum. Er habe sie getröstet und ihnen den Weg nach Hause gezeigt. Zuerst Besprechen der Geister, dann Wiener Schnitzel. Für Schamanen, die zwischen den Welten wandern können, ein ganz normaler Alltag.

Ich weiß, dass die beiden bisher weder ihr Land noch kaum ihre nähere Umgebung verlassen haben. Ich frage sie, warum sie eigentlich nach Europa gekommen seien. Hat das Geld sie gelockt? Jambolane nickt. Das sei schon ein Anreiz gewesen, denn sein Stamm sei wirklich sehr arm, aber die Entscheidung sei durch einen Traum gefallen, in dem ihm gesagt wurde, er würde auf den Schwingen des Adlers reisen und dort einen Menschen treffen, der sein Volk retten würde.

Verblüfft frage ich ihn, ob er denn schon jemanden gesehen habe, der das sein könnte. Nun fangen beide an zu lachen, dieses ansteckende kindliche Lachen, das ich seit dem ersten Eis schon ein paar Mal gehört habe. Nachdem sie sich beruhigt haben, schaut der Alte, der plötzlich aussieht wie ein junger Mann, mich ernst an.

»Weißt du das denn nicht selbst?«, fragt er ungläubig. »Du bist es, die kommen wird, um meinem Volk zu helfen. Deshalb musst du auch bald nach Afrika reisen. Du wirst in unserer großen Familie leben. Wir lernen von dir und du von uns.«

Ich verschlucke mich, und das Krokodil klopft rhythmisch auf meinen Rücken, bis ich wieder durchatmen kann. Dann schüttele ich den Kopf, weiche aus, sage, dass ich arbeiten muss, einen Hund zu versorgen habe, dass das eine teure Reise sei und überhaupt. Freundlich hört er meinen Einwänden zu, wackelt nachdenklich mit dem Kopf und erwidert: »Du bist mir angekündigt, deshalb bin ich gekommen. Also wird es so sein.«

Sprung nach Afrika

Es wird noch mehr als ein Jahr dauern, bis sich seine Weissagung erfüllt, an die ich keinen Moment geglaubt hatte. Bertram Verhaag, der bekannt ist für seine außergewöhnlichen Dokumentarfilme, redet mir zu: »Erkundige dich doch mal, ob überhaupt ein Dreh in dem Kral möglich ist. Wäre doch fantastisch, wenn du dort eine Ausbildung zur Schamanin machen würdest und wir das filmen könnten.«

Ich weiß, dass Jambolane eine anerkannte Schamanenschule in seinem Kral gegründet hat und dass die Ausbildung bei ihm drei Jahre dauert. Das geht für mich auf keinen Fall. Bertram lässt sich nicht beirren: »Vielleicht geht es auch in einigen Monaten. Material für einen Film hätten wir dann genug. Flieg du erst einmal hin.«

Ich bleibe skeptisch, ob dieser Sangoma Heilungen, Rituale filmen lassen würde. Und was die Einmischung der westlichen Welt für seinen Stamm bedeuten würde, wäre ja auch zu bedenken.

Ich verspreche Bertram nichts, aber ich sage, dass ich mal anfragen würde, ob mein Kommen überhaupt noch erwünscht sei und wie es mit einem Film aussähe über mein Leben dort oder sogar über eine Ausbildung.

> Wie immer wich ich aus auf die vertraute Stimme meines Verstandes, der mir sagte, dass ich diese Reise nur machen darf, wenn es sinnvoll ist für die Welt der Materie. Obwohl ich schon so vielen außergewöhnlichen spirituellen Menschen begegnet war, eigene tiefgehende Erfahrungen gemacht hatte, die schrille Stimme des Zweifels meldete sich immer wieder. Und obwohl meine Seele wusste, dass diese Reise ins Ungewisse nur deshalb stattfinden würde, weil sie wichtig sein würde für meine eigene Entwicklung und um dort Antworten zu bekommen.

Einige Wochen später bekomme ich eine Antwort von Jambolane. Er hat jemandem den Brief diktiert. Er habe sich schon gefragt, warum ich noch nicht dort sei. Ich wisse doch, dass sich die Weissagung erfüllen müsse. Auf die Fragen nach einer Ausbildung und einem Film reagiert er gar nicht.

Inzwischen hatte ich die früheste Möglichkeit wahr genommen, aus meiner freien Mitarbeit als Autorin fürs Fernsehen auszusteigen. Die Arbeit in dieser Scheinwelt hatte mir schon länger keine große Freude mehr gemacht, und mit der Abfindung würde ich über die Runden kommen, wäre auf jeden Fall frei, mich in neue Abenteuer zu stürzen.

Recherchen über den Stamm und den Teil Afrikas, in den ich reisen würde, machte ich nicht. Es sollte ja zuerst einmal ein kürzerer Besuch sein, bei dem ich die Möglichkeiten von Dreharbeiten erkunden würde. Ich war zu diesem Zeitpunkt nicht gebunden, und mein Untermieter würde sich um die Wohnung, die Blumen und den Hund kümmern.

Das Wichtigste aber war – ich spürte, dass es Veränderung, Wachstum in meinem Leben geben sollte. Dass ein Sprung ins Ungewisse genau jetzt richtig wäre – wo auch immer ich landen würde. Aufkommenden Ängsten oder meiner Skepsis wollte ich keinen Raum mehr lassen. Ein Wunsch, der nicht so schnell erfüllt werden sollte.

Ich würde zuerst einmal nach Johannesburg fliegen, und in den Stunden des Zwischenstopps würde ich zwei Entwicklungshelfer treffen, mit denen ich schon länger in Kontakt stand. Sie hatten unter anderem großen Erfolg mit Solarkochern und dachten, dass Jambolanes Clan sich vielleicht dafür interessieren würde. Eventuell könnte ich noch einen kleinen Zwischenstopp bei Percy in Soweto machen. Danach würde ich mit einer kleinen Maschine nach Nelspruit, der Hauptstadt von Mpumalanga, weiterfliegen.

Der Krüger-Nationalpark, den ich auch gern besuchen würde, ist dort ganz in der Nähe.

Alle nötigen Impfungen hatte ich machen lassen, aber sonst wollte ich mir über nichts mehr Gedanken machen. Freiheit sollte für mich jetzt anders aussehen als in den Jahrzehnten zuvor.

Bertram Verhaag, der Dokufilmer, ist mit einem kleinen Team am Flughafen, um meinen Abflug zu drehen, als Einstieg für einen eventuellen Film. Als Air France meine 30 Kilo Übergepäck nicht akzeptieren will, frage ich mit der Kamera im Hintergrund den Verantwortlichen, ob er wirklich eine Spendenaktion für bitterarme Menschen verhindern will. Ich hatte vor allem Bekleidung gesammelt, Spielzeug, Modeschmuck, Süßigkeiten für die Kinder und 300 Kondome von einer Aids-Beratungsstelle. Dass die Kondome zu Lachsalven führen und die Büstenhalter für die vierzehn Ehefrauen und unzähligen Töchter des Schamanen eine neue Mode kreieren würden, ahnte ich da noch nicht.

Meine Chuzpe hatte mich jedenfalls erst einmal ins Flugzeug gebracht – mitsamt dem Übergepäck.

Während des Fluges werde ich innerlich kleinlaut, und alte Ängste holen mich doch wieder ein. Auf drei Monate mindestens habe ich mich nun festgelegt, und die Albträume der letzten Wochen machen mich verzagt. Von Moskitos, Schlangen, wilden Tieren habe ich geträumt und von schwarzen Menschen, die mich töten wollen. Die Apartheid ist erst wenige Jahre vorüber, und es gibt inzwischen viele Berichte über manchmal lebensbedrohliche Angriffe von Schwarzen auf weiße Touristen, oft mit tödlichen Folgen. Kein Wunder, dass es nach Jahrhunderten der Knechtung, Versklavung und Missachtung von schwarzen Menschen erst einmal eine Gegenbewegung geben würde, auch wenn die neuen schwarzen Führer, vor allem der charismatische Nelson Mandela, Versöhnung und nicht Rache wollten.

Aber ob sich das bis in diesen entlegenen Winkel des Kontinents herumgesprochen hatte?

Ich überspiele meine Verzagtheit gekonnt mit vordergründiger Gleichmütigkeit – auch dem Ehepaar Weinmann gegenüber, das mich am Flughafen erwartet. Wieder einmal bin ich das Kind, das im Wald pfeift, eine Überlebensstrategie, die mich lange begleitet hat. Die Weinmanns sind ein sympathisches Ehepaar aus dem Rheinland, das in Afrika schon viele Jahre Entwicklungsarbeit macht. Ich hatte schon von Deutschland aus Kontakt zu ihnen aufgenommen. Und nun freuen wir uns, uns endlich kennenzulernen. Ich muss in Johannesburg ein paar Stunden warten, und sie wollen diese Wartezeit gern mit mir verbringen.

Wir gehen in ein Bistro, und beide erzählen mir mit leuchtenden Augen von ihrem Engagement. Sie freuen sich wieder auf Deutschland, aber das Heimweh, das sie haben werden, wenn sie Afrika wieder verlassen, ist jetzt schon spürbar.

Gerade mit Solarkochern haben sie schon vielen Afrikanern helfen können.

»Und der Natur«, fügt Eberhard Weinmann hinzu, »denn dann müssen sie nicht noch den Rest des Baumbestands abholzen.«

Die beiden haben die Apartheid noch mitbekommen, sind froh, dass das nun vorbei ist, aber sie sagen auch, dass für Weiße das Leben jetzt erst einmal gefährlicher wird. Viele sind mit Gewalt von ihrem Land vertrieben, einige sogar getötet worden. In Johannesburg und anderen Touristenmetropolen nimmt die Kriminalität zu, denn es herrscht vielerorts ein unglaublicher Zorn auf die »Herrenrasse«, der lange Zeit niedergeknüppelt worden ist.

Ich erzähle ihnen von meinem Leben, meinem Vorhaben, und sie versprechen mir jede Unterstützung, die ich brauchen könnte. Die Stunden vergehen schnell, und als es heißt, der Flug nach Nelspruit sei auf den nächsten Tag verschoben worden, bieten sie mir an, eine Nacht bei ihnen zu bleiben.

Mir kommt die Idee, Percy in Soweto zu besuchen. Er ist ein Schüler von Jambolane, den ich auf dem Schamanenkongress kennengelernt hatte. »Da ist es besonders gefährlich«, meinen sie, »und es wird schwer sein, einen Taxifahrer zu finden, der Sie dorthin fahren wird.« Aber der Gedanke setzt sich in mir fest, und so rufe ich Percy an, der es ebenso für bedenklich hält, sich aber freuen würde, wenn ich käme. »Du bist eine Frau, die keine Angst hat, das spüren sie. Und du sagst einfach, dass du zu mir, einem Sangoma, fahren willst.«

Es gefällt den Weinmanns gar nicht, dass ich einen Abstecher nach Soweto machen will. Dort ist es fast noch gefährlicher als in Johannesburg. »Sie sollten auf keinen Fall stehen bleiben, auch nicht die Fenster öffnen, um jemanden nach dem Weg zu fragen«, raten sie mir, denn vor allem der Stadtteil Kliptown zähle neben den Favelas in Südamerika zu den gefährlichsten Orten der Welt. Sie sind besorgt, merken aber bald, dass sie mir nicht so schnell etwas ausreden können. »Percy hat gesagt, es sei okay, wenn ich komme, und außerdem werden mich meine Krafttiere und die guten Geister beschützen«, sage ich optimistisch und versuche damit, gleichzeitig sie und mich selbst zu beruhigen.

Ein Taxifahrer kommt, aber als er hört, wohin ich will, winkt er ab. »Das kann man mir gar nicht bezahlen«, sagt er, »mein Auto ist viel zu neu, als dass ich das riskieren würde. Und mein Leben ist mir auch viel zu viel wert.« Ich bitte ihn, mir einen Kollegen zu schicken, der ein nicht so schönes Auto hat wie er, und sage dass ich zu einem Sangoma wolle. Er kratzt sich kurz am Kopf, überlegt, ob er in diesem Fall nicht doch selbst fahren soll, sagt dann aber: »Ich weiß schon, wen ich frage. Jack kennt sich da besser aus als ich.«

Zehn Minuten später ist Jack da. Ein riesengroßer Schwarzer mit einem offenen, selbstsicheren Lächeln. »Mein Kollege hat mir schon gesagt, wohin es geht. Ich bin da aufgewachsen, und außerdem ist *mein* Auto wirklich nicht neu.« Er sieht die Besorgnis meiner weißen Freunde und schüttelt beschwichtigend den Kopf. »Bei mir ist sie ganz sicher, vertrauen Sie darauf.«

Ich stelle noch sicher, dass mein Gepäck rechtzeitig auf die Maschine nach Nelspruit gebracht wird, dann verabschiede ich mich von den freundlichen Entwicklungshelfern und sage zu, dass wir uns auf dem Rückflug wieder hier treffen würden. Vielleicht könne ich ihnen dann sagen, was die Leute im Kral brauchen könnten.

Jack geht mit mir aus dem Flughafen, und da steht seine Luxuskarosse – fast schrottreif. Normalerweise sitzt man als Gast in diesen Ländern hinten, aber als ich ihn bitte, neben ihm sitzen zu dürfen, freut er sich und schaufelt alles Mögliche vom Beifahrersitz auf den Boden.

Zuerst sehe ich beim Hinausfahren aus Johannesburg ganze Straßenzüge mit blühenden Jacarandabäumen. Alles ist in Blau getüncht. Es sind noch 15 bis 20 Kilometer, bis wir nach Soweto hineinfahren. Nun wird es karg und grau, es gibt kaum Pflanzen und Bäume. Stolz zeigt Jack mir dann etwas später das Krankenhaus, das Mandela gespendet hat, und das Haus von Bischof Tuto. Anfangs sieht es noch ganz gut aus auf den Straßen. Ich hatte es mir schlimmer vorgestellt. »Ja, hier wohnt inzwischen die schwarze Mittelschicht«, sagt er, »aber warte ab, nachher wird's schlimm.« Er hat recht, bald sehen wir nur noch billige, heruntergekommene Bauten, fast Kasernen. »Das kommt daher, dass die Leute vom Land, die in Johannesburg arbeiten wollen, hier wohnen. Dadurch ist es hier wie früher, arm und dreckig. Und Weiße wohnen natürlich auch keine hier.«

Das klingt etwas verbittert, soweit dieser so fröhliche Mann es überhaupt sein kann. Dann fangen alle Sätze mit »Weißt du eigentlich …« an.

»… dass Soweto die Abkürzung von South Western Townships sei, also Südwestliches Wohngebiet«, erzählt er mir. Und dass der Aufstand im Jahr 1976 friedlich von Schülern und Studenten begonnen hatte. Die Regierung wollte durchsetzen, dass in den Schulen nur Afrikaans und nicht mehr Englisch gelehrt wurde. »Und dann wurden die Jugendlichen und auch Kinder einfach zusammengeschossen. Man sagt, es waren um die 500, aber es waren viel mehr und zudem noch Tausende von verletzten und traumatisierten Kindern und Jugendlichen.

Aber dieser Aufstand war eben auch das Symbol gegen die Apartheid. Da hat es angefangen, dass wir uns nichts mehr gefallen ließen.«

Ich schaue aus dem Fenster. So in etwa hatte ich mir eher Indien vorgestellt. Dieser Teil Sowetos ist eine einzige Schutthalde, auf der nur eine Kuh steht, die nach Fressbarem sucht. Unbewaffnete Kinder und Jugendliche stelle ich mir vor und es ist nicht zu fassen, dass man sie einfach abknallte. Ich fange an, den immer noch schwelenden Hass gegen Weiße zu verstehen.

An den Straßen nur kleine Hütten, allesamt Bruchbuden. Zerfall. Wir fahren im Schritttempo, ich habe den Zettel mit Percys Adresse in der Hand. Eine Horde Jugendlicher stürmt auf das Taxi los. Jack bricht das ungeschriebene Gesetz, nicht zu halten oder ein Fenster zu öffnen, und ich bekomme eine Gänsehaut. Aber er scheint ohne Furcht. »Percy?«, fragt er – ein einziges Wort, das den Bann bricht. »Yes!«, schreien sie und laufen fröhlich johlend vor uns her bis zu der Hütte, die wohl Percy gehört. Sie liegt versteckt hinter einem Bretterzaun, und ohne die Hilfe der Jungen hätten wir sie nie gefunden. Eine riesige Glocke hängt davor, und ein Junge zieht kräftig am Seil.

Ein Rudel Hunde springt laut kläffend am Zaun hoch, und dann kommt er schon. Percy, wie ich ihn von den Schamanenkongressen in Erinnerung habe, ein großer, fast majestätischer Mann. Er umarmt mich herzlich zur Begrüßung und bedankt sich bei seinem schwarzen Bruder, dem ich das Doppelte des verlangten Preises gebe. »Gefahrenzulage«, sage ich, und er grinst dankbar. Ob er mich am nächsten Morgen abholen soll, fragt er, und Percy nickt. Ich sage ihm meine Abflugzeit, und er verspricht, rechtzeitig da zu sein. »Er wird kommen, mach dir keine Sorgen«, sagt Percy, nachdem Jack mit quietschenden Reifen abgefahren ist. Die Jugendlichen laufen wieder laut johlend hinter dem Taxi her, dankbar für jede Ablenkung. So viel Müll und Elend – und dennoch strahlen alle, als ob ihnen nichts fehlen würde.

Percy bittet mich hinein, und ich stehe in einem großen Raum, in dem er lebt und arbeitet. Ein riesiger Fernseher lärmt. Er stellt ihn auch nicht aus, solange wir miteinander reden.

Alles über meine Reise zu seinem Lehrer will er wissen. Dann erzählt er mir, dass er drei Jahre lang seine Ausbildung bei ihm gemacht hat. »Das war nicht einfach, meine Liebe, und es gab auch nicht so viel Luxus wie hier. Du wirst dich dort an einiges gewöhnen müssen, an die Armut und den Schmutz. Aber wenn du das durchhältst, wirst du viel gelernt haben.« Er gibt mir einen kleinen Beutel und bittet mich, ihn Jambolane zu geben. Ich werde nie erfahren, was darin ist.

In einer gegenüberliegenden Hütte sehe ich eine Frau arbeiten, der ich freundlich zuwinke. »Deine Frau?«, frage ich. Er schüttelt den Kopf. »Die ist schon lange weg. Aber eine gute Freundin, das ist sie.« Er sagt, dass ihm bisher noch keine Frau begegnet sei, die wieder eine Gefährtin auf Augenhöhe sein könnte. Freundinnen fürs Vergnügen, das ja. Gut für ihn, gut für sie.

Dann fragt er mich, wie es denn bei mir aussehe, ob ich nun endlich einen Mann habe. Ich verneine, erkläre ihm, dass es bisher noch nicht gepasst habe, ähnlich wie bei ihm. Und was ich tun soll, um nicht ewig allein zu bleiben, frage ich ihn.

Er lacht schallend. »Ja, du tust recht, niemanden als Gefährten zu nehmen, der dein Klient sein könnte. Aber du wirst den Richtigen finden, irgendwann.« Was ich denn inzwischen mit meinen körperlichen Bedürfnissen anfangen soll, frage ich kleinlaut: »Then you go to your buddha and beg him: Send me somebody to fuck.« Ich muss etwas schlucken, obwohl ich nicht prüde bin. Aber dass ein Schamane so etwas rät, scheint mir doch grenzwertig zu sein.

Im Laufe der Zeit merke ich allerdings, dass gerade Schamanen beide Seiten haben, eine spirituelle, mit der Geisterwelt verbundene, und eine sehr erdgebundene, praktische, auf der sie sind wie jeder Sterbliche. Und eben so, wie es zu ihrem Kulturkreis passt. Bei Percy ist es offensichtlich der Macho. Den, wie ich später erfahre, die Frauen hier auch haben wollen.

Wir plaudern noch eine Weile, trinken das eine und andere Bier, und dann zeigt er mir ein Sofa in der Ecke. »Da kannst du schlafen. Ich bin da hinten in dem großen Bett, falls du heute Nacht Albträume bekommst.« Mit einem dröhnenden Lachen verschwindet er, geht dann aber zu der Frau in der anderen Hütte, als er mein erschrockenes Gesicht sieht, und bleibt die Nacht über dort.

Er weckt mich eine Stunde, bevor Jack mit seinem Taxi vor der Tür steht, lässt uns von der Frau heißen Kaffee und frisches Weißbrot mit Butter servieren, zerdrückt mich fast an seiner breiten Brust bei der Verabschiedung und gibt mir seinen Segen für die Reise, die mein Leben verändern werde, wie er sagt.

Bald sitze ich in der kleinen Maschine nach Nelspruit, ein wackliger Flug, was meinem drohnenden Schädel zu schaffen macht. Afrikanisches Bier bekommt mir noch weniger als deutsches. Wir überfliegen den Krüger-Nationalpark, der mit seinen Tieren aus dieser Höhe gut zu erkennen ist. Aber ich ziehe es vor, noch etwas zu schlafen.

Am Tag zuvor hatte ich den Sohn von Jambolane noch einmal angerufen, um ihm meine Verspätung zu melden. Nachdem sein Vater mir seine Handynummer mitgeschickt hatte, kontaktierte ich ihn einige Male vor dem Abflug.

Wer von den vielen Schwarzen wird der älteste Sohn von Jambolane sein?, frage ich mich, als wir in Nelspruit gelandet sind. Ich weiß, dass er mit seiner Familie in einem Township bei Malelane in der Nähe von Nelspruit lebt. Niemand kommt auf mich zu, und irgendwann sitze ich auf meinen Koffern allein vor dem Flughafen. Ich kann niemanden erreichen, und so bleibt mir nichts anderes übrig, als zu warten, etwas, das ich besonders schlecht kann. Irgendwann erfasst mich bei 40 Grad im Schatten eine Lethargie, die man braucht für dieses Land. Geduld ist etwas, das ich in den nächsten Monaten lernen muss.

Fünf Stunden später rast ein klappriges Gefährt quietschend um die Ecke, und heraus steigt ein dicker großer Schwarzer um die fünfzig. Er kommt strahlend auf mich zu und zerquetscht mir fast die Hand. Drei Kinder sitzen im Fond, so dass mein Gepäck kaum Platz hat. Er nennt sich Doc Jambolane, und bis zuletzt habe ich nicht erfahren, warum. Ein Arzt ist er jedenfalls nicht. Er spricht Englisch und sagt, dass ich erst einmal ein paar Tage bei ihm wohnen könne, denn sein Vater sei unterwegs, Heilungen machen. Meine erste Enttäuschung, denn ich dachte, als zukünftige Heilsbringerin des Stammes würde mir doch ein anderer Empfang zustehen.

An einem Maisfeld hält er an: »Das gehört alles mir«, sagt er stolz und breitet die Arme aus. Ein paar Schwarze arbeiten dort, und der Doc erteilt scharfe Order. »Diese Nigger sind ganz schön faul, und ich muss sie manchmal antreiben«, murrt er. »Die meinen wohl, dass nur die weißen Master ihnen was sagen können.« Ich schlucke. Wo ist da die Solidarität mit der eigenen Rasse? Verändern sich alle Menschen, sobald sie Macht haben?

Wir fahren weiter, und Doc fragt mich in seiner direkten, fast groben Art, die ich beim Sohn eines Sangomas nicht erwartet hätte, ob ich ihm Viagra aus Europa besorgen könne. Ich schaue ihn erstaunt an. Er sieht nicht so aus, als ob er es brauchen würde. Er grinst verschwörerisch: »Nicht für mich, ich will Geschäfte damit machen.« Ich schüttele ablehnend den Kopf und sage, dass ich da überhaupt keine Connections habe. Dann befrage ich ihn zur Familie seines Vaters, und die spärlichen Antworten sagen mir, dass er keine sehr nahe Beziehung zu ihnen allen hat.

»Meine Mutter ist seine erste Frau gewesen. Sie starb, als ich ein Baby war. Ihr Herz zerbrach, als er sich seine zweite Frau anschaffte. Und ich bin schon mit zwölf Jahren abgehauen, habe mich durchgeschlagen. Ich bin der Einzige, der es zu was gebracht hat«, fügt er stolz und ein wenig verbittert hinzu.

»Wir müssen in Malelane noch unbedingt einkaufen für dich. Die Leute meines Vaters sind sehr arm, und du solltest dir das kaufen, was du die nächste Zeit zum Essen brauchst«, sagt er ein paar Minuten später. Das Thema Viagra hat er abgehakt, und mir die Geschichte seines Vaters zu erzählen, hat er kein Interesse.

Ich staune, dachte ich doch, ich sei Gast bei meinem Sangoma, den ich in Österreich so verwöhnt hatte. Mir ist mulmig bei der Vorstellung, was da wohl auf mich zukommt. Aber ich gehe einen angefangenen Weg immer zu Ende – das ist mein Naturell. Und so gibt es keinen Plan B, der eine Umkehr oder eine komfortable Unterkunft bedeuten könnte. Augen zu und durch – auf diese Weise habe ich zumindest immer neue Erfahrungen gesammelt. Manchmal waren es welche, an denen ich wachsen konnte, und manchmal habe ich mir auch schmerzhafte Beulen zugezogen. Aber jedes Mal fühlte es sich lebendig an.

Der Doc ist erstaunt, als er hört, dass ich ein paar Monate im Kral leben möchte. Dann fragt er, ob ich einen Mann hätte, beantwortet die Frage aber gleich selbst. »Wenn du einen Mann hättest, würde der dich nicht alleine hierher fliegen lassen«, sagt er lakonisch. Einen Satz, den ich in den nächsten Monaten noch öfter hören sollte.

Die plappernden Kinder auf den Rücksitzen sind still geworden. Ich drehe mich um und sehe, dass sie angefangen haben, meine Koffer zu durchwühlen. Das Mädchen hält eine Perlenkette hoch: »Ist die für mich?« Ich hatte neben Bekleidung noch Modeschmuck von Freundinnen und günstige Uhren gesammelt. Aber all das war für Jambolane und seinen Clan gedacht.

Der Vater schimpft und sagt, sie müssen schon abwarten, bis wir zu Hause sind, dann würde ich sicherlich Geschenke verteilen.

Wir fahren zu einem Supermarkt, und er nimmt zwei Wagen, einen für mich und einen für sich. »Du musst Konserven mitnehmen und viele Wasserflaschen. Das Wasser im Brunnen dort macht krank.« Ich erzähle ihm von den Tabletten, mit denen ich das Wasser desinfizieren könne. Aber er schüttelt nur den Kopf. Er kennt solche Tabletten nicht, also können sie auch nichts taugen.

Ich packe also meinen Wagen voll – Wasser, Konserven, Milchpulver, Kakao, Nesquik, eben alles, was gut verpackt ist. Aber auch einen Berg Süßigkeiten, Luftballons, Plastikspielzeug, denn dort warten ja an die achtzig Kinder. Obst und Gemüse kaufe ich nicht. Das würde bei der Hitze schnell welken, und außerdem wird es das alles in diesem tropischen Land im Überfluss geben. An der Kasse geht der Doc vor, nimmt seinen und meinen Wagen und sieht mich fragend an. Zum Glück habe ich genug Geld eingetauscht, so dass ich diese erste, nicht gerade kleine Rechnung für alle bezahle. Ein Hotel wäre billiger gewesen, denke ich seufzend. Wie gut, dass sein Auto groß genug ist, um mein Gepäck, die Einkäufe und die Kinder unterzubringen. Nicht sehr komfortabel und kaum Sicht durch die Fenster, aber wo ein Wille ist, ist auch ein Busch, wie mein Vater immer sagte, wenn eins seiner Kinder störrisch war, vor allem ich.

Wir fahren im Schneckentempo durch sein Township – viele angerostete Baracken, wenig Steinhäuser, viel Staub, Schmutz, Abfälle. Die Leute winken uns zu. Der Doc gehört wohl zu den Wohlhabenderen, denn er hat ein Auto und sogar ein Steinhaus.

Eine voluminöse Frau wartet lächelnd in der offenen Tür. Es ist Winni, die Mutter seiner fünf Kinder. Sie bedankt sich für die Einkäufe, dann essen wir kleine Maiskuchen und fettes Fleisch, wohl etwas ganz Besonderes. Auch Winnie spricht etwas Englisch. Beim Essen erzählt der Doc, dass er im Gegensatz zu seinem Vater ein moderner Mann mit nur einer Frau und wenigen Kindern sei. Kinder, die er sich leisten könne.

Als Winni mal in die Küche wackelt, flüstert er mir verschwörerisch ins Ohr, dass er natürlich zusätzlich auch mehrere Geliebte habe. Aber wenigstens müsse er nicht für sie bezahlen.

Ganz nebenbei bringt Winni die Sprache auf die Geschenke, die die Kinder in den Koffern entdeckt haben. »Wir können uns alles, was wir brauchen, selbst kaufen«, sagt sie stolz, »aber Sachen aus Europa sind doch was ganz Besonderes.«

Ich bin übermüdet, schmutzig, ich wollte nie in dieses Haus. Und ich muss aufpassen, dass mir mein angestrengtes Lächeln nicht abhanden kommt, so verärgert bin ich über diese offensichtliche Gier. »Darf ich mir vorher noch mein Zimmer anschauen und mich duschen?«, frage ich spitz. »Ihr bekommt schon noch alle eine Kleinigkeit.« Die Vorstellung, dass sie in meinem Gepäck wühlen, ist mir sehr unangenehm.

»Ich wusste ja nicht, dass ich zu euch komme, und das meiste ist eben für Jambolanes Stamm«, füge ich entschuldigend hinzu. Winni zieht verächtlich die Augenbrauen hoch. »Die brauchen doch außer ihren Lumpen dort nichts.«

Also »bucklige Verwandtschaft« gibt es hier auch – wie bei uns.

Ich lasse mir die Dusche zeigen, in deren Mitte sich ein Loch befindet. Sie ist schmuddelig. Das Handtuch ist wohl schon mal benutzt worden, aber ich bin froh, wenn ich nach der Reise meine verschwitzten Sachen ausziehen und kaltes Wasser über mich laufen lassen kann. Es hat mindestens 40 Grad im Schatten. Als ich von Kopf bis Fuß eingeschäumt bin, kommt erst einmal gar kein Wasser, nur ein dünnes Rinnsal. Das passiert in den südlichen Ländern Europas auch schon mal. Hier hätte ich damit rechnen müssen. Das Shampoo brennt in den Augen, und ich rufe so laut ich kann, damit ich den Fernseher übertöne.

Winni kommt sofort, schüttelt den Kopf: »Wieder kein Wasser. Macht nichts, die Kinder werden ein paar Eimer aus dem Brunnen holen.«

Die Eimer werden bereitgestellt. Dann schickt Winni die Kinder weg, nimmt eine Schüssel und gießt mir das Wasser über den Kopf, bis ich sauber bin. Neugierig mustert sie mich, schaut sich aber immer mal wieder um, ob ihr Mann nicht versucht, einen Blick auf mich zu werfen. Sie hatte mich nach meinem Alter gefragt und ist nun erstaunt: »Du hast ja einen Körper wie eine junge Frau. Und so schön weiß. Wenn ich früher eine weiße Frau so angeschaut hätte, wäre ich verprügelt worden.« Sie lacht schallend.

Die Apartheid – das ist noch keine zehn Jahre her. Ich spüre den Stolz auf die neue Freiheit, der manchmal gepaart ist mit dem Hass auf das, was ihnen von den Weißen angetan worden ist.

Winni ist zunehmend freundlicher. Offensichtlich hat sie beschlossen, mich zu den guten Weißen zu zählen. Als ich ihr die Perlenkette gebe, ist sie ganz aus dem Häuschen: »Echte Perlen«, schreit sie, auch wenn ich ihr gerade erklärt hatte, dass es Modeschmuck ist. Für sie sind es echte Perlen und damit basta. Die Kinder bekommen Spielzeug und Süßes, und der Doc sucht sich ein Hemd und eine Armbanduhr aus.

Winni wirft noch einen Blick in die Koffer. Die Büstenhalter haben es ihr angetan. Obwohl ich viele Übergrößen dabei habe, passt so keiner richtig. Sie nimmt den größten, den sie bekommen kann, und zwängt ihre riesigen Brüste hinein. »Sexy, nicht?«, fragt sie schelmisch. Ich nicke freundlich.

Ich frage den Doc, wann er mich zu seinem Vater bringt. Er kratzt sich am Kopf und sagt:

»Er kommt erst in zwei Tagen wieder, und er will dich persönlich empfangen. So lange musst du hier bleiben. Aber ich zeige dir morgen ein bisschen die Umgebung«, tröstet er mich, als er meine Enttäuschung sieht. Obwohl er überhaupt nicht versteht, dass ich in die Armut des Krals will. Er schaut mich nachdenklich an. Andererseits habe ich ja auch noch keine Ahnung, was mich erwartet, sagt sein Blick.

Wir könnten ja in den Krüger-Nationalpark fahren, der wäre doch wohl in der Nähe, schlage ich vor. Er schüttelt den Kopf. So nah sei es auch nicht. Und er habe zu tun. Aber später mal, da würde er mich aus dem Kral abholen, und »dann können wir uns einen schönen Tag machen«.

Bald verschwinden die Eltern, und ich gehe in das Zimmer, in dem mein Gepäck steht.

Überall surren Moskitos herum. Ich habe mich dick eingeschmiert und Tabletten gegen Malaria genommen, aber ich erschlage jede Mücke, die ich erwische. Für die Nacht habe ich ein Gesichtsnetz dabei, und ich werde jeden Zentimeter meiner Haut abdecken. Aber zuerst einmal muss ich schauen, wo ich hier überhaupt schlafen soll.

In dem großen Bett, das für mich gedacht ist, krabbeln Kinder schnell unter die Decke, und auf dem Boden liegen mehrere Frauen. Andere Besucher des Hauses, Nachbarn oder vielleicht Untermieter? Vor dem Fernseher im Wohnzimmer, der Tag und Nacht läuft, sitzen die beiden großen Kinder, den Lautstärkeregler bis zum Anschlag hochgestellt. Die Kleineren verstecken sich, als sie mich sehen. Kaum waren die Eltern weg, haben sie sich wieder aus dem Bett heraus geschlichen. Ich stehe auf, stelle den Fernseher leiser, aber zwei Minuten später ist er wieder laut gestellt. Die Eltern, die im Nebenzimmer schlafen, scheinen nichts zu hören.

Ich gehe noch einmal hinaus, mache den Fernseher aus, stemme die Hände in die Hüften und schreie die Kinder an. Das scheint zu wirken. Maulend stehen sie auf, kommen aber nun alle in mein Zimmer, legen sich ins Bett oder auf den nackten Boden. Ich habe nur die Wahl zwischen Pest und Cholera, denke ich wütend. Bald schlafen alle außer mir. Es ist dumpfig und heiß in dem Zimmer, und die Mücken lassen mich nicht in Ruhe.

Am nächsten Tag bitte ich den Doc, mich irgendwohin zubringen, wo ich nach Hause telefonieren kann. Ich müsse doch Bescheid geben, dass ich angekommen sei.

»Mach ich«, sagt er beruhigend, »und ist auch besser so, denn beim Alten gibt es kein Telefon.« Er fährt mit mir durchs Township, das mich an Slums erinnert, hält vor einer Baracke, in der wohl ein Telefon steht.

Nach einigen Stunden komme ich nach Deutschland durch und spreche mit meinem Sohn. Er ist wütend wie immer, wenn er besorgt ist, denn er hört an meiner Stimme, dass ich wohl nicht im Grandhotel wohne. Ich sage ihm, dass es mir gut geht, ich mich aber wahrscheinlich längere Zeit nicht mehr melden könne, weil es im Kral kein Telefon gebe. Er bittet mich noch einmal, mir ein Hotel zu nehmen, das er auch gerne zahlen wolle, aber ich merke, dass er sich klar darüber ist, mich nicht überzeugen zu können.

»Ich passe schon auf mich auf, mach dir keine Sorgen«, beruhige ich ihn. Ich weiß, er hat's nicht leicht mit seiner abenteuerlustigen Mutter. Und je älter ich werde, desto mehr verhält er sich wie ein Vater, der mich gerne noch umerziehen möchte. So kommt es wohl, dass alte Eltern irgendwann wieder zu Kindern werden. Armes Kind, denke ich und sage ihm noch einmal, es gehe mir gut, ich habe ihn lieb, und ich würde gesund wiederkommen. Irgendwann.

Der Doc läuft mit mir durch das Township, plaudert hier und da, stellt mich vor wie einen Star, und ich merke, dass er »wer ist« bei seinen Leuten und nun sogar mit mir angibt. Wer weiß, was er ihnen alles erzählt hat.

Später sitze ich hinter dem Haus, spiele mit den Welpen, die an kurzen Leinen am Baum angebunden waren. Ich habe sie einfach losgemacht, und gleich kuscheln sie sich noch etwas zitternd an mich. Winni kommt heraus, schimpft mit mir, dass sie weglaufen würden. »Du siehst doch, dass sie dableiben«, antworte ich. »Sie sind froh, wenn man ihnen nichts tut.« Ich füttere sie, entferne die Zecken, gebe ihnen Globuli gegen die Entzündungen, und das Zittern hört langsam auf. Ich zeige den Kindern, wie man die Kleinen streichelt, damit sie sich wohlfühlen. Winni schüttelt den Kopf, lässt mich aber gewähren. Mir ist klar, dass ich wahrscheinlich wenig bewirken kann, aber ich habe es wenigstens versucht.

Die nächste Nacht überstehe ich auch noch, bin aber froh, dass wir bald fahren. Noch ahne ich nicht, dass der Aufenthalt hier für längere Zeit der komfortabelste gewesen sein würde.

Um sechs Uhr früh packt der Doc mein Gepäck in den großen Kombi, und wir fahren los, wieder mit einigen Kindern auf der Rückbank. »Das dauert so vier bis fünf Stunden«, sagt er, »und ich muss heute noch zurück.«

Wir fahren staubige Straßen entlang, überall Hütten, Townships, kleine Orte, weites Land, karges Grün, Steppe, wenige Bäume, rote trockene Erde. In der Ferne Hügelketten. Fast alles abgeholzt, für Bauten und für Brennholz, um Essen zu kochen. Hin und wieder sehen wir Affen an Überlanddrähten herumklettern.

In Komatipoort, einer kleinen Stadt am Eingang des Krüger-Nationalparks, fährt der Doc noch einmal mit mir in einen Supermarkt. »Kauf noch mehr ein«, rät er, »sonst wirst du dort hungern müssen. Die haben nicht mal für sich selbst genug.« Wieder kommt mir der Gedanke, alles abzusagen, aber ich habe versprochen, Jambolane zu besuchen, und ich breche keine Versprechen.

Irgendwie wird es schon gut gehen. Und es wird seinen Sinn haben, wie alles in meinem bisherigen Leben.

Von Komatipoort geht es noch viele Stunden weiter. Hier scheinen keine Weiße zu leben. Ich weiß, dass ich ohne Auto dort nicht mehr allein wegkomme. »Versprich mir, später mal vorbeizukommen und nach mir zu sehen«, bitte ich den Doc. Im Moment scheint er mir der einzige Kontakt zur Zivilisation zu sein. Ich hätte freundlicher sein sollen. Er nickt, aber ich traue ihm nicht. Nachdem er keine Geschäfte mit mir machen kann, ist sein Interesse an mir wohl erloschen.

Die letzten Stunden auf den holprigen Straßen schweige ich, schlafe zwischendurch ein. Es ist heiß und staubig, und ich hoffe, dass wir bald ankommen. Nun gibt es nur noch Feldwege und immer wieder Hütten, einige mit Gras oder Farnen, andere mit Blech gedeckt, nur wenige sind Steinbauten. Schwarze Menschen bewegen sich träge zwischen den Hütten, arbeiten etwas auf dem Feld, alles wie in Zeitlupe. Wahrscheinlich hat es vor hundert Jahren hier auch schon so ausgesehen.

Bruchlandung im Kral

Die Ansammlung von Hütten wird weniger, karge Felder, rote Erde, Grasbüschel und Sträucher, lang gestreckte, holprige Sandwege, in der Ferne wieder ein größerer Kral.

Ich bin im Niemandsland angekommen.

Plotzlich kommt uns eine Horde von Kindern entgegen. Sie sehen das Auto, winken, rennen zurück. Wir werden angekündigt. Eine zerbrochene Holzschranke, und dann stehen sie alle auf einem großen Platz vor den Hütten: eine Unmenge von Kindern in allen Größen, Frauen in farbigen Stoffen und Jambolane in Federschmuck, eingehüllt in bunte Tücher und Ziegenfelle. Der Doc und die Kinder steigen aus, begrüßen voller Achtung den Stammesfürsten, Sangoma, Vater und Großvater.

Ein paar Minuten ist es ganz still, dann bricht Jubel los. Alle klatschen, fangen an zu tanzen und zu singen. Um mir diesen Empfang zu bieten, musste ich eben zwei Tage warten. Obwohl ich müde und zerschlagen bin, öffnet sich mein Herz. Die Kinder starren mich an, die kleineren weinen. Mein weißes Gesicht erschreckt sie. Die Mütter beruhigen sie und lachen.

Jambolanes Sohn verabschiedet sich, zeigt auf den Sonnenuntergang, der seine letzten Strahlen auf den Platz schickt. Er muss den weiten Weg zurückfahren. Ich bitte ihn, nach Ngwenya, dem Übersetzer, zu fragen. Er antwortet mir, der käme schon noch zur rechten Zeit, zuerst einmal solle ich ankommen, mich an diesen Ort gewöhnen, um eine von ihnen zu werden.

Ich ahne nicht, dass ich noch mehr als einen Monat auf Ngwenya, das Krokodil, warten muss, ohne die Chance zu haben, mit jemandem reden zu können. Dabei habe ich doch so viele Fragen.

Jambolane bittet mich in seine Hütte. Es ist ein Raum mit einem thronähnlichen hohen Stuhl, und einem Tisch, im Nebenraum sehe ich eine Pritsche. Die Frauen drängen nach und setzen sich auf den Boden um den Alten herum. Nur wenige nachschiebende Kinder haben noch Platz, die anderen warten geduldig vor der Hütte. Man gibt mir Wasser, aber ich ziehe die eigene Wasserflasche vor. Es werden mir frisch gegrillte Maiskolben gereicht und saftige Mangos, für die nächsten Tage wird das das einzige Essen sein, das ich von ihnen bekomme. Jambolane spricht und spricht, die Frauen nicken, klatschen, und ich verstehe kein Wort.

Auf dem einzigen Stuhl im Raum habe ich Platz genommen. So weit kommt es noch, dass ich mich zu den Frauen hocke. Ich trage meine Khakihosen und sitze breitbeinig vor dem Alten – wie ein Mann. Meine erste Kampfansage – ich werde mich nicht beugen.

Nun öffne ich meine Koffer, und als Erstes bedienen sich die Frauen bei den Büstenhaltern, probieren sie ungeniert vor mir und ihrem Mann, ihrem Fürsten, an, der mit Wohlgefallen zuschaut. Der Schmuck wird verteilt, gebrauchte Kleider, dann will ich den Kindern die Süßigkeiten geben. Jambolane schüttelt den Kopf, nimmt den großen Sack mit den Bonbons an sich, gibt ihn der ältesten Frau, die ihn unter seinem Bett versteckt.

Es ist seine Sache, sie zu verteilen, wenn er es für richtig hält. Und ich lasse die anderen Koffer zu. So stecken wir unsere Claims ab.

Mehr als zehn Frauen sitzen da auf dem Boden, und wenn sie sich Jambolane nähern, dann nur kniend. Wo bin ich hier gelandet? Im Mittelalter? Ich zähle die Frauen durch, es sind wirklich vierzehn, wie man mir gesagt hat, die älteste ist um die siebzig, die jüngste vielleicht achtzehn, mit einem Baby an der Brust. Der Alte ist über achtzig und vor wenigen Monaten wieder Vater geworden. Dass es sein Kind ist, verstehe ich durch die Zeichensprache, mit der ich die nächsten Wochen zurechtkommen muss.

Es ist dunkel geworden, der Raum nur mit Kerzen erhellt. Jambolane verneigt sich, sagt den Frauen, was sie tun sollen. Es geht wohl um mich, denn sie stehen auf und schauen mich an. Mit Kerzen in den Händen – mein Gepäck teilen sie unter sich auf, größere Kinder warten draußen und helfen – leiten sie mich an eng stehenden Hütten vorbei, die im Vollmond schimmern. Ich hoffe auf ein schilfgedecktes Dach, aber sie führen mich weiter vor eine lang gestreckte Baracke, die mehrere Türen hat. Die Wände sind aus Lehm, das Dach aus Blech. Vor den anderen Türöffnungen sitzen halbwüchsige Mädchen, Töchter von Jambolane. Eine Tür ist offen, dort hinein stellen sie mein Gepäck und bleiben abwartend stehen.

Dumpfe, heiße Luft schlägt mir entgegen. Der Boden ist frisch gewischt, es sieht sauber aus. Ein Tisch, ein Stuhl, eine blaue Plastikschüssel mit Wasser. Eine schmale Pritsche mit einer geblümten Decke. Ein Regal, Nägel an den Holzwänden, wohl für die Kleidung. Ich muss dringend aufs Klo, weiß nicht, wie ich mich verständlich machen kann. Dann ziehe ich einfach meine Hose herunter und deute an, was ich brauche. Die Frauen kichern, eine nimmt mich am Arm, führt mich wieder um die Hütten herum, zurück zu Jambolanes Behausung.

Sie geht kurz hinein, kommt zurück und hält triumphierend einen großen Schlüssel hoch. Wieder eine kurze Strecke, die ich mir unmöglich merken kann, dann stehen wir vor einem Verschlag, der die Toilette sein muss. Es ist ein Plumpsklosett – ein Schwarm dicker schwarzer Fliegen umsurrt mich. Ich habe mir geistesgegenwärtig eine Rolle Klopapier mitgenommen. Zum Glück, denn dort liegt nur ein Blatt vergilbtes Zeitungspapier. Ich bleibe so lange, bis ich meinen Darm entleeren kann, denn ich bezweifle, diesen Ort in der Nacht finden zu können.

Auf dem Rückweg kommen wir an einem weiteren Verschlag vorbei, aus dem ein ziemlicher Gestank strömt. Die Frau macht mir ohne Worte klar, dass das das Klo für den Rest des Stammes ist. Ich habe also auf dem persönlichen Thron des Fürsten gesessen und muss mir den Schlüssel jedes Mal abholen, wenn ich ihn brauche.

Zurück in meinem Zimmer stelle ich weitere Kerzen und Teelichter auf, dann lege ich mich kurz auf die Pritsche. Dass dieses quietschende, durchgerostete Gestell nicht gerade eine Wonne für meinen armen Rücken sein wird, ist mir klar. Aber die dünne Matratze auf den Boden legen? Hätte ich doch nur meine Matte mitgenommen. Oder meinen Schlafsack. Aber wer denkt denn bei der Hitze an einen Schlafsack?

Ich setze mich auf die Steinstufen vor der Hütte und atme durch. Hier draußen ist es ein wenig kühler. Ich trinke Wasser aus der Flasche, kaue an dem Brot, das noch übrig ist von der Fahrt. Alle schlafen nun, es ist völlig still. Der Mond scheint auf die Hütten, ein romantischer, unwirklicher Anblick. Wenn ich mich nur nicht so mutterseelenallein fühlen würde.

Die ersten Tränen kommen, und ich lasse sie rinnen.

Plötzlich höre ich leise, schleichende Schritte. Niemand ist zu sehen. Dann sehe ich Schatten, die sich eng an die Hütten gepresst auf mich zu bewegen. Und nun erkenne ich, was da auf mich zurobbt: abgemagerte Hunde, mindestens fünf, wahrscheinlich sogar mehr. Sie sehen aus wie Wölfe. Nach dem ersten Schreck bin ich fast erleichtert. Vor Hunden hatte ich noch nie Angst. In dem Dorf, in dem ich aufgewachsen bin, hat man mich ja als Kleinkind oft in den Hütten von »gefährlichen« Wachhunden gefunden, die mir jedoch nie etwas getan haben. Diese Hunde hier haben Angst vor mir, aber sie haben auch Hunger, und ich muss irgendetwas ausstrahlen, dass sie es wagen, in meine Nähe zu kommen. Denn bisher habe ich keinen einzigen Hund gesehen.

Ich greife nach dem Brotzeitbeutel hinter mir. Das könnte diese Tiere besänftigen.

Ich bleibe ruhig sitzen, schaue ihnen entgegen. Sie kriechen jetzt fast auf mich zu, zitternd und vorsichtig. Mit leiser Stimme gebe ich beruhigende Laute von mir. Als die alte magere Hündin mit einem hängenden Gesäuge auf mich zukommt, werfe ich ihr das erste Stück Brot zu. Es ist noch Schinken drauf. Die anderen bleiben hinter ihr, lassen ihr den Vortritt.

Sie schlingt das Stück Brot herunter, wartet ab, ob noch mehr kommt. Sie muss irgendwo Junge haben, sonst wäre sie nicht so mutig. Ich mache kleinere Stücke für sie, strecke ihr die Hand entgegen. Aber so nah traut sie sich nicht heran. Ich rede weiter mit ihr, sanft und liebevoll, und ihr Zittern hört auf. Dann sage ich, dass ich auch den anderen etwas geben möchte, und sie macht Platz für ihre Gefährten. Jeder bekommt etwas, und dann zeige ich ihnen meine leeren Handflächen. Sie ziehen sich vorsichtig zurück. Im Kral hat niemand etwas gemerkt. Mein unglückliches Gefühl von eben ist fort, und ich denke, selbst wenn ich nur wegen dieser Kreaturen herkommen sollte, hat mein Hiersein einen Sinn. Ich atme noch einmal die Nachtluft ein und lege mich dann angezogen auf die Pritsche.

In wenigen Minuten falle ich in einen traumlosen Schlaf. Das Letzte, was ich denke, ist: Morgen ist ein neuer Tag.

Ich werde wach durch ein rhythmisches Stampfen neben meiner Hütte. Es ist erst vier Uhr, wie ich auf meinem Wecker sehe. Wie gut, dass ich einen Vorrat an Batterien bei mir habe, so kann ich nicht ganz aus der Zeit fallen.

Ich setze meinen kleinen Sonnenhut auf, denn schon jetzt gibt es nirgendwo Schatten.

Eine dicke Frau steht wenige Meter von meiner Hütte entfernt vor einem großen Trog und hat einen Holzstab in der Hand, den sie auf und ab bewegt. Wohl eine Art Mörser. Ich gehe zu ihr, und sie lacht mich freundlich an, ohne ihre Arbeit zu unterbrechen. Jetzt sehe ich, dass es Mais ist, den sie stampft. Ich überlege, wie ich mir einen Kaffee machen kann. Aber so etwas wie einen Ofen habe ich nicht gesehen. Also nehme ich meinen Nescafé, eine Tasse und Zuckerwürfel in die Hand und gehe durch die Reihe der Hütten. Ich hatte mir eine Blechtasse und einen Blechteller mitgebracht – für alle Fälle. Ich drehe mich immer wieder um, damit ich mir den Rückweg zu meinem Zimmer merke.

Aus einer Hütte kommt Rauch. Ich gehe hin und sehe, dass es dort eine offene Feuerstelle gibt. Man kocht natürlich mit Holz. Solange man es noch findet, denke ich. Eine zahnlose Frau begrüßt mich, rührt weiter in Töpfen. Ich zeige ihr das Kaffeepulver und deute auf einen Topf. In einem Eimer sehe ich Wasser, das ich in den Topf schütte. Wenn es gekocht hat, kann mir nichts passieren. Sie stellt den Topf ins Feuer, und bald brodelt das Wasser. Ich schütte den Nescafé in die Tasse, gieße vorsichtig das Wasser hinein. Dann warte ich, bis es abkühlt.

Die Frau hat ihre Arbeit unterbrochen und sieht mir neugierig zu. Ich trinke eine halbe Tasse, gebe ihr den Rest. Sie riecht daran, trinkt kleine Schlucke. Zuerst spuckt sie sie aus, sie weiß nicht, was das ist, dann aber scheint es ihr zu schmecken. Ich zünde mir eine

Zigarette an und lächle einfach. Sie lächelt zurück, zeigt auf die Zigarette. Ich schüttle den Kopf. Ihr beizubringen, dass Kaffee gut schmeckt, ist eine Sache, aber zum Rauchen sollte man wirklich niemanden verführen. Ich könnte mir auch vorstellen, dass das dem Baba, wie die Frauen ihn nennen, gar nicht gefallen würde. In Österreich hatte er mich missbilligend angeschaut, als er mich rauchen sah.

Nun bekomme ich langsam Hunger. Vielleicht wird das Brot hier ja selbst gebacken. Aber wie soll ich fragen? Da ich meine ganze Wegzehrung an die Hunde verfüttert habe, habe ich kein Brot mehr, und wenn ich mich an die Fahrt erinnere, gibt es hier auch keinen Bäcker oder Supermarkt in der Nähe. Außerdem muss ich erst einmal schauen, dass ich den Schlüssel für das Plumpsklo bekomme, bevor es zu spät ist. Ich spüre ein unangenehmes Grummeln im Bauch.

»Jambolane?«, sage ich zur Frau an der Kochstelle. Sie rührt weiter in den Töpfen, hat wohl keine Zeit für mich. Aber sie schreit etwas Unverständliches, und dann kommt ein kleiner Junge, vielleicht fünf oder sechs Jahre alt. Der nimmt mich an die Hand und zieht mich hinter sich her. Andere Kinder folgen uns mit Abstand. Ganz geheuer bin ich ihnen noch nicht.

Jambolane sitzt auf seinem Thron, vier ältere Frauen hocken vor ihm, hören ihm zu. Er schaut nur kurz auf und weist auf den leeren Stuhl. Offensichtlich störe ich. Ich bleibe stehen, versuche ihm klar zu machen, dass ich den Schlüssel fürs Klo brauche. Meine Zappelei und die zusammengedrückten Knie versteht er. Er sagt etwas zu einer Frau, gibt ihr den Schlüssel, und sie begleitet mich. Offensichtlich gibt es nur einen, denn die Frau wartet, bis ich fertig bin, und nimmt den Schlüssel wieder an sich. Ich hoffe, dass ich ihn nachts nicht brauche.

Dann schlendere ich auf den roten, staubigen Sandwegen zurück zu meiner Hütte, ungefähr zehn Kinder im Gefolge. Das Kleinste ist ungefähr vier Jahre alt, die anderen sind zwischen sechs und zwölf, schätze ich. Ich hole meine vor Jambolane geretteten Süßigkeiten und gebe jedem ein Bonbon. Wenn ich nicht haushalte, ist bald nichts mehr da. Im Nu kommen von überall her weitere Kinder gerannt und strecken die Hände aus. Um den Überblick zu behalten, stelle ich sie hintereinander auf. Sie begreifen schnell, und bald wartet eine lange Schlange geduldiger Kinder, die auf ein einziges Bonbon warten. Das sollte man mal filmen und in einer Werbepause für unseren verwöhnten Nachwuchs einblenden, denke ich ketzerisch.

Als ich fast durch bin, schaue ich das letzte Kind an. An der Narbe im Gesicht erkenne ich, dass es vorher schon mal da war. Ich lächle den Jungen an und sage: »Du wirst dich bestimmt behaupten, Kleiner.« Er nickt und grinst mich an, obwohl er meine Worte nicht verstehen kann.

Ich zeige meine leeren Hände, damit die wartenden Kinder sehen, dass es jetzt nichts mehr gibt, dann zeige ich auf mich und sage: »Ich bin Hella.« Alle lachen, zeigen auf ihre Brust und wiederholen im Chor: »Ich bin Hella.«

Aus den Hütten neben mir kommen die halbwüchsigen Töchter vom Sangoma und scheuchen die kleinen Geschwister fort. Ich blase noch einen Fußball auf und werfe ihn hinter den Kleinen her. Die stürzen sich schreiend darauf und verschwinden, den Ball kickend, um die Ecke. Wie man das macht, wissen wohl alle kleinen Jungen auf dem Planeten. Die Mädchen bleiben vor meiner Hütte stehen und schauen mich abwartend an. Sie haben von meinen Mitbringseln noch nichts bekommen, denn am Vorabend hatten die Mütter sich zuerst bedient. Also ziehe ich einen Koffer nach vorne und lasse sie herausnehmen, was sie wollen.

Ohrringe und Halsketten werden bevorzugt, aber auch T-Shirts und Unterwäsche werden kichernd ausprobiert und mitgenommen. Es bleibt nicht mehr viel von den Geschenken übrig, und ich ziehe mich zurück, überlege, was ich essen könnte. Ich öffne eine Konserve mit Schinken, etwas, das ich zu Hause nie essen würde. Aber jetzt bin ich hungrig, ich kann nichts warm machen, also stopfe ich mir den Schinken in den Mund. Wenn man Hunger hat, schmeckt alles gut, und der Vegetarier in mir ist Geschichte.

Trotz sengender Hitze gehe ich nach draußen, denn die Temperatur in der Hütte wird immer unerträglicher. Ich setze mich unter ein etwas vorstehendes Dach und warte. Warte, dass Jambolane mich rufen wird, dass endlich Ngwenya zum Übersetzen ankommt.

Aber nichts passiert. Die Zeit vergeht, und Minuten werden zu Stunden.

Die Frauen gehen ihrer Arbeit nach, beachten mich nicht mehr. Irgendwann wird es dunkel, sehr plötzlich, aber noch immer kann man durch das Licht des langsam abnehmenden Mondes etwas erkennen. Dann höre ich Trommeln, aber ich traue mich nicht, dem Klang nachzugehen.

Ich fühle mich hilflos und werde wieder wütend. Ich habe Jambolane verwöhnt, als er Gast in Österreich war, und hier lässt man mich einfach allein, ignoriert mich.

Ich kann mit niemandem reden, weiß nicht, was passieren wird. Vielleicht war die Reise doch keine so gute Idee, und ich denke zum ersten Mal an Flucht. Hätte ich mir doch nur einen Mietwagen genommen, dann wäre ich frei zu bleiben oder zu gehen. So bin ich ausgeliefert, wie kaum je in meinem Leben. Aber ich wollte ja so leben wie die Natives, ohne den gewohnten Luxus.

Dass der größte Luxus hier sauberes Wasser und etwas zu essen ist, wird mir in den nächsten Wochen, in denen die Zeit still zu stehen scheint, immer klarer.

Es wird etwas kühler, und so setze ich mich wieder vor die Tür, höre den Trommeln zu. Dann gebe ich mich einfach dem Schweigen hin und denke trotzig: Für Seminare, in denen man schweigen muss, hätte ich zu Hause viel Geld bezahlen müssen. Bald lege ich mich auf die Pritsche und schlafe sofort ein. Es wird langsam hell, als ich ein Scharren und Schnaufen an meiner Tür höre. Die Hunde sind wieder da. Ich habe kein Brot mehr, und so öffne ich Konservendosen mit Fleisch und verteile es. Die säugende Mutter schnappt sich gierig die besten Brocken und kommt immer näher. Jetzt sehe ich eiternde, blutende Wunden an den abgemagerten Tieren. Ich hole Salben aus meinem gut sortierten Medizinkoffer und locke die Hündin zuerst zu mir mit einem Brocken Fleisch aus der Konserve. Sie nähert sich zögernd, schnuppert an meiner Hand, frisst, bleibt stehen, schaut mich vertrauensvoll an.

Vorsichtig schmiere ich Salbe auf ihre Wunden, sehe, dass Blut aus ihrem Euter tropft. Sie hat keine Milch mehr für die Jungen. Sie lässt sich meine sanften Berührungen gefallen, es scheint ihr gut zu tun. Als sie wegtrottet, wagen sich auch die anderen Hunde näher zu mir, auch sie lassen sich die Behandlung gefallen.

Dann nähert sich die Frau, die den Mais stampfen soll, und schreit empört, als sie die Tiere sieht. Sie hebt Steine hoch und wirft sie nach ihnen. Die Hunde rennen sofort weg. Sie funkelt mich an, als sie sieht, dass ich Salben für sie gebraucht habe und Konserven. Wie soll sie auch verstehen, dass ich etwas tue für dieses Ungeziefer, das Hunde für sie und den Stamm sind. Ich ahne, dass ich gegen Regeln verstoßen habe. Wenigstens hat man mich jetzt wieder bemerkt. Ich hole mir Kekse, gebe ihr auch ein paar, und kurz darauf lacht sie wieder gutmütig.

Danach gehe ich mit der Plastikschüssel zum Brunnen und schütte Wasser aus dem Eimer hinein. Als ich mich wasche, rieche ich das faulige Wasser. Ach ja, die Kühe auf den Wiesen oberhalb. Ich passe auf, dass nichts in den Mund kommt, wasche das Gesicht mit dem Wasser aus meinen Flaschen und putze auch die Zähne damit. Wenn ich gewusst hätte, wie knapp meine Wasservorräte werden würden, wäre ich sparsamer damit umgegangen. Aber das konnte ich zu Anfang wirklich nicht wissen.

Der Tag verläuft wie der davor, und ich werde immer noch nicht zum Sangoma gerufen. Inzwischen habe ich meine Safarikleidung ausgezogen, mir ein buntes Tuch um die Hüften geschlungen und trage ein dünnes T-Shirt. Zuerst habe ich die hohen Boots durch Sandalen ersetzt, aber nachdem ich die tote Mamba entdeckt hatte, der jemand den Kopf abgehackt hat, ziehe ich es vor, weiter in den hohen Stiefeln zu schwitzen, statt dass ich mich beißen lasse. Mambas sind die giftigsten Schlangen auf dem Planeten. Ich trage immer ein Messer bei mir, und ich bin entschlossen, für den Fall eines Schlangenbisses ein Stück Fleisch aus mir herauszuschneiden.

Nach einer Woche, in der sich nichts ändert, reicht es mir. Ich packe die übrig gebliebenen Geschenke in die Reisetasche, den großen Beutel mit den Kondomen und stapfe wütend um die Hütten herum in eine Richtung, in der ich Jambolane vermute. Die Frauen und Kinder bleiben stehen, merken wohl, dass ich anders bin als an den Tagen zuvor. Sie folgen mir. Plötzlich drehe ich mich um und schreie sie in allen mir zur Verfügung stehenden Sprachen an. Die Wut muss heraus aus mir. Anstatt jedoch zurückzuweichen oder ängstlich zu reagieren, fangen sie an, in die Hände zu klatschen, und dann tanzen sie um mich herum. Sie freuen sich offensichtlich über meinen Anfall. Mein trauriges, verstörtes Gesicht hat sie mehr erschreckt als mein Rumpelstilzchenausbruch. Das ist für sie Lebendigkeit, mit der sie besser umgehen können.

Die älteste Frau nimmt mich an die Hand, zieht mich hinter sich her. Alle folgen. Jambolane steht in der Tür, verneigt sich freundlich lächelnd. Dann bittet er mich zu sich hinein. Er zeigt auf zwei junge Frauen, eine wunderschöne mit einem Baby auf dem Schoß, die andere ist auch noch jung, wirkt aber durch ihre Zahnlosigkeit viel älter.

»Togo, Miriam«, sagt er, » englisch.« Ich falle aus allen Wolken. Da kann sich jemand mit mir verständigen, tut es aber nicht. Später erfahre ich, dass das alles nur mit Genehmigung des Babas passieren darf.

Ich schnattere aufgeregt los und löchere die beiden Frauen mit all den Fragen, die sich in mir angesammelt haben in den Tagen und Nächten des Schweigens und Nichtwissens. Togo, die ich später Kleopatra nennen werde, antwortet in einem kaum verständlichen Englisch, aber wenigstens scheint sie mich verstanden zu haben. Ngwenya würde schon noch kommen irgendwann, denn richtig dolmetschen könne weder sie noch Miriam. Sie zeigt mir einen kleinen Spirituskocher, mit dem ich mein Essen warm machen könne. Nein, die Feuerstelle sei nur für den Stamm, die dürfe ich nicht benutzen. Einfach so, keine Erklärung, nur ein Gebot, an das ich mich halten soll.

Wenn ich ein Hahn wäre, würde mir ständig der Kamm anschwellen. So gackere ich nur etwas in mich hinein.

Ich hole die letzten Mitbringsel aus dem Koffer und verteile sie. Jambolane sieht einen gefleckten Regenmantel, wie man ihn beim Militär trägt. Er möchte ihn haben und zieht ihn sofort an, obwohl es nicht regnet, und die Frauen bewundern ihn. Dann hole ich den Beutel mit den Kondomen und gebe sie ihm. Ich sage Togo, wozu sie sind. Die Frauen lachen kreischend. Ich weiß nicht, was daran so lustig ist, denn Kinder hat der Alte nun doch wohl genug. Er lässt mir sagen, dass er natürlich noch viel mehr Kinder haben möchte. Hundertfünfzig seien ihm geweissagt worden. Aber er gibt jedem Kind ein Kondom und zeigt ihnen, wie man einen Luftballon daraus macht. Den Rest lässt er im Nebenzimmer unterm Bett verschwinden.

Togo und Miriam erzählen mir später, dass die Frauen, wenn er nicht da ist, immer mal welche von den Kondomen entwenden. »Für ihre Töchter und Söhne«, sagen sie, denn sie haben gut verstanden, was ich über Verhütung und Aids gesagt habe.

Ich habe einen gebratenen Maiskolben bekommen und genieße ihn. Meine Vorräte werden nicht ewig halten, und ich weiß nicht, wann ich wieder einkaufen kann. Dass ich hier nicht mitgefüttert werden kann, wird mir immer klarer. Togo bringt mich in meine Hütte zurück, ihr Baby auf dem Rücken, und ich überschütte sie mit Fragen. Wann ich anfangen kann, bei Jambolane zu lernen oder bei seinen Heilungen und dem Wahrsagen mit den Knochen dabei sein kann, und ob es nicht noch einen zweiten Schlüssel fürs Klo gibt. Sie antwortet entweder gar nicht oder zuckt mit den Schultern. Vielleicht versteht sie mich nicht, vielleicht darf sie auch nicht allein mit mir reden.

Ich lade sie in die Hütte ein, sie zeigt mir, wie ich den Spirituskocher anwerfen kann. Das Ergebnis ist eine Stichflamme, die ich vor dem nächsten Versuch erst einmal löschen muss. Das wird nicht das letzte Mal sein. Ich koche Wasser und mache ihr eine Tasse Nesquik. Sie riecht erst eine Weile daran, trinkt ihn dann in kleinen Schlucken. Dann lächelt sie zum ersten Mal. Sie sitzt auf dem Boden, und ich sage, sie möge sich auf den Stuhl setzen. Sie schüttelt den Kopf. Das darf sie nicht, weil ich eine Weiße bin und eine Respektsperson.

Ich sage ihr, dass sie eine Freundin ist und dass ich sie Kleopatra nennen werde nach einer schönen ägyptischen Königin. Sie weiß nicht, was ich meine, aber sie scheint sich darüber zu freuen. Vielleicht ist es einfach der Klang meiner Stimme, der immer sanft wird, wenn ich mit ihr rede. »Wie heißt dein Kind?«, frage ich und lege dem Kleinen meine Hand auf seine winzige Faust. Es schaut mich aus seinen tiefschwarzen Augen an, ohne den Blick abzuwenden, »Nlelulego«, antwortet sie mit Stolz in den Augen und setzt hinzu: »Freedom – Freiheit«.

Das Kind habe Hunger, und sie müsse gehen, sagt sie abrupt und steht auf. Ich will, dass sie bleibt. »Du kannst es hier stillen, kein Problem«, antworte ich. Zögernd legt sie das Kind an die Brust. Sie scheint sich zu entspannen. Als kurz darauf eines der jungen Mädchen aus den Zimmern neben mir neugierig hereinschaut, scheucht sie sie wütend fort und verabschiedet sich schnell. Ich ahne nur, dass alles dem Baba zugetragen wird, was ich mache, und dass Togo-Kleopatra Anweisungen hat, was sie darf und was nicht. Die nächsten Tage sehe ich sie nicht mehr. Wenn ich nach ihr frage, bekomme ich nur ein Schulterzucken. Sie bedeutet für mich eine Chance, mich zu verständigen, und ich muss gegen neu aufkommende Mutlosigkeit ankämpfen.

Meine Tage verlaufen gleichförmig. Jeden Abend höre ich die Trommeln, wage aber immer noch nicht, dem Klang zu folgen. Ich muss wohl warten, bis ich eingeladen werde. Meine Vorräte werden weniger, auch weil immer mal jemand in der Nähe ist, wenn ich esse und ich dann selbstverständlich teile. Wasserflaschen habe ich keine mehr, also koche ich das Wasser ab und gebe die desinfizierenden Tabletten hinein. Was den Kaffee allerdings ziemlich ungenießbar macht.

Die Hitze macht mir am meisten zu schaffen. Meistens sitze ich nur irgendwo, wo ein kleiner Vorsprung mich schützt, der Schweiß läuft in Strömen, und ich atme einfach ein und aus und warte, dass ich zu Jambolane gerufen werde oder endlich Ngwenya, der Übersetzer, auftaucht. Als ich wieder einmal eine meiner Konserven öffne, bricht der Öffner entzwei. Ich versuche es mit Steinen, frage, ob jemand mir helfen könne, aber mit Konserven kennt sich niemand aus, und auch Öffner gibt es keine. So sitze ich weinend, lachend und hungrig vor den Konserven.

Nun kann ich auch den Hunden, meinen nächtlichen Besuchern, kaum mehr etwas abgeben, und es werden immer weniger. Sie werden wohl wie bisher den Müll durchsuchen oder stehlen. Als ich eines Nachts wieder vor der Hütte sitze, um die etwas kühlere Nachtluft, die nur noch um die 30 Grad hat, zu genießen, schleicht sich die Hündin mit dem Gesäuge heran. Inzwischen frisst sie mir aus der Hand, und auch wenn es noch so wenig ist, scheint sie dankbar zu sein. Ihre Wunden und das blutende Gesäuge sind durch meine Behandlungen fast verheilt.

Sie trägt etwas in der Schnauze, und dann sehe ich im Licht der Morgendämmerung einen winzigen Welpen, wenige Wochen alt, den sie vor mir ablegt. Sie dreht sich um, und kommt noch viermal zurück. Fünf piepsende Fellknäuel liegen vor mir. Ich trage nur noch ein Wickeltuch und lege sie in meinen Schoß. Die Hündin schaut mich erwartungsvoll an. »Wie soll ich die denn durchfüttern?«, frage ich verzagt. Die Hundemutter schleckt meine Hand, dreht sich um und verschwindet. Ich lege ein Handtuch auf meine Pritsche, auf dem die fünf Babys sich ängstlich aneinanderkuscheln. Ich streichle sie und überlege. Milchpulver habe ich zum Glück noch jede Menge, also koche ich Wasser ab und verrühre das Pulver. Sie schlecken es begierig von meinen Fingern ab. Vielleicht kann ich Kleopatra bitten, mir manchmal etwas Milch zu besorgen. Ich weiß, dass es auf den Wiesen hinter dem Kral ein paar Kühe gibt. Vielleicht lernen die Welpen ja auch bald, aus der kleinen Schüssel zu trinken.

Bald schlafen sie ein, und ich lege das Handtuch in die Plastikschüssel, stelle sie vor mein Bett. Da ich inzwischen weiß, dass diese Hunde von meinen schwarzen Freunden mit Steinen und Knüppeln verjagt werden, damit sie ihnen nicht mehr ihr karges Essen stehlen, ist mir klar, dass es wegen der Welpen Schwierigkeiten geben wird. Aber mein Kampfgeist ist durch meine Hundemutterrolle wieder gestärkt. Ich kann sie nicht mitnehmen, aber in den Monaten, in denen ich hier bin, vielleicht doch so weit stärken, dass sie sich danach selbst versorgen können.

Ein paar Tage kann ich die Kleinen verstecken, dann aber sieht sie eines der Kinder, die nach wie vor täglich Schlange stehen für ein Bonbon. Der Plastikfußball liegt schon lange zerfleddert neben einer Hütte, und sie spielen wieder mit Bällen, die sie aus nassem Papier pressen wie zuvor. Inzwischen trinken die Welpen das aufgelöste Milchpulver aus der kleinen Schlüssel, und ich winke die Kinder heran, damit sie zuschauen. Ich habe die Hundebabys gewaschen, die Zecken entfernt und das Fell mit meiner Haarbürste gestriegelt, so dass sie nun niedlich und possierlich aussehen. Zuerst schrecken die Kinder zurück, der Abscheu ist ihnen anzusehen. Die Welpen sind Ungeziefer für sie und gefährlich. Als sie jedoch sehen, dass ich sie streichle und dass sie mir nichts tun, rücken sie näher.

Nach und nach traut jedes Kind sich, sie vorsichtig anzufassen, reibt sanft das weiche Fell, und sie freuen sich über die Zutraulichkeit der kleinen Wesen. Dann kommt eine der Frauen, ob es die Mutter eines der Kinder ist, weiß ich nicht, und schimpft in kreischendem Ton. Die Kinder stieben auseinander. Ich befördere die Welpen schnell wieder in die Plastikschüssel mit dem Handtuch und schaue die aufgebrachte Frau wütend an. »Wehe, du tust einem der Kleinen was an«, sage ich auf Deutsch, denn sie versteht mich auch nicht, wenn ich Englisch spreche. Die Drohung in meiner Stimme ist nicht zu überhören, und so dreht sie sich um und geht. Ein paar Stunden später kommt Kleopatra. Der Alte hat sie geschickt und mir sagen lassen, dass ich die Hunde nicht behalten darf.

»Dann nehme ich die Kleinen und gehe. I am not a prisoner – ich bin keine Gefangene«, antworte ich ihr.

Zum ersten Mal sehe ich so etwas wie Bewunderung in ihren meist melancholischen Augen. Und sie lächelt freundlich und verspricht mir, das mit dem Baba zu regeln. Es kommt keine neue Anweisung, man ignoriert einfach, dass es zusätzlich zu mir noch fünf kleine Hundemäuler gibt, die Fressen brauchen. Fürs Futter müsse ich allerdings selbst sorgen, richtet mir Kleopatra aus, die jetzt offensichtlich auch die Erlaubnis hat, sich um mich zu kümmern.

Sie bringt jetzt sogar jeden Tag frische Kuhmilch mit. Auf meine Frage, ob denn das erlaubt sei, grinst sie und sagt, man müsse manchmal einfach etwas tun und nicht lange fragen. Ihr Englisch ist besser, als ich anfangs dachte, und so fühle ich mich nicht mehr ganz so einsam, wenn sie bei mir ist. Sie erzählt mir, dass sie aus Swasiland kommt und der Baba sie für fünf Kühe von ihren Eltern gekauft hat, als sie achtzehn war. Es ist gut so, sagt sie, und dass sie ihn sehr lieben würde. Ihre fünf Kinder würden ihr reichen.

»Aber er will doch noch mehr«, sage ich. Sie lächelt verschmitzt: »Alle drei Monate treffen sich die fruchtbaren Frauen in der Nähe des Krals mit weißen Ärzten, die ihnen eine Spritze geben. Und er wundert sich, dass keine Kinder mehr kommen«, sagt sie lachend. Aber er habe gedroht, sich wieder eine neue junge Frau zu besorgen.

Tagsüber muss sie wie alle Frauen auf dem Feld arbeiten, aber gegen Abend ist sie jetzt jeden Tag bei mir. Sie bekommt immer ihren Nesquik, der ihr inzwischen gut schmeckt. Essen will sie nicht, sie wisse ja, dass ich nicht mehr viel habe. Jede Frau hat ein kleines Stückchen Land für sich, und sie nimmt mich mit, zeigt mir Kräuter, die ich essen kann, und Maiskolben, die ich koche oder versuche, auf der Flamme meines Kochers zu garen.

Sie wird immer zutraulicher und beantwortet mir alle Fragen.

»Eifersucht, was ist das?«, fragt sie, als wir einmal über die vielen Frauen des Sangoma sprechen.

»Der Baba kann doch seine Gefühle nicht mit dreizehn Frauen teilen«, werfe ich ein.

»Wir sprechen nur unter uns Frauen über Gefühle«, sagt sie erstaunt. »Mit dem Baba wird der Alltag besprochen. Was es an Arbeit gibt, oder wenn es um die Kinder geht. Aber wir sprechen nicht über Gefühle mit ihm. Ist das mit den weißen Männern anders?«

»Ja, das ist bei uns schon anders«, antworte ich.

» Und – verstehen eure Männer das?«

Ich muss lachen. »Nicht immer«, antworte ich.

Natürlich bin ich neugierig und frage, wie denn das geht, dass der Alte mit so vielen Frauen Sex hat.

»Oh, er ist stark, und wenn er eine Frau besucht, sieht er immer ganz jung aus«, erzählt sie. »Er ist auch gerecht und fängt immer bei den alten Frauen zuerst an, bevor er zu den jungen geht. Manchmal schafft er uns alle in einer Nacht.«

Später erfahre ich, dass er ein Gestaltwandler ist und nach Belieben mal jung und mal alt sein kann. Das gehörte für mich bisher in das Reich der Fabeln und Mythen. Wesen, die kraft der Magie andere Formen annehmen können. Werwölfe ließen Menschen vor noch wenigen Jahrhunderten das Blut in den Adern gefrieren. Inzwischen tut es ein guter Horrorfilm auch, damit die Angebetete etwas näher rutscht. Für mich war der lustigste Gestaltwandler immer der »Froschkönig«, der sich so ganz unscheinbar ins Bett der noch unberührten Prinzessin schmuggeln konnte. Um Ausreden waren Menschen noch nie verlegen, denke ich. Und bei mir hat auch der verführerischste Kuss noch keinen Frosch zum Prinzen gemacht.

Rational erkläre ich mir das Ganze so, dass dieser Vorgang etwas mit Hypnose zu tun haben könnte, denn immer wenn mir etwas unheimlich ist, schalte ich meinen Verstand ein. Meist mit Erfolg. In diesem heißen, schmutzigen, ausweglosen Gefängnis gelingt mir das jedoch immer weniger. Wahrscheinlich projiziert der Alte sein jüngeres Abbild zeitweise auf die Menschen, denen er nahe kommt und wirkt auf diese Weise begehrenswert auf seine Frauen, die ihm oft verliebte Blicke zuwerfen.

Wenn Frauen um ihn herum sind, erlebe ich, dass sie sich ihm immer auf Knien nähern und nie auf gleicher Höhe sitzen. Ich frage Togo, die sich an den Namen Kleopatra gewöhnt hat, ob das nicht demütigend für sie sei.

»Den Stolz kann dir niemand nehmen, wenn du ihn in dir hast«, antwortet sie. Und es gebe auch umgekehrt Regeln, ungeschriebene Gesetze. Wenn er zum Beispiel zu den Frauen kommt und sie auf sein Klopfen nicht antworten, muss er umkehren.

Als ich an einem der nächsten Tage am Brunnen bin, wo die Frauen in Plastikeimern Wäsche waschen, kichern alle. Auf meine Frage antwortet Kleopatra, dass er es in der letzten Nacht vierzehn Mal vergebens versucht habe. Ärgerlich ist er nur, weil es seit Langem keine Babys mehr gegeben hat. Obwohl er immer noch potent sei.

Aber er will bald verreisen, ist zu Heilungen gerufen, und vielleicht nimmt er statt des Honorars eine junge Frau. Ich freue mich über die Nachricht, hoffe, dass er mich mitnimmt, und ich ihn dann endlich in seiner Eigenschaft als Sangoma erleben darf.

Ich frage Kleopatra, warum er mich nicht mehr zu sich ruft, mich ignoriert. Sie schaut mich lange an. »Frage nicht so viel, nimm dir, was du brauchst«, antwortet sie, will aber weiter nichts dazu sagen.

In diesen ersten Wochen sind mir immer wieder junge Leute, Männer wie Frauen, aufgefallen, die ihre geflochtenen Haare rot gefärbt haben, von weißen Tüchern umhüllt sind und manchmal irgendwo knien und weißen Schaum vor dem Mund haben. Nun erfahre ich, dass das Jambolanes Schüler sind, die eine dreijährige Ausbildung bei ihm machen.

Eine Schülerin kam an den ersten Abenden zu mir in die Hütte, kreischte mit verdrehten Augen, tanzte vor mir, trillerte mit dem Mund und verschwand wieder.

Alle im Stamm scheinen zu wissen, was das Trillern und die Texte bedeuten, nur ich nicht. Ich weiß, dass Kleopatra mir eigentlich nichts sagen darf, aber ich bohre so lange nach, bis sie das Geheimnis verrät. »Der Geist hat durch Millisent gesprochen und gesagt, dass du diejenige bist, die unser Volk retten wird.« Ich muss lachen. »Ja, wenn ich inzwischen nicht verhungert bin«, antworte ich lakonisch.

»Du bist nicht gut mit deinen Vorräten umgegangen«, sagt Kleopatra ernst, »sondern hast sie an die Hunde verfüttert, deshalb hilft dir keiner außer mir.«

»Na ja, es war nicht die schlechteste Diät«, knurre ich. »Ich habe schon eine ganze Menge abgenommen. Außerdem habe ich auch kaum mehr Hunger, und die Zigaretten helfen mir dabei«, antworte ich trotzig.

»Du bist doch sehr dünn«, widerspricht sie mir. »Zu dünn.«

In der nächsten Nacht habe ich einen seltsamen Traum.

Ich wache auf und höre Menschen schreien. Als ich aus meiner Hütte hinausgehe, sehe ich, dass alle anderen Hütten in Flammen stehen. Die Frauen stehen davor, schreien und weinen, bleiben aber reglos stehen. Kinder schreien. Sofort laufe ich los und ziehe die wimmernden Kinder aus den Flammen, eines nach dem anderen. Meine Welpen habe ich mit einem nassen Tuch bedeckt, für den Fall, dass die Flammen meine Hütte erreichen. Das Blechdach hat mich und sie wahrscheinlich beschützt. Jambolane spricht mit hohler, lauter Stimme. Er ist ganz in meiner Nähe, und plötzlich verstehe ich jedes Wort: »Das ist der böse Geist in der weißen Frau, die uns Unglück bringt« , sagt er wie durch ein Megafon. Mit einem Kind auf dem Arm komme ich aus der brennenden Hütte, und als der Sangoma mich sieht, stutzt er und sagt nun das Gegenteil: »Ich habe euch doch gesagt, dass sie unseren Stamm retten wird.« Er fordert alle auf, mir zu helfen. Die bisher reglosen Frauen kommen in Bewegung, holen weitere Kinder aus den Hütten und löschen das Feuer in wenigen Minuten mit Wassereimern. Ich habe das Gefühl, dass ich völlig verbrannt bin, und dann sehe ich, dass das letzte Kind, das ich in den Armen halte, tot ist. Weinend lege ich es dem alten Sangoma vor die Füße. »Dieses Kind konnte ich nicht retten.« Er lächelt sanft. »Dieses Kind bist du, und es ist gestorben, weil du so nachlässig mit ihm umgegangen bist. Aber wenn du willst, wird es wieder leben.« Dann streichelt er dem toten Kind über den Kopf, und es schlägt die Augen auf.

Ich wache schweißgebadet auf. Offensichtlich ist es an diesem Tag schon recht spät, denn überall laufen Kinder herum, Frauen arbeiten, und von der Feuerstelle steigt dichter Rauch empor. Der hat den Traum wohl ausgelöst. Ich weiß, dass ich hier etwas lernen soll, aber es ist, als ob ich ein Brett vor dem Kopf habe und nichts begreife.

Dabei hatte ich doch in den Jahren zuvor berührende, tiefe Begegnungen mit wunderbaren Menschen, ja sogar mit spirituellen Führern. Und danach war ich sicher, auf dem richtigen Weg zu sein, alles zu wissen. Ich erinnere mich an den Dalai Lama, als er das erste Mal in Europa war. Als Autorin des Bayerischen Rundfunks wurde ich eingeladen, um für den Hörfunk, bei dem ich seit vielen Jahren als freie Autorin arbeitete, zu berichten. Ich erinnere mich noch gut an den erhobenen Zeigefinger des Redakteurs, der mich ermahnte, objektiv zu berichten. Ich solle mich nicht wieder zu sehr einlassen. Meine gewohnt spitze, leicht sarkastische Feder war mir in seinen Augen schon während der Gipfeltreffen der Schamanen aus aller Welt abhandengekommen. Man traute mir nicht mehr, und so arbeitete ich sozusagen auf Bewährung. Ich ahnte, dass ich nur noch Aufträge zu banalen Themen bekäme, wenn ich diesmal nicht nur meinen Kopf, sondern wieder einmal mein Herz einsetzen würde.

Vielleicht wäre ich doch besser beim Fernsehen aufgehoben, dachte ich manchmal. Da wurde man besser bezahlt, und das Banale gehörte zum Alltag.

Die Reise auf Kosten des Senders und ein gutes Hotel in Davos mit einer grandiosen Aussicht trösteten mich. In der großen Kongresshalle saß ich neben anderen Journalisten ganz vorn und flirtete mit den Bodyguards des heiligen Mannes, die zwar bewaffnet waren und finster die Menge beäugten, mir aber immer wieder mit hellen Augen zublinzelten. Ich hatte mich gut vorbereitet, aber ich blieb nüchtern und ließ mich nicht von der allgemeinen Begeisterung mitreißen. Ganz im Sinne meines Redakteurs.

Da saß der Dalai Lama nun auf dem großen Podium mit einem Glas Wasser vor sich und vielen Blumen um sich herum und beantwortete geduldig die Fragen aus dem Publikum. Er wirkte bescheiden, fast scheu, hatte in unserer westlichen Welt noch nicht so gut Fuß gefasst wie in späteren Jahren. Und er hörte nicht auf zu lächeln. Als eine buddhistische Nonne fragte: »Eure Heiligkeit, was ist der Sinn des Lebens?«, schwieg er. Eine Minute verging, zwei Minuten, und es wurde immer stiller im Saal. Nach fast zehn Minuten, in denen man meinte, niemanden mehr atmen zu hören, antwortete er: »I don't know – ich weiß es nicht.« Und dann brach er in ein nicht enden wollendes Gelächter aus. Kurz darauf lachten mehr als 2000 Menschen. Ich spürte, wie mein Herz sich wieder langsam öffnete und ich nichts dagegen tun konnte.

Später gab es eine Pressekonferenz mit einer überschaubaren Schar von Journalisten. Bis zu diesem Zeitpunkt war er in unseren Ländern noch nicht zu einer begehrten Symbolfigur geworden. Ich war spät gekommen und setzte mich im Schneidersitz direkt vor sein Pult. Dann stellte ich meinen Rekorder an, um die Gespräche mitzuschneiden.

Er erzählte von seinem Leben, seinem politischen Kampf für Tibet, seine Ziele und davon, was er über das Leben dachte. All das, was heute gedruckt ist, was fast jeder kennt. Ich fing an, selbst mehr Fragen zu stellen, und immer wenn ich den Finger hob, ließ er mich reden, antwortete mit Wärme und Zuneigung in der Stimme. Bald vergaß ich meinen professionellen Anspruch und stellte auch Fragen, die mich persönlich interessierten. Es wurde fast ein Zwiegespräch.

»Warum gibt es so viel Dunkles, Böses auf der Welt, so viel Unglück und Schmerzen?«, fragte ich unter anderem.

»Weil es das ist, was ihr in den Medien täglich verbreitet, und jeder, der es liest, hört, sieht, das für die einzige Realität hält. Der Fokus ist auf die Dunkelheit gerichtet und nicht auf das Licht«, antwortete er. »Es wird immer Schatten geben, wo es Licht gibt, aber wenn du lernst, das Schöne, Gute, Edle zu suchen und zu sehen, das es auf diesem Planeten gibt, wirst du glücklicher sein und die Menschen um dich herum glücklicher machen.«

Ich war beeindruckt und schwieg. Als der Raum sich leerte, wollte ich aufstehen und merkte, dass ich mich nicht bewegen konnte. Durch das ungewohnte Sitzen im Meditationssitz waren mir die Beine eingeschlafen. Der Dalai Lama saß noch an seinem Pult, räumte seine Sachen zusammen. Ich tat auch so, als ob ich noch mit meinem Gerät beschäftigt wäre, und wagte nicht hoch zu schauen. Es war mir peinlich, dass ich nicht auf die Beine kam. Dann sah ich seine Füße und sein langes Gewand vor mir. Ich schaute hoch. Er beugte sich zu mir herunter und streckte mir lachend die Hände entgegen.

»Ja, das braucht eine gewisse Übung«, sagte er, zog mich hoch und hielt mich an sich gedrückt, bis das Zittern meiner Beine nachließ und ich wieder stehen konnte. »Vielleicht solltest du einfach lernen, um Hilfe zu bitten«, flüsterte er. »Deine Hochachtung ehrt mich, aber das geht auch auf Augenhöhe.« Ich war unfähig zu antworten, und so winkte er mir freundlich zu, bevor er den Raum verließ.

Als ich auf dem Rückweg im Zug saß und in die Schweizer Bilderbuchlandschaft schaute, fühlte ich mich leicht und zutiefst zufrieden. Das waren glückliche Momente gewesen, weil mir da jemand ins Herz geschaut hatte, mich gesehen und akzeptiert hatte, wie ich war. Zweifel, Skepsis, die mich durch mein erwachsenes Leben begleiteten, beruflich wie privat, waren für eine Weile verschwunden. Ich war im Frieden, und die Angst, die mich so oft quälte, war vorübergehend nicht mehr spürbar.

Ein großer und doch bescheidener Mensch, dieser Dalai Lama, dachte ich. Meine Mutter hatte mir immer gepredigt, ich solle ein bescheidenes Mädchen sein, deshalb fühlte ich mich später wohl fast gezwungen, als Revoluzzer zu leben. Was ziemlich anstrengend war. Ich dachte über einen Satz vom Dalai Lama nach: »Ich bin ein Mensch von Milliarden – nicht mehr und nicht weniger.« Zum ersten Mal sah ich das Thema Bescheidenheit aus einer anderen Perspektive. Ich musste mich nicht klein machen, um bescheiden sein zu können. Und als der Dalai Lama viel später einmal in einem TV-Interview sagte, er habe genauso mit Blähungen zu kämpfen wie der Rest der Welt, wunderte mich das nicht.

Für die Sendung schnitt ich nur das zusammen, was der Dalai Lama im großen Forum und im Interview gesprochen hatte. »Das sagt so viel aus«, sagte ich meinem Redakteur, »dass ich dazu keine Kommentare mehr schreiben sollte.« Der Redakteur war beeindruckt, was selten vorkam.

Nun bin ich hier, weitab von der zivilisierten Welt, in Schmutz und Armut, bei einem Sangoma, bei dem ich lernen und innerlich wachsen wollte, und habe das Gefühl, wieder ganz am Anfang zu stehen. Erneut gerate ich in den mir vertrauten Teufelskreis – einerseits will ich vertrauen, andererseits spüre ich mein wohlbekanntes Misstrauen. Würde ich je irgendwo ankommen? Im Moment bin ich mir nicht einmal sicher, ob ich das hier überleben werde. Die Angst holt mich wieder ein.

Wer rettet hier wen?

Ich sitze auf meinem Bett und schaue mir meine Zigarettenvorräte an. Eine habe ich noch. Ich zeige sie, nachdem ich wie jeden Tag die Bonbons verteilt habe, dem kleinen Jungen mit der Narbe, gebe ihm etwas Geld, und er versteht, dass er mir neue besorgen soll. Ich sehe und höre den ganzen Tag nichts von ihm und denke schon, dass er das Geld eingesteckt und die Zigarette geraucht hat.

Gegen Abend kommt er keuchend bei mir an. Stolz überreicht er mir eine Zigarette und meine dazu. Er muss sehr lange gelaufen sein, um sie zu bekommen. Ich schäme mich. Daraufhin habe ich nicht mehr geraucht – jedenfalls nicht in Afrika. Und es gehörte in den Jahren danach noch viel Zuneigung und Verständnis für mich selbst dazu, um meine Süchte und Abhängigkeiten zu begreifen und sie loslassen zu können.

In den nächsten Tagen ernähre ich mich nach wie vor nur von Kräutern und einem Maiskolben am Tag, aber ich habe Hunger. Obst habe ich nirgendwo gesehen, und wegen der Schlangen traue ich mich nicht, den Kral zu verlassen.

Ich sitze vor der Hütte und versuche, meinen Hunger zu ignorieren. Da kommt die Frau von der Feuerstelle. Sie heißt Miriam und sagt, dass sie auch ein wenig Englisch könne. Zahnlos strahlt sie mich an. Sie kann noch nicht alt sein. Vierzig sei sie, sagt sie, aber der Baba meint, ein Gebiss für sie würde sich nicht mehr lohnen. Ich bin schon wieder wütend auf diesen Patriarchen, wünsche mir, dass ich hier bald verschwinden kann, auch wenn ich keine

Ahnung habe, wie. Als ich später wieder in Deutschland bin, übernimmt meine Freundin Ingrid die Patenschaft für Miriams neues Gebiss.

Sie habe etwas für mich, sagt sie, und dann zieht sie hinter dem Rücken ein heftig zappelndes weißes Huhn hervor.

»Das ist ein Geschenk vom Baba. Er weiß, dass du hungrig bist«, sagt sie.

Ich schüttle empört den Kopf: »Es lebt ja noch.«

Miriam grinst. Der Baba hat gesagt, dass du das sagen würdest, und er lässt dir ausrichten, dass man etwas töten können muss, wenn man es essen will.« Damit setzt sie das Huhn vor mir ab und gibt mir eine Handvoll Körner. »Du sollst es noch mal ordentlich füttern, bevor du es schlachtest.« Sie legt mir ein großes Messer vor die Füße und geht. Ich bin völlig erstarrt.

Ich bin zwar auf einem Bauernhof aufgewachsen und habe auch beim Schlachten zugesehen, aber ich habe noch nie ein Tier getötet. Meine hohen Ansprüche, Vegetarier sein zu wollen wie in den Jahren zuvor, hatte ich schon in der ersten Zeit hier aufgegeben. Aber töten, nein, da hungere ich lieber. Ich streue dem Huhn die Körner hin, das sich daraufhin zutraulich nähert und zu picken anfängt. So geht das die nächsten zwei Tage – ein weißes Huhn, das sich wohl fühlt mit mir und eine weiße Frau mit knurrendem Magen.

In dieser Zeit kommt niemand in meine Nähe, und auf dem Weg zum Klo reicht man mir wortlos den Schlüssel und wendet sich ab. Nicht einmal die Kinder kommen. Das soll wohl eine Prüfung sein, denke ich, aber ich bin entschlossen, das nicht mitzumachen. Als ich am Ende des zweiten Tages Durchfall bekomme, schaffe ich den Weg aufs Plumpsklo nicht mehr und gehe stinkend und braun an den Beinen durch den Kral. Es riecht nirgendwo gut, also mache ich mir nichts daraus, nehme einen Eimer mit an den Brunnen und wasche mich. Es ist mir egal, ob mich jemand sieht. Kinder und Frauen gehen vorbei und beachten mich nicht.

Als ich am nächsten Morgen aufwache, ist das Huhn verschwunden und das Messer auch.

Kurz darauf kommt Miriam mit dem toten Huhn. »Baba hatte Mitleid mit dir, deshalb habe ich es schlachten dürfen. Du musst mir aber helfen, es zu rupfen und zu kochen.« Wortlos helfe ich ihr, schäme mich ein wenig, aber wenn ich in Miriams lustig mir zuzwinkernde Augen blicke, vergesse ich auch diese Gedanken. Und als ich das zarte Fleisch kaue, denke ich nicht mehr an das lebendige Huhn, sondern bin froh, nicht mehr zu hungern. Mit denen, die gerade in meiner Nähe sind, teile ich es selbstverständlich.

Weitere Tage und Nächte verrinnen, täglich im gleichen Rhythmus, heiß, unbequem, langweilig, und mein revoltierender Geist macht Pause. Ich desinfiziere das Wasser – dass ich kaum mehr esse, macht mir nichts, ich dämmere vor mich hin. Nur um die Welpen, die sich nicht mehr aus meiner Hütte vertreiben lassen, sich in meiner Reisetasche verstecken, wenn ich sie mal vor die Tür gesetzt habe, kümmere ich mich, indem ich ihnen aufgelöstes Milchpulver und manchmal verdünnte Kuhmilch gebe, sofern mir Kleopatra etwas bringt. Aber auch die Besuche von ihr und Miriam werden seltener, und als die Bonbons aufgebraucht und keine

Geschenke mehr zu holen sind, lassen sich auch die Kinder und Halbwüchsigen nicht mehr blicken.

Dann bemerke ich, dass mein Körper verschorft ist und meine Salben, soweit ich sie nicht für die Hunde aufgebraucht habe, nicht mehr helfen. Ich werde schwächer, und dann kommt das Fieber. Das Thermometer zeigt 39,9 Grad, und ich weiß, dass mein Leben bedroht ist. Aber auch das ist mir inzwischen egal.

Der Hunger ist weg, aber der Durst quält mich. Ich bin zu schwach, das Wasser abzukochen, und ich weiß, dass mich ein Schluck aus der Plastikschüssel töten würde. Manchmal schaue ich die Welpen an, und mir wird klar, dass ich imstande wäre, ihnen die Kehle durchzuschneiden, um ihr Blut zu trinken. Ich habe Angst vor einer Welt ohne Wasser, ahne, dass Menschen dadurch zu Mördern, Monstern werden können.

Vielleicht wäre es ja gut, nicht auf diesem Planeten zu bleiben. Wegbeamen möchte ich mich. Zuerst wälze ich mich herum, geschüttelt von meinen Fieberträumen. Dann lege ich mich einfach auf die Pritsche und dämmere vor mich hin. Gedankenfetzen kommen und gehen. Ich habe mehr erlebt als andere in mehreren Leben: Traumatisches, Aufregendes und Schönes. Mein Sohn ist erwachsen, versorgt, es geht ihm gut, und einen Lebensgefährten habe ich schon lange nicht mehr, bin fest überzeugt, dass dieser Teil des Lebens, den ich ausgekostet habe, nun auch vorüber ist.

> *Ich habe nur noch schöne Träume. Es sind sogar Engel um mich herum, die singen und mir mit Palmwedeln zufächeln.*

Es wundert mich auch nicht, dass sie schwarze Gesichter und krauses Haar haben. Wahrscheinlich war Gott schon immer ein Schwarzer. Oder eine dicke schwarze Mami?

Ich frage die Engel, ob das denn richtig ist, dass sie mich nun hier sterben lassen, aber sie lächeln ihr engelhaftes Lächeln, sagen nichts und singen weiter. Dann träume ich, dass ich einem Mann begegne. Er ist so alt wie ich, und schon daran merke ich, dass ich träume. Mich hatten in den letzten Jahrzehnten nur jüngere Männer interessiert, weil sie Interesse an mir hatten. Die alten Kerle, wie ich sie abwertend nenne, wollen ja nur Frischfleisch. Deshalb beachtete ich sie nicht mehr. Für die Jungen war ich ein erotischer Parkplatz, bis sie die große Liebe fanden, so dass mir auch diese Richtung nur noch ein müdes Lächeln entlockte. Ich würde allein bleiben und fand das auch richtig so, denn dann mischte sich niemand mehr in mein Leben ein, und ich konnte solche Abenteuer erleben wie jetzt. Obwohl ich natürlich nicht vorausahnen konnte, wie sehr sie mich an den Abgrund bringen würden.

Als der ältere Mann mit den grünen Augen und dem weißen Bart mir im Traum begegnet, ist mir sofort klar, dass ich träume. Vielleicht ist es ja auch Gottvater? Dieser Manito, wie ich ihn nenne, jedenfalls will mich, begehrt mich, liebt mich in meinem Traum, und er kämpft nicht gegen mich wie so viele vorher, hat keine Angst vor mir, sondern ist mir und meinen Gedanken sehr ähnlich. Und ich liebe ihn auch, bedingungslos. Vielleicht würde ein Weiterleben sich doch lohnen, denke ich und spüre, dass sich mein Mund zu einem Lächeln ver-

ändert, als mich Stimmen aus meinem schönen Traum wecken.

Ich bin ärgerlich, brummele zornig, man solle mich in Ruhe lassen. Es sind Kleopatra und Miriam, und sie klingen besorgt. Sie heben mich von der Pritsche und schleppen mich mit der Hilfe von anderen Frauen durch den Kral, bis zu einer kleinen Hütte, die wie ein weiteres Klo aussieht. Sie flößen mir eine bittere Flüssigkeit ein, und bald breche ich und bekomme Durchfall. Dass überhaupt noch etwas in mir ist, wundert mich.

Dann schleppen sie mich in den nächsten Raum, der von heißen, nach Kräutern riechenden Dämpfen erfüllt ist. Sie halten mich, sagen immer wieder, dass ich atmen soll. Und dann höre ich Trommeln und die Stimme von Jambolane, der singt und monoton spricht. Ich bin sicher, dass ich nun sterben werde. Warum auch nicht in Afrika sterben, ist mein letzter Gedanke, der voller Hingabe und Dankbarkeit ist. Ich habe keine Angst mehr.

Als ich wieder zu mir komme, wird mir klar, dass ich immer noch am Leben bin, denn Kleopatra sitzt an meiner Pritsche und lächelt mich an. Sie hat mir ein nasses Tuch auf den Kopf und meinen Oberkörper gelegt, so dass ich es als kühl empfinde. »Du hast eine Woche geschlafen«, sagt sie, »Baba hat dich geheilt.« Ich schaue an mir herunter, sehe keinen Schorf mehr und fühle mich auch nicht fiebrig. »Dann hätte er vielleicht dafür sorgen sollen, dass ich gar nicht erst krank werde«, ist mein erster Satz, und Kleopatra lacht befreit, weil ich widerspenstig reagiere. Dann sehe ich die Welpen herumspringen.

»Ich habe dafür gesorgt, dass sie am Leben bleiben«, sagt Kleopatra, als sie meinen suchenden Blick sieht. »Ich weiß, dass sie dir wichtig sind.« Ich stehe auf, ziehe mich an und merke, dass ich nicht wacklig bin, sondern mich sogar frisch fühle. Ich hatte zwar keine Malaria, aber vielleicht waren es die Nebenwirkungen der Vorsorgetabletten gegen eben diese Malaria. Fragen Sie Ihren Arzt oder Apotheker … hatte ich wieder mal nicht befolgt.

Ich frage nach Jambolane und ob ich ihn jetzt sehen kann. Kleopatra schüttelt den Kopf: »Er ist für eine Woche verreist, muss Geld verdienen mit Heilungen, Beratungen, und vielleicht bringt er ja auch eine neue Frau mit, die noch Kinder bekommt.« Sie scheint ärgerlicher über die neue Frau zu sein als über seine Abwesenheit. Ich bin schon wieder empört. Er wollte mich doch mitnehmen. In Österreich hatte er mir versprochen, dass ich bei ihm lernen kann. »Du darfst dich aber innerhalb des Krals frei bewegen, und du sollst ihn vertreten, wenn jemand krank wird«, setzt sie noch hinzu. »I am not a prisoner – ich bin kein Gefangener«, schreie ich fast, was sie zum Lachen bringt. Der Satz scheint ihr zu gefallen. Den Zusatz, dass ich hier heilen soll, obwohl ich mich ganz unheil fühle, überhöre ich.

Ich klage, dass meine Vorräte aufgebraucht sind, und frage, ob es eine Chance gibt, ein Auto zu besorgen, damit ich in den nächsten Ort fahren kann. Sie verspricht, darüber nachzudenken, aber ich habe keine Ahnung, wie das klappen soll. Komatipoort, die nächste kleine Stadt, ist fast fünf Autostunden entfernt.

Wieder bleibe ich mir selbst überlassen, bin wie zuvor damit beschäftigt, das Nichtstun auszuhalten. Ich suche immer mal wieder nach einem weniger heißen Ort unter einem Dach, das mehr übersteht als das meiner Hütte. Alles nur um den Tag durchzustehen und mich auf die etwas kühlere Nacht zu freuen.

Wenn das Gedankenkarussell zu schnell rotieren will, mache ich Atemübungen und wundere mich, wie viel Atem ich noch habe und wie es mich beruhigt, mich ausschließlich darauf zu konzentrieren. Ganz lassen sich die Gedanken nicht verscheuchen, auch wenn sie sich fast nur mit ganz naheliegenden Dingen wie Essen und Trinken beschäftigen.

Als ich noch zu Hause war und das Wort »Sangoma« googeln wollte, hatte ich mich vertippt, ein o mit u verwechselt, also Sanguma geschrieben. Das Ergebnis war furchtbar.

In Wikipedia heißt es trocken: *Als **Sanguma** bezeichnet man in* Papua-Neuguinea *den Glauben an magischen Schadenszauber, der durch Hexen oder böse Geister verursacht wird.* Des Weiteren erfährt man, dass dort, auf diesem paradiesischen Stück Erde, nach wie vor Frauen als Hexen verfolgt, gefoltert, verbrannt, getötet werden. Die **Sangomas** mit o, also bei denen ich nun mehr oder weniger in Gefangenschaft bin, sind zumindest laut Wikipedia »die Guten«:

*Der **Sangoma** ist die Bezeichnung für einen südafrikanischen Medizinmann. Er spielt in der medizinischen Versorgung der traditionellen Nguni-Kulturen (Zulu, Xhosa, Ndebele und Swasi) eine zentrale*

Rolle. Seine Behandlungsmethoden basieren nicht nur auf der Kenntnis von Heilkräutern, er betreibt auch Hellsehen und berät seine Patienten.

In dem Zustand, in dem ich mich inzwischen befinde, fange ich an, sogar Wikipedia zu misstrauen. Vielleicht war ich doch bei denen mit »u«? Jedenfalls dämmert es mir, dass ich mich nicht mehr so ganz auf das verlassen kann, was mir den größten Teil meines Lebens Halt gegeben hat – auf meinen vermeintlich so unbestechlichen, klaren Verstand.

Und eine neue Glaubensform hat sich bisher noch nicht in mir einnisten können. Mein Widerstand, irgendwann einmal an Tiergötter oder Geister zu glauben, nur um zu überleben, war zu groß. Zumindest im Moment noch.

Wieder passiert die nächsten Tage nichts, die Zeit steht stiller, als ich es mir je vorstellen konnte, und ich mache mir Sorgen, ob meine Welpen nicht doch verhungern. Das Milchpulver ist alle, nur jeden zweiten Tag bringt Kleopatra Kuhmilch, von der ich nicht weiß, ob die kleinen Hunde sie vertragen, auch wenn sie verdünnt ist.

Als ich an einem der nächsten Morgen aufstehe und die Tür öffne, sehe ich eine lange Schlange von Frauen vor der Hütte stehen mit kleinen Kindern auf dem Rücken und an der Hand. Miriam, die dabei ist, sagt mir, der Baba habe gesagt, ich solle diese Leute heilen, sie seien krank. Die erwartungsvollen, vertrauenden dunklen Augen lassen nicht zu, dass ich darüber nachdenke. Handeln ist jetzt angesagt.

Aus dem Koffer unter der Pritsche hole ich nun ohne zu zögern alle meine Arzneien und Globuli und schaue mir die Kranken an. Einen nach dem anderen.

Zuerst einmal messe ich bei allen Fieber, was natürlich gut ankommt, weil es ja nach wenigen Minuten piepst. Ein kleiner Zauberstab für alle. Den fiebernden Kindern mache ich Wadenwickel, hülle sie in nasse Tücher ein. Das Wasser dazu schleppen mir die Gesunden in Eimern vom Brunnen her. Nur für den Kopf nehme ich Wasser aus der Flasche. Dann gebe ich Globuli und andere Medikamente, die ich für richtig halte, verbinde Wunden, trage Salben auf und lege die Hände auf kranke Stellen. Alles, was mir gerade einfällt. Und plötzlich bin ich wieder das Kind, das bei der Kräuterhexe im Dorf heilen konnte. Es kommt mir jetzt ganz normal vor.

Die alte Frau mit der Narbe im Gesicht, die immer so böse schaut, dass man Angst bekommen kann, kitzle ich einfach durch. Sie windet sich lustvoll und läuft dann kichernd davon. Kleopatra, die mir assistiert und ein Kind hält, erzählt mir, dass die alte Frau, seit sie vom Esel getreten worden ist, immer traurig war. Vielleicht hat sie Depressionen, denke ich, und vielleicht hat mein Kitzeln etwas bewirkt – auf jeden Fall ein Lachen, das ihr Gesicht und ihre Seele wieder aufhellt.

Ich werde ruhiger, je mehr es sind, die zu mir kommen und mich um Heilung bitten.

Hier geschieht etwas, das ich nicht verstehe, es einfach nur hinnehme. Weil ich es tun muss. Nach zwei bis drei Tagen sagt mir Kleopatra, dass alle gesund seien. Ob noch andere, kräuterkundige Frauen zusätzlich schamanisch arbeiteten, weiß ich nicht. Jedenfalls komme ich mir zum ersten Mal nützlich vor.

Ausbruchsversuch

Jambolane ist noch immer unterwegs, die Langeweile kehrt zurück und ebenso die Sorge, wie lange die Nahrung noch reicht, nicht nur für mich und die Hunde. Die Frauen und Kinder sehen nicht gerade satt aus. Ich dränge Kleopatra, etwas zu unternehmen, damit wir ein Auto bekommen. Ein paar Tage später steht sie mit dem kleinen Freedom auf dem Rücken vor meiner Tür.

»Wir können es ja mal probieren«, murmelt sie und fordert mich auf mitzukommen. Sie habe von Leuten gehört, die in ein paar Stunden zu Fuß zu erreichen sind, erfahre ich, nachdem wir schon eine halbe Stunde unter sengender Sonne unterwegs sind. Sie sollen ein Auto haben. Ob ich diesen Marsch durchhalten werde, weiß ich nicht.

Ich trage feste Schuhe und einen Hut. Der Schweiß läuft in Strömen an mir herunter. Kleopatra und selbst dem kleinen Jungen scheint es nicht so viel auszumachen. Wir kommen an anderen Hütten vorbei, die Leute nicken freundlich, und Kleopatra wechselt manchmal ein paar Worte. Alle beneiden sie um die weiße schöne Frau, sagt sie. Weiß sein bedeutet schließlich, dass jemand reich sein muss, obwohl ich sicher aussehe wie der letzte Landstreicher. Wenn ich rasten will, drängt Kleopatra, dass ich weitergehen muss. »Ganz langsam, aber nie aufhören zu gehen«, sagt sie.

Nach ungefähr drei Stunden, die sich für mich wie ein ganzer Tag anfühlen, geht sie auf einen Kral mit mehreren Hütten zu. Da steht wirklich ein Kleinlastwagen mit einer Ladefläche. Wir setzen uns in den Schatten eines etwas verkümmerten Baobab-Baumes, der einzige wohl in der ganzen Umgebung, und man bringt mir Wasser. Ich zögere, denn ich weiß nicht, ob ich das Wasser vertrage. Aber der Durst ist größer als die Angst, krank zu werden. Manchmal kommen Frauen oder Kinder zu uns, reden ein wenig mit Kleopatra, starren mich an. Wenn ich in diesem Land nicht lerne, geduldig zu sein, dann nirgendwo.

Nur zwei Stunden später kommt der Mann, dem das Auto gehört. Kleopatra fragt ihn, ob er mich damit nach Komatipoort fahren könne. Er kratzt sich am Kopf und sagt, dass das Auto kaputt sei und erst repariert werden müsse. Ich ziehe ein paar Geldscheine aus meinem Brustbeutel und lasse ihm sagen, dass ich zur Bank fahre und er dann die ganze Reparatur bezahlt bekomme. Seine Augen leuchten, diese Sprache hat er verstanden.

Es dauert allerdings noch einen Tag länger, bis er die Ersatzteile zusammengebettelt hat und das Auto wirklich fahrbereit ist. Wir müssten noch mal im Kral vorbei, behaupte ich, um meine Geldkarte zu holen. In Wirklichkeit will ich nur noch mal schauen, wie es den Hunden geht und ob sich jemand um sie kümmert, wenn ich weg bin. Im Kral angekommen melkt Kleopatra noch schnell eine Kuh und redet mit strenger Stimme mit einem Mädchen. Obwohl ich die Sprache nicht verstehe, weiß ich, was ihre Worte bedeuten: Wehe, wenn du nicht tust, was ich sage. Sie hebt die Hand hoch, und ich weiß, das Mädchen wird gehorchen.

Auf dem Weg nach Komatipoort halten wir an fast jeder Wegkreuzung, und immer mehr Leute springen auf den Wagen. Sie stecken dem Fahrer etwas zu und lachen mich freundlich an. Wie ich sehr bald merke, lässt er sich die Fahrt doppelt bezahlen. Es dauert mehr als fünf Stunden, bis wir in Komatipoort sind, dem Ort am Eingang des Krüger Nationalparks. Endlich wieder Zivilisation. Ich atme auf. Wir fahren zu einem Supermarkt und verabreden uns für zwei Stunden später auf dem Parkplatz. Ich gebe Kleopatra mein letztes Geld, sage ihr, dass sie schon mal einkaufen soll, während ich die Bank suche.

Hier versteht fast jeder Englisch, und so frage ich mich durch. Erstaunte Blicke von schwarzen wie weißen Menschen. In einen Spiegel habe ich lange nicht mehr gesehen, aber ich kann mir vorstellen, dass ich etwas seltsam aussehe.

In der Bank gibt es bei den Angestellten mehr Schwarze, die Kunden sind mehrheitlich weiß. Einige rücken etwas ab von mir, mein Geruch ist sicherlich nicht der beste. Dann höre ich, dass die Computer ausgefallen sind, und man bittet uns um Geduld. Warten muss man immer in Afrika, das ist mir schon klar, aber dass sich jemand dafür entschuldigt, ist neu für mich. Vor mir und hinter mir eine Schlange. Zumindest ist es kühl hier, Klimaanlage, und so fällt mir das Warten leicht. Der Wagen würde ohne mich nicht wieder abfahren, denn ich bedeute Bares.

Plötzlich höre ich ein zartes Klingeln hinter mir, und ich drehe mich um. Eine weiße rothaarige Frau schaut mich entgeistert an. Angezogen, als ob ich auf Safari gehen will und ein weißes Gesicht, das völlig verdreckt ist. Eine weiße Frau, die riecht wie arme schwarze Menschen. Ich lächle sie an und frage sie, ob sie vielleicht etwas

Wasser für mich hat. Sie zieht eine Flasche aus dem Einkaufsbeutel und gibt sie mir. Ich trinke fast alles auf einen Zug aus, entschuldige mich, sage, dass ich so etwas Gutes lange nicht mehr getrunken habe. Das Klingeln kommt von einem Armband, an dem ein kleiner Engel hängt. »Du bist mein Engel«, sage ich dankbar.

Jannie van der Merwe ist Südafrikanerin, eine Burin, und ihr fällt es schwer zu glauben, dass ich seit Monaten in einem Kral lebe. »Ich weiß, dass es sie immer noch gibt und bin auch mal an einem vorbeigefahren, aber ich war noch nie dort«, antwortet sie, immer noch fassungslos. Ich lade sie mit einem breiten Lächeln ein, mich doch dort einmal zu besuchen. Mein Hintergedanke ist, dass sie in der Nähe wohnt, und für eine Dusche wäre ich jedem gefolgt.

Jannie ist eine freundliche Frau, und es ist, als ob sie meine Gedanken erraten würde. »Wenn du willst, komm nachher doch auf einen Tee mit zu mir. Mein Mann kommt erst gegen Abend.« Mir ist klar, dass sie mich so niemandem vorstellen möchte. Eine Dusche ist mir also sicher.

Ich hole mir Bargeld über meine Karte, es dauert zwar etwas, aber Jannie wartet. Ich sage ihr, dass ich meinen Leuten noch Bescheid sagen müsse, dann käme ich gern für ein Stündchen mit. Sie fährt mich an den Supermarkt, wo das Auto noch steht. Die meisten, die mitgefahren waren, sind nicht zu sehen.

Kleopatra winkt, schaut eifersüchtig auf die weiße Frau in dem schönen Auto. »Bleibst du jetzt bei ihr?«, fragt sie ängstlich. Ich schüttele den Kopf und erkläre ihr, dass ich nur für ein oder zwei Stunden mit zu ihr ins Haus fahre und dann bestimmt wiederkäme.

»Gut, der Fahrer ist nicht da und viele andere auch noch nicht. Lass dir Zeit, wir warten auf dich.« Der Supermarkt ist bis in die Nacht hinein geöffnet, also kann ich auch später noch die restlichen Sachen besorgen, die ich brauche.

Ich drücke Kleopatra etwas Geld in die Hand: »Kauf Bonbons für die Kinder und was dir sonst noch einfällt«, sage ich. Ich bin so froh, dass ich sauberes Wasser habe, gleich duschen und genug zu essen kaufen kann, dass ich Kleopatra auch teilhaben lassen möchte. An mein überzogenes Konto in Deutschland denke ich jetzt keine Sekunde.

Jannie fährt mit mir an den Eingang des Nationalparks. Ich schaue sie erstaunt an. Will sie mir jetzt wilde Tiere vorführen? »Wir haben eine Villa gleich am Anfang des Parks«, erklärt sie. »Es dauert nur eine Viertelstunde. Ich denke, du wirst froh über eine Dusche sein«, setzt sie verständnisvoll hinzu. Sie erklärt mir, dass dieser Teil Marloth-Park genannt wird wegen der Pflanzen, die überall wuchern, der Marlottis. Wir kommen an Villen vorbei, die in dem dschungelartigen Gelände unter Bäumen versteckt sind. Bei manchen sind die Rollläden heruntergelassen und alle Fenster vergittert. »Da sind einige Leute gestorben«, sagt sie lakonisch, »Malaria. Wir können ja nicht immer Tabletten nehmen, und der Whisky hilft auch nicht immer. So schön es hier ist, aber Hendrik und ich werden wohl doch bald umziehen müssen. Die Moskitos sind auf Dauer nicht zu überleben.« So fatalistisch wird in Afrika eben über den Tod gesprochen, der immer hautnah ist.

Ich entspanne mich, freue mich auf eine Dusche wie noch nie in meinem Leben. Die freundliche Ausstrahlung von Jannie kommt hinzu. Vielleicht sollte ich den Aufenthalt bei Jambolane doch abbrechen und hier in der Nähe leben, denke ich. Jannie scheint meine Gedanken zu erraten. »Du könntest sicher eine Weile bei uns wohnen«, sagt sie, »aber ich muss Hendrik natürlich um Erlaubnis bitten. Und zu Weihnachten fahren wir ans Meer, vielleicht magst du ja mitkommen.«

Es hört sich märchenhaft an, aber ich weiß genau, dass ich nicht nach Afrika gekommen bin, um unter Weißen zu leben. Dennoch nicke ich, weil der Gedanke sehr verlockend ist. »Das wäre schön. Der Sohn des Sangoma will mich noch mal abholen, um mit mir durch den Park zu fahren, vielleicht kann ich danach bei dir vorbeikommen, und wir besprechen dann alles. Aber heute muss ich zurück, auch wegen der Welpen.« Jannie bekommt fast den Mund nicht mehr zu. Sie will zurück in Schmutz und Armut und das auch noch wegen Hundebabys? Andererseits sehe ich Achtung in ihren Augen, und dass sie mich schon jetzt in ihr gütiges Herz geschlossen hat. Zumindest scheint sie keine Abneigung Schwarzen gegenüber zu haben, das konnte ich sehen, als sie Kleopatra freundlich und mit Handschlag begrüßt hatte.

Ich genieße die Dusche, kann gar nicht genug bekommen von dieser nassen Köstlichkeit, wasche mir die Haare, und als ich in das Schlafzimmer komme, in dem ich mich umziehen kann, liegen neue Sachen zum Anziehen für mich bereit. »Wir haben ungefähr dieselbe Größe, na ja, bei dir wird's wohl etwas schlabbern, und deine Klamotten werfe ich in die Waschmaschine. Bis ich dich zurückbringe, sind sie trocken. Oder du nimmst sie mit, wenn wir uns wiedersehen.«

Sie zeigt mir das Haus, in meinen Augen ist es ein Palast. Ich mache Fotos von den Räumen, vor allem aber von den verschiedenen Klos, die für mich der größte Luxus überhaupt sind. Dieses Hobby behalte ich auch nach dieser Reise noch eine Weile bei: Toiletten fotografieren. Nie hätte ich gedacht, dass ich sie als so etwas Besonderes ansehen würde.

Jannie hat mir Tee gemacht, eine große Wasserkaraffe steht vor mir und Kekse – ich bin selig. Sie erzählt nun von sich, dass ihr Mann Anwalt sei und sie ein gutes Leben bei ihm habe. Es strömt nur so heraus aus ihr, als ob sie schon lange nicht mehr mit jemandem wirklich geredet habe. Genau wie ich, nur auf unterschiedlichen Komfortebenen. An ihrem melancholischen Blick merke ich, dass sie nicht glücklich ist. Sie hat inzwischen schon zwei Whisky getrunken. Ich trinke nur Wasser, literweise, und sage ihr, dass es im Kral keine Moskitos gebe, weil er an den Hügeln liege. »Na, dann hat dein jetziges Leben wenigstens einen Vorteil«, lacht sie.

Die Fenster zum Park sind geöffnet, denn es gibt große Bäume hier, die Schatten werfen. Aus der Ferne höre ich Elefanten trompeten, Löwen brüllen. Wir sind wirklich mitten im Nationalpark. Dann sehe ich lustige kleine und größere Äffchen mit langen Schwänzen vor dem Fenster an Bäumen und Büschen herumtollen.

»Das sind Meerkatzen«, erklärt Jannie, »die einzigen Tiere, die einen *crèche*, einen Kindergarten, für ihre Nachkommen haben. Schau, die Alten, das sind die Großeltern, die scheuchen die Kleinen immer wieder von den Fenstern des Hauses weg. Ohne die Großmütter wären sie schon lange drin.« Ob die Geschichte wahr ist oder nicht, ist mir egal, ich liebe gute Geschichten.

Dann kommt Hendrik herein, zwanzig Jahre älter als sie, zuerst etwas erstaunt über den unerwarteten Besuch, dann aber jovial und freundlich. Zum Glück bin ich inzwischen sauber und entspannt. Er findet mein Experiment mit den Schwarzen sehr interessant. Zu Anfang genehmigt er sich einen doppelten Whisky, dem weitere folgen. »Dann wirst du vielleicht bald verstehen, warum sie den Schutz von uns Weißen auch so lange gebraucht haben«, meint er. »Alleine werden sie es nie schaffen.«

Ich schlucke. Ein Rassist also. Es ist ja nicht einmal zehn Jahre her, dass ich wahrscheinlich mit Gefängnis bestraft worden wäre, hätte ich versucht, dieses »Experiment« zu machen. Aber ich reagiere nicht, will es mir nicht mit ihm verderben, denn er scheint der Boss hier zu sein. Außerdem weiß ich auch, dass es seit Ende der Apartheid Gräueltaten gegenüber den Weißen gab. Und sicher haben die nicht alle ihre schwarzen Angestellten und Diener schlecht behandelt.

Jedenfalls spüre ich, dass Jannie nicht seiner Meinung ist, sondern eine andere Einstellung hat. Nachdem ich Tee mit Keksen und viel Wasser getrunken habe, schaue ich auf die Uhr. »Jetzt muss ich aber zurück. Ich muss noch einkaufen, und bis in den Kral dauert es viele Stunden.« Hendrik lädt mich ein wiederzukommen. Dann würde er Nachbarn einladen, denen ich unbedingt von meinem

Abenteuer erzählen müsse. Und dass wir dann zusammen grillen könnten.

Jannie bringt mich zurück zum Supermarkt, gibt mir ihre Telefonnummer und schreibt sich meine Adresse auf, die nur sehr ungenau und wahrscheinlich schwer zu finden ist. Ich kann mir nicht vorstellen, dass sie mich suchen wird.

»Du musst mir versprechen, bald wiederzukommen«, sagt sie. »Und dann werde ich dich auch einmal besuchen. Der Kral eines Sangomas, das finde ich doch sehr interessant.« Sie winkt mir immer wieder zu, als sie abfährt. Wahrscheinlich bedeutet ihr unsere Begegnung ebenso viel wie mir, denn ich sehe, dass sie Tränen wegwischt.

Ich gehe noch mal mit Kleopatra in den Supermarkt und kaufe mehrere Wagen voll Essen ein, gebe viel Geld aus. Ich möchte nicht, dass mir die Vorräte noch einmal ausgehen. Drei Büchsenöffner nehme ich vorsichtshalber auch mit. Und alles, was haltbar ist, auch richtiges Hundefutter. Und so viele Wasserflaschen wie Platz auf dem Kleinlaster ist.

Ich komme mir vor wie im Schlaraffenland. Geduscht, beladen mit Nahrungsmitteln und Getränken sieht das Leben wieder ganz anders aus.

Es dauert weitere Stunden, bevor alle, die wieder mitkommen wollen, endlich eingetrudelt sind, dann geht es in beginnender Dunkelheit zurück in den Kral, mit vielen Stopps, um die Mitfahrer abzusetzen. Der Fahrer bekommt die Reparatur so großzügig erstattet, dass er sich sicherlich einen etwas weniger gebrauchten Wagen als diesen davon kaufen kann.

Im Kral warten einige Frauen, sie tragen die Vorräte hinein, und ich muss aufpassen, dass nicht ein Teil meiner Sachen woanders verschwindet. Nicht absichtlich natürlich. Meine kleinen Hunde warten in meiner Hütte. Es stinkt, und ich mache im Schein von ein paar Kerzen erst einmal sauber. Dann füttere ich die Kleinen zum ersten Mal mit fester Nahrung und muss aufpassen, dass sie nicht daran ersticken, so gierig sind sie. Nachts kommen auch wieder die großen Hunde. Es muss sich herumgesprochen haben, dass es wieder Futter bei mir gibt.

Ich gebe ihnen Brot, Dosen und Trockenfutter, ein Festmahl, das sie schmatzend genießen. Das erste Mal seit Langem, dass ich nicht verzweifelt bin, sondern fast zufrieden. Den Sinn meines Hierseins verstehe ich immer noch nicht, aber ich spüre aufkeimendes Vertrauen in das, was ist.

Kleopatra kommt noch mal vorbei, und ich lade sie zum Essen ein. Sie will zuerst nicht, aber als sie die warm gemachten Ravioli riecht, lehnt sie nicht mehr ab – und reines Wasser aus der Flasche auch nicht. Sie hockt wie immer auf dem Boden. Ich rücke den wackeligen Klapptisch an die Pritsche und decke ihn. Sogar rote Papierservietten habe ich gekauft.

Als ich ihr den Stuhl anbiete, lehnt sie heftig ab. »Das darf ich nicht. Bei Männern und weißen Menschen darf man nicht auf einem Stuhl sitzen. Das hat der Baba verboten. Es ist wegen der Achtung.«

Ich beruhige sie, sage, dass ich weiß, wie sehr sie mich achtet und ich sie ebenso schätze.

»Und deshalb wünsche ich mir, dass ich dir beim Essen in die Augen sehen kann. Außerdem sieht der Baba es doch nicht,« sage ich und lache gut gelaunt.

»Doch, er sieht alles, was wir machen.«

Dass er auf diese Weise auch über die Treue seiner Frauen wacht, kann ich mir gut vorstellen. Aids gab es hier jedenfalls noch nicht. Zu sehr darf ich jedoch nicht in die Regeln eingreifen, wie wir Weißen das so gern tun.

»Wenn du mir versprichst, es niemandem zu sagen, werde ich jetzt eine Wand um dich herum zaubern, dann kann er dich nicht sehen«, schlage ich deshalb vor.

Eine Ausnahme werde ich ja wohl noch machen dürfen mit ein bisschen Gegenzauber. Ich habe keine Ahnung, ob es funktioniert, aber ich kann es ja mal probieren. Hauptsache, Kleopatra glaubt daran. Ich schließe die Tür, damit niemand zuschauen kann. Kerzen stehen auf dem Tisch, und Kleopatra setzt sich zögernd auf den Stuhl. Ich mache wedelnde Bewegungen um sie herum und sage, dass der Alte sie nun nicht sehen kann. Sie entspannt sich, wartet. Als ich ihr das Essen serviere, bricht sie plötzlich in Tränen aus. Kleopatra hatte ich bisher für die selbstbewussteste und stärkste Frau des Krals gehalten, und nun weint sie bitterlich.

»Magst du ein solches Essen nicht?«, frage ich erschrocken. Es dauert, bis sie sich wieder gefasst hat. Dann flüstert sie: »Mir hat noch nie jemand das Essen serviert, ich habe noch nie auf einem Stuhl gesessen, und dass das nun eine weiße Frau für mich macht …«

Nun begreife ich und umarme sie vorsichtig. »Dann ist es höchste Zeit, dass ein weißer Mensch das mal für einen schwarzen tut«, sage ich mit energischer Stimme. »Ich bin nicht besser als du, nur weil ich weiß bin. Es sind nur ein paar Millimeter Haut, die uns unterscheiden. Darunter sehen wir alle gleich aus«, setze ich hinzu. Sie schaut mich dankbar an und verzehrt die Ravioli mit großem Appetit.

In dieser Nacht schlafe ich zum ersten Mal gut, und das Gefühl, doch am richtigen Platz zu sein, setzt zögernd ein. Als ich gegen Morgen wach werde, spüre ich etwas an meinem Fuß und trete einfach zu. Erst später sehe ich, dass ich einen Skorpion tot getreten habe. Zum Glück befand er sich in diesem Moment unter der Sohle meines Schuhs, den ich gar nicht ausgezogen hatte. Ich habe keine Angst mehr, nicht einmal vor Skorpionen und Schlangen, ich fühle mich beschützt. Vom nächsten Tag an trage ich Sandalen wie die anderen und wickele mir nur noch ein buntes Tuch um die Hüften. Mir wird schon nichts passieren.

Kleine Spaziergänge außerhalb des Krals in Richtung des kleinen Flusses mache ich jetzt täglich. Ich trage einen großen Sonnenhut, den ich mir in Komatipoort gekauft habe, und schaue über die Maisfelder. Männer aus den anderen Krals winken mir zu.

Jeder weiß, dass ich ein Gast des Sangomas bin, und ich habe nichts zu befürchten. Die Welpen laufen inzwischen mit.

Vorsichtshalber habe ich allerdings immer ein scharfes Messer dabei. Falls mich eine Mamba beißen würde, müsste ich mir sofort die Wunde ausschneiden, so hat man es mir gesagt. Dazu bin ich bereit. Außerdem würde sie wohl zuerst einen meiner kleinen tapsigen Hunde angreifen. Trotz meiner großen Tierliebe zögere ich nicht einen Moment, zuerst einmal an mich zu denken. Das ist so neu für mich, dass ich immer wieder erschrecke, mich manchmal sogar für herzlos halte. Es ist schwer, im Angesicht von Gefahren und Hunger so zivilisiert zu sein wie zu Hause.

Als eine riesige Boa auf dem Weg liegt, schrecke ich etwas zusammen, aber dann sehe ich, dass der Kopf abgehackt ist. Manchmal stampfe ich auf, denn ich weiß von meiner emsländischen Heimat, in der es im Moor viele Kreuzottern gibt, dass man damit Schlangen vertreibt. Erst sehr viel später erfahre ich, dass die Grünen und Schwarzen Mambas dadurch sogar angelockt werden und einen mit einem Tempo von 30 Stundenkilometern verfolgen können. Kinder, Betrunkene und wahrscheinlich auch naive weiße Frauen scheinen besondere Schutzengel zu haben.

Von Tag zu Tag werde ich fatalistischer, mutiger, und als ich höre, dass Jambolane von seiner Reise zurückgekehrt ist, gehe ich einfach zu seiner Hütte, ohne auf eine Einladung zu warten. Er begrüßt mich freundlich mit einer Verneigung, bietet mir einen Platz an. Ein paar Frauen kommen auf sein Rufen und setzen sich dazu. Kinder lugen vorsichtig hinein. Ohne die Erlaubnis des Alten würden sie nie hineinkommen. Reden kann ich nicht mit ihm, denn weder Kleopatra noch Miriam sind gekommen. Als ich ihre Namen nenne, macht er eine Bewegung wie mit einer Hacke. Also sind die jungen Frauen noch auf dem Feld. Es sind nur die älteren Frauen da. Er greift in eine große Kiste, reicht mir eine reife Mango. Dann ruft er die Kinder herein, und jedes geht strahlend mit einer Frucht wieder hinaus. Ich würde sie gerne essen, aber da es niemand tut, verzichte ich auch.

Er redet auf Swasi mit den Frauen, erzählt wohl von seiner Reise, denn sie lachen und klatschen. Es muss sehr spannend sein, und ich verstehe wie immer kein Wort. Wieder steigt Ärger in mir auf. Jetzt bin ich schon fast zwei Monate hier, und Ngwenya, der versprochene Übersetzer, ist immer noch nicht da. Durch Kleopatra und Miriam kann ich mich ein wenig verständlich machen, aber ich habe so viele Fragen, und die kann nur das Krokodil übersetzen, dessen Sprachschatz weitaus größer ist als der der Frauen.

Inzwischen ist die Dämmerung hereingebrochen, und nun kommen Miriam und Kleopatra zur Tür herein. Ich bitte sie, den Alten zu fragen, wann endlich Ngwenya käme. Er schaut mich verwundert an, als ob das eine solche Eile hätte, und er lässt mir ausrichten, dass er zur richtigen Zeit da sein würde. Es ist nicht das erste Mal, dass ich das höre.

Der Stuhl wird mir langsam zu hart, und so setze ich mich auf ein weiches großes Kissen und lehne mich an die kühle Lehmwand. Als ich das triumphierende Lächeln des Alten sehe, will ich schon fast wieder aufstehen. Ich bin jetzt in der richtigen Höhe für ihn, in der seiner Frauen, einen halben Meter tiefer als er, der erhöht auf seinem Thron hockt. Aber vielleicht interpretiere ich das ja auch alles nur in ihn hinein, schließlich hat er mich nicht gezwungen, eine Etage hinabzusteigen.

Meine Welpen krabbeln vorsichtig herein, wollen zu mir. Sie haben schon eine ganze Weile brav draußen auf mich gewartet. Aber ein scharfes *suga* vom Alten scheucht sie wieder hinaus. »Hau ab« heißt das ganz offensichtlich.

Jetzt sind alle vierzehn Frauen um ihn versammelt. Ich habe von Kleopatra erfahren, dass sie alle rechtmäßig mit ihm verheiratet sind und jede einen Pass hat. Obwohl sie in Südafrika leben, dürfen Männer nach Swasirecht so viele Frauen haben, wie sie ernähren können. Das ist aber erst seit Mandela offiziell erlaubt, der wohl weiß, dass man einige Dinge nicht verändern sollte. Die Pässe bewahrt Jambolane unter seinem Bett auf, damit nicht jemand auf die Idee kommt, allein verreisen zu wollen.

Sie reichen ihm auf einen Wink zu essen und zu trinken, alle in kniender Haltung. Alles in mir bäumt sich auf, und ich schimpfe auf das Mittelalter um mich herum. Allerdings nur auf Deutsch, und das versteht ja niemand. Oder vielleicht doch, denn der Alte schaut mich schelmisch und voller Wohlgefallen an. Die Frauen wirken alle sehr stolz, und selbst wenn sie knien, verlieren sie nicht einen Augenblick ihre Würde.

Wie alt ich sei, lässt er fragen. Eine Frage, die ich nicht schätze. Ohne sie zu beantworten, frage ich, warum er das wissen wolle. Weil ich ihm gefalle und vielleicht seine Frau werden wolle. Ich mache mich automatisch viele Jahre älter und sage, dass ich keine Kinder mehr bekommen könne. Er bedauert, sagt, dass er mich für sehr viel jünger gehalten habe, aber natürlich könne er niemanden heiraten, der keine Kinder bekäme. Das Thema ist vom Tisch, und ich bin froh.

Nun versuche ich doch noch, Miriam und Kleopatra zu einer Übersetzung zu überreden, denn ich möchte wissen, wann ich bei Heilungen dabei sein und von ihm lernen kann. Die beiden sprechen mit dem Alten, obwohl ich ja nicht weiß, was sie ihm erzählen. Eine Weile hört er lächelnd zu, dann schläft er ein. Kleopatra zupft an meinem Tuch und sagt, dass wir jetzt gehen müssen. »Wenn er schläft, schläft er«, sagt sie.

Meine kleinen Hunde kommen schweifwedelnd auf mich zu. Sie haben wirklich vor der Hütte auf mich gewartet. Ein paar Kinder sitzen bei ihnen, streicheln sie vorsichtig. Kleopatra merkt, dass ich niedergeschlagen bin, und tröstet mich. »Du musst Geduld haben«, sagt sie, »er redet nur, wenn es an der Zeit ist.« Und das ist wohl immer noch nicht der Fall.

Auf dem Weg zurück in meine Hütte sehe ich einen Jungen auf allen vieren herumlaufen. Spucke läuft aus seinem Mund, und er macht kriechende, verdrehte Bewegungen. Ich sehe ihn zum ersten Mal. Die Kinder spielen mit ihm, jagen ihn, aber er scheint keine Angst zu haben, im Gegenteil, er lacht ein dumpfes, irres Lachen. Offensichtlich ist er körperlich und geistig behindert. Ich frage Kleopatra, und sie sagt, die Geburt sei schlecht gewesen, und seitdem sei er so. Sie zeigt mir, wo er meist eingesperrt ist, in einem Verschlag neben der Kochstelle. Es liegen dort nur ein paar Tücher und Schüsseln, in denen Wasser und Essensreste sind. Ich bin schockiert. Kleopatra sagt, er habe doch alles, man würde sich um ihn kümmern, und er sei nicht unglücklich, habe eben nur kein Gehirn.

Am nächsten Tag bitte ich Miriam und Kleopatra, mich aufs Feld mitzunehmen. Sie schütteln zwar beide den Kopf und zeigen auf die gleißende Sonne, aber sie wehren sich nicht gegen meine Begleitung. Mein Thermometer, das ich wie meinen Augapfel hüte, zeigt zwar 42 Grad, aber ich will nicht nur vor der Hütte sitzen. Dort ist es noch viel heißer und gar nicht auszuhalten. Ich stapfe also hinter ihnen her, diesmal mit einem Kopftuch, denn der große Sonnenhut stört, weil sie mir eins der Babys auf den Rücken gebunden haben, das vergnügt vor sich hin sabbert.

Bis ungefähr zum zweiten Lebensjahr bleiben die Kinder immer bei den Müttern, werden gestillt, auf dem Rücken festgebunden und trappeln dann manchmal ungelenk hinter ihnen her. Sobald sie richtig laufen können, gehören sie der Gemeinschaft. Wenn dann eines der Kinder etwas will oder schreit, kümmert sich die Frau, die gerade da ist, um es oder eines der älteren Geschwister. Ich habe selten eines der Kinder lange schreien oder weinen hören.

So gehe ich mit aufs Feld und schaue mir die Parzellen von Kleopatra und Miriam an. Jede Frau hat ein eigenes kleines Stück Land, das sie bearbeiten und auch abernten kann. Es gibt Kräuter und hauptsächlich Mais hier. Ein Stück weiter sehe ich Männer arbeiten und frage, ob das noch Jambolanes Land sei. Sie nicken. Einige sind halbwüchsige Söhne vom Alten, andere Lohnarbeiter. Ich sehe, dass es hier auch Mangos gibt. Als ich frage, warum ich bis heute keine im Kral gesehen habe, sagt sie, dass sie nicht für die Leute im Kral sind, sondern verkauft würden. Dass Jambolane heute jedem eine Mango geschenkt habe, sei eine Ausnahme gewesen.

Ich versuche, mit der Hacke zu helfen, gebe aber schon bald auf. Mir ist schwindlig, und die Frauen bitten mich, unter dem Baum auf sie zu warten, bis sie fertig sind. Die beiden arbeiten ruhig, langsam und stetig auf dem Feld. Dann machen sie eine Pause, stillen ihre Kinder, auf die ich mit den Welpen aufgepasst habe. Ein Stück Brot und Maiskolben teilen sie mit mir. Ich frage sie, wo es denn hier einen Bäcker gebe. Sie zeigen auf die Arbeiter. »Die bringen manchmal etwas für uns mit.«

Nun will ich wissen, ob der Alte eine neue Frau mitgebracht habe. Kleopatra schüttelt den Kopf, und ich sehe einen leisen Triumph in ihren Augen. »Wir haben ihm versprochen, noch ein paar Kinder zu bekommen. Außerdem waren die Angebote auch wohl zu teuer«, setzt sie spitzbübisch hinzu, und Miriam lacht ein herzhaftes zahnloses Lachen. Ich weiß ja von den Dreimonatsspritzen und frage, wie denn da Babys kommen können.

»Soll er doch ruhig eine Weile probieren«, antwortet Miriam derb. »Und hin und wieder bekommt ja vielleicht doch noch eine von uns ein Kind.«

Sie wollen wohl alle keine junge Konkurrenz. Ob sie eifersüchtig seien, frage ich. Sie sind erstaunt über die Frage. Eifersucht in unserem Sinne kennen sie nicht, den Sex teilen sie gern auf. Aber dass neue Esser dazu kommen könnten, das stört sie, und auch, dass die Honorare seiner Rituale für den Kauf draufgehen, und dass man nicht weiß, wie gut eine neue Frau arbeiten kann. Das sind die einzigen Sorgen, die sie haben.

Wir reden über mögliche Namen für die Hunde. Ich schlage vor, den größten, einen kräftigen Rüden, Jambolane zu nennen. Als ich dann »sit, Jambolane« sage, halten sie sich die Bäuche vor Lachen. Als wir zurückkommen, muss ich den anderen Frauen die Dressurnummer zeigen und ernte noch einmal große Heiterkeit. Ein Weibchen, das große Fledermausohren und das weichste Fell hat, nennen sie »Hella« nach mir und das Kleinste, das so aussieht, als ob es den Tag nicht überleben würde, nennen sie einfach Inja. Das heißt »Hund« auf Swasi.

Ich mache später ein »Ninja« daraus. Zwei andere sandgelbe Rüden bleiben vorerst ohne Namen. Ninja, das kleinste und schmächtigste Tier, in Bayern sagt man »Verreckerle«, macht mir die größten Sorgen. Die Geschwister stoßen es beim Füttern weg, schubsen und beißen es. Auch fällt es regelmäßig die Treppen zu meiner Hütte hinunter. Als die größeren Kinder, die inzwischen dazu gekommen sind, sich mit den Hunden etwas entfernen, höre ich einen der Welpen schreien. Ich gehe hin, und Ninja kommt humpelnd auf mich zu. Ich schimpfe, bin sicher, dass doch wieder mal ein Stein geflogen ist. Niemand gibt es zu, und da sich das Hundekind bald beruhigt, bin ich sicher, dass nichts passiert ist. Einige Monate später weiß ich, dass Ninja sich an diesem Tag ein Bein gebrochen hat. Aber sie klagt nie.

Die Trommeln rufen

Als ich an diesem Abend, kurz nachdem die Dunkelheit vom Himmel gefallen ist, wieder die Trommeln höre, gehe ich dem Klang einfach nach. Ich betrete eine größere Hütte, in der dicht gedrängt der Großteil des Stamms versammelt ist, auch die Kinder. Drei oder vier Menschen trommeln, andere rasseln, die anderen tanzen mit langen Stäben in den Händen. Ich setze mich leise am Eingang des Raumes hin. Zuerst scheint mich niemand zu bemerken, dann kommt die älteste Frau von Jambolane, die Mitte siebzig ist und auch eine Schamanin, wie ich später erfahre, auf mich zu, zieht mich in die Mitte, sagt etwas zu den anderen, und alle lachen und klatschen.

Ich schaue mich hilflos um, weiß nicht, was passiert. Kleopatra kommt zu mir und flüstert mir ins Ohr: »Darauf warten schon alle seit Wochen, dass du endlich kommst.« Ich hatte immer gedacht, ich müsse warten, bis ich eingeladen würde, dabei ist das Gegenteil der Fall. »Geh auf das zu, was du dir wünschst, zeige es«, hatte mir der Sangoma doch in Österreich schon gesagt.

Gegen die geschmeidigen schwarzen Körper, bekleidet mit bunten Tüchern, einige auch in den von mir geschenkten Büstenhaltern, fühle ich mich unbeholfen und plump. Aber ich bewege mich, tanze zum Klang der Trommeln, bis ich nicht mehr spüre, was ich tue, mich in die dumpfen, rhythmischen Klänge hineinziehen lasse und immer leichter werde. Als ich wieder erschöpft, aber froh auf dem Boden sitze, mit einer Rassel in der Hand begleite und singe, kommen die Kinder, kuscheln sich an mich, sitzen auf mir, kleben an mir im wahrsten Sinne des Wortes.

Wahrscheinlich rieche ich jetzt so vertraut wie die Mütter, ein wenig nach Schweiß und Wasser aus dem Brunnen. Was sich darin an Krankheitserregern aufhält, darf ich mir gar nicht vorstellen. Aber das vergesse ich auch mit den warmen, kleinen Kinderkörpern an mir und auf mir.

Auf einmal habe ich das Gefühl dazuzugehören, angekommen zu sein.

Von nun an bin ich jeden Abend dabei, werde immer mehr ein Teil des Stammes, ein neuer kleiner Ast. Jambolane ist nie dabei, es ist ein Ritual der Frauen und Kinder. Hier sind sie die Herrscherinnen, unabhängig und frei, in ihrem eigenen Universum, das er niemals ungefragt betreten würde.

Ein kleiner vierjähriger Junge, Ingelosi, was übersetzt »Engel« heißt, folgt mir seit einiger Zeit auf Schritt und Tritt. Er ist eines von Miriams Kindern. Sie erzählt mir, dass er seinen Vater sehr liebt, sehr oft auf einer Matte vor dessen Hütte schläft. Aber seitdem der Alte öfter weg ist, habe er mich auserkoren. Wenn er mir lästig würde, solle ich ihn einfach wegjagen, dann käme er zu ihr oder würde sich jemand anderen suchen.

Natürlich komme ich nicht auf die Idee, ihn wegzuschicken. Er darf in meine Hütte, ich wasche ihn täglich in der Plastikschüssel, pudere ihn, versorge seine Schürfwunden, gebe ihm zu essen und zu trinken.

Nun ist auf meiner Pritsche noch weniger Platz, denn nachdem ich es nichts übers Herz gebracht habe, ihn auf dem Boden schlafen zu lassen, wo er sich neben den Welpen zusammenrollte, will er natürlich immer zu mir ins Bett. Er kuschelt sich an mich, steckt den Daumen in den Mund, nachdem er festgestellt hat, dass es keine Milch mehr in meinen Brüsten gibt, und schläft Nacht für Nacht in meinen Armen. Er weint nie, nur wenn ich ihn wegen der Enge fast erdrücke, quietscht er kurz auf und schläft sofort wieder ein. Ich gebe ihm jetzt täglich von meinem Essen und vor allem sauberes Wasser aus meinen Flaschen oder wenigstens abgekochtes. So gedeiht er ein wenig besser als die anderen, die es mit Gleichmut hinnehmen, dass er jetzt der Prinz ist. Noch habe ich genug Bonbons, um jeden Morgen jedem Kind eins zu geben, und das ist ihnen genug.

Die Frauen schauen mich mit dankbaren Augen an, wenn ich nun mit Ingelosi und meinen Welpen an ihnen vorbeigehe. Auch Jambolane scheint nichts dagegen zu haben, denn wenn ich in die Nähe seiner Hütte komme, bittet er mich manchmal herein, und Ingelosi, den er herzt und küsst, darf auf meinem Schoss sitzen, solange ich bei ihm bin. Nur die Welpen bekommen immer wieder ein strenges *suga* – hau ab. Und sie halten sich daran.

Inzwischen habe ich etwas Swasi bei Kleopatra und Miriam gelernt. *Niabonya* heißt Danke, *saobonja* guten Morgen, Brot *singuá*, wie geht's? *unja'n?*, mir geht's gut *nikoná*, auf Wiedersehen *sula gardié*, ja *jebo*, nein *chia* (mit einem Klicklaut).

Mein Name Hella heißt *minamungo Hella* und *ledulee* bedeutet Regen. Miriam bringt mir sogar ganze Sätze bei, und wenn ich das an den anderen ausprobiere, ernte ich immer großen Applaus und Gelächter. Bis Kleopatra mir erklärt, dass Miriam sich einen Spaß mit mir erlaubt. Wenn ich also meine zu fragen, wo die Toilette ist, gebe ich schwülstige Sätze von mir wie: »Es ist mir eine Ehre, dass ich bei euch scheißen darf.« Kleopatra erklärt es mir mit nachsichtigem Lächeln. »Miriam ist ein Clown, nimm's ihr nicht übel. Und es freuen sich alle, wenn du sie zum Lachen bringst.«

Dass ich das bei der Frau, die vom Esel ins Gesicht getreten worden ist, auch immer wieder schaffe, bringt mir Zuneigung ein. Nicht einmal mehr kitzeln muss ich sie. Wenn sie mich sieht und ich Bewegungen mache, als ob ich es tun würde, läuft sie lachend und schreiend davon. Ihr grimmiger Gesichtsausdruck ist verschwunden.

Seit einigen Tagen fällt mir auf, dass ich keine Trommeln mehr höre. Zuerst mache ich mir keine Gedanken. Aber auch Kleopatra und Miriam besuchen mich nicht mehr, die Gesichter der Frauen sind bedrückt, man geht mir wieder aus dem Weg. Nur die Kinder kommen täglich für ihre Bonbons. Ist das wieder eine Prüfung für mich? Ich wandere zwischen den Hütten herum, suche nach den beiden Frauen, denen ich mich verständlich machen kann. Endlich sehe ich, dass in Kleopatras Zimmer ein fahles Kerzenlicht schimmert.

Sie lebt mit einigen Frauen in einem lang gestreckten Lehmgebäude, in dem einige von Jambolanes Frauen ein Zimmer haben. Ich klopfe, aber niemand bittet mich herein. Nun erinnere ich mich an Kleopatras Worte, dass ich nicht immer abwarten, sondern mir holen soll, was ich brauche. Also trete ich einfach ein. Im Schein einiger Kerzen sitzen alle Frauen des Alten dicht gedrängt am Boden, murmeln etwas, was sich wie Gebete anhört, einige weinen. Ich setze mich still dazu, sage nichts. Nach und nach verabschieden sich die Frauen, und Kleopatra ist allein mit mir. »Was ist passiert?«, frage ich zögernd.

Kleopatra antwortet nicht sofort.

»Zuerst ist das Kind von Kiwaqile gestorben, dann noch vier andere.«

»Trommelt ihr deswegen nicht mehr?«, frage ich.

Sie nickt. »Ja, die Trommeln müssen schweigen, wenn jemand stirbt.« Mit klopfendem Herzen frage ich nach Ingelosi, meinem Engel, der in den letzten Tagen nicht mehr zu mir kam. Sie schüttelt den Kopf. Er sei gesund, hätte auch keine Anzeichen wie die anderen Kinder, die ganz hohes Fieber bekamen, bevor sie starben. Ich denke sofort an den Brunnen mit dem verschmutzten Wasser.

Ja, davon könnte es kommen, meint sie nachdenklich. Ich sage, dass ab sofort das Wasser abgekocht werden müsse, ich meine restlichen Flaschen für die Kinder hergebe und den kleinen Engel erst mal ganz zu mir nähme. Jambolane mache doch Heilrituale, beruhigt mich Kleopatra, die Frauen, die Schamaninnen seien, ebenfalls, und einige Kinder wurden ja auch wieder gesund. Aber diese vier konnten nicht gerettet werden. Sie seufzt resignierend. Das kennt sie seit Jahren, Sterben gehört zum Leben.

Ich frage nach den Beerdigungen. Sie sagt, sie seien noch am selben Tag begraben worden, nur das Letzte wäre noch im Trommelraum, es würde morgen begraben.

»Warum habt ihr mich nicht zu den Beerdigungen gerufen?«, frage ich leise mit enttäuschter Stimme.

Sie schaut verlegen. »Es gibt Rituale, wo eine Kuh, eine Ziege oder Hühner geschlachtet werden und es ein großes Fest gibt für alle Verwandten und Nachbarn. Aber wir sind zu arm. So haben wir sie einfach in ein Leintuch geschnürt und der Erde zurückgegeben, hinter dem Kral in der Nähe der Mangoplantage. Der Baba hat versprochen, zu Anfang des Jahres gäbe es ein großes Fest für alle Verstorbenen, ein Fest, auf dem wir uns wieder ins Leben tanzen und trommeln sollen.«

»Haben die Kinder gebrochen und Durchfall gehabt?«, frage ich.

Sie nickt. Ich befürchte, es könnte Cholera sein.

Sie schüttelt den Kopf. »Der Baba hat gesagt, das würde bald aufhören. Menschen werden geboren, einige werden krank und gesunden, andere sterben, wenn es an der Zeit ist.«

Ich fühle mich hilflos. Wir schweigen lange.

»Kann ich das Kind noch einmal sehen?«, frage ich dann. Kleopatra nickt zustimmend, nimmt ein weißes Leintuch und eine Schere und geht mit mir zum Trommelraum. Einige Frauen sitzen neben dem toten Kind und murmeln vor sich hin. Es hört sich an, als ob sie beten. Eine Frau weint, die Mutter des Kindes, flüstert Kleopatra. Die anderen Frauen streicheln sie tröstend. Kleopatra schneidet die Seiten des Leintuches auf. Dann legen sie das Kind darauf. Es sieht völlig ausgetrocknet aus, hat aber ein friedliches

Lächeln im Gesicht. Es ist eines der Kinder, die für die Bonbons angestanden hatten. Nun binden sie die Enden der Streifen zusammen, so dass sie das Kind einschnüren können. Über den Kopf stülpen sie ein Kopfkissen und binden es auch zu. Sie werden die Nacht noch bleiben, um seine Seele zu schützen, erklärt mir Kleopatra.

Ungern unterbreche ich das Trauern, das Weinen, aber ich fühle, dass ich nicht mehr warten darf. Noch einmal sage ich, dass das Brunnenwasser verseucht sei, und jeder nur noch abgekochtes Wasser trinken darf. Ab sofort. Die Frauen, die die Kinder berührt haben, sollen gleich Wasser kochen und sich damit waschen. Ich hole schnell meinen Spirituskocher und fordere sie wieder auf, sich auf der Stelle die Hände zu waschen. Sie schauen mich verwundert an, aber dann tun sie, was ich sage. Sie vertrauen mir, und ich bin dankbar dafür. Zum ersten Mal tauchen keine ketzerischen Gedanken in mir auf, dass dafür doch der Schamane hätte sorgen können. Es ist so gedacht, dass ich dafür zuständig sein würde.

Die Beerdigung findet im Morgengrauen ohne mich statt. Sie würden sich schämen, sagt mir Kleopatra, dass sie keine Feier machen können. Später zeigt sie mir den kleinen Hügel neben vielen anderen. Es sind Steine darauf gepackt, damit keine hungrigen Tiere sie ausgraben können. Ein paar verdorrte Blumen liegen auf dem Grab des gerade beerdigten Kindes. Danach geht das Leben wie gewohnt weiter.

Das Schweigen der Trommeln – es geschah noch einige Male in der Zeit, in der ich im Kral lebte.

Unter Buren

Eine Woche vor Weihnachten taucht plötzlich der älteste Sohn von Jambolane, der Doc, im Kral auf. Ob er meinetwegen kommt, weil er mir ja eine gemeinsame Fahrt durch den Nationalpark versprochen hatte, oder nur seinem Vater seine Aufwartung machen will, weiß ich nicht. Als ich sein Auto höre, mache mich auf den Weg zu Jambolanes Hütte. Inzwischen warte ich auf keine Einladungen mehr, gehe einfach hin, wenn mir danach ist. Meist empfängt er mich freundlich, bietet mir einen Platz oder eine Kleinigkeit zu essen an, wenn ich komme. Er klingelt dann, und eine der Frauen kommt herein. Manchmal will er mich nicht sehen, und dazu brauche ich keinen Übersetzer. Inzwischen kann ich in seinem Gesicht lesen, was er meint. Der Sohn sitzt bei ihm, und sie palavern, ohne aufzuschauen, als ich hereinkomme.

Auf der ersten Fahrt hatte der Doc nicht besonders freundlich über seinen Vater gesprochen. Immerhin hatte der seine Mutter verstoßen, und sie war bald darauf gestorben. So war er von klein auf bemüht gewesen, den Kral, die Armut zu verlassen. Und er hatte es ja auch geschafft. Jetzt aber sitzt er auf dem Boden und hört seinem Vater ehrfürchtig zu, behandelt ihn mit dem Respekt, der alten Menschen, vor allem aber Sangomas, gebührt. Ich setze mich still in eine Ecke und werde erst einmal nicht beachtet.

Irgendwann darf der Doc mich wohl ansprechen, denn er schaut mich an und fragt, wie es mir geht. Er sieht, dass ich dünn geworden bin und nicht gerade erholt aussehe, ignoriert es aber. Ich erinnere ihn an die Einladung in den Park und frage ihn, ob er mich mitnehmen könne. Ich würde ihm auch nicht zur Last fallen, denn ich könne ein paar Tage bei weißen Freunden wohnen. Er redet eine Weile mit dem Alten, der ganz offensichtlich von dem Kontakt mit Jannie durch Kleopatra erfahren hat. Der Sangoma nickt und lässt fragen, wann ich wiederkäme. »Ich habe keine Ahnung«, antworte ich mit leichter Aggression in der Stimme. »Vielleicht fahre ich noch für eine Weile mit Jannie und ihrem Mann ans Meer. Aber ich nehme nicht alles mit, also werde ich wahrscheinlich zurückkommen.«

Der Doc übersetzt es seinem Vater, und der scheint sich sogar für mich zu freuen, denn er klatscht lachend in die Hände, wünscht mir viele gute Tage mit meinen Freunden. Und dass es nur an mir läge, ob ich zurückkommen möchte. Er würde sich freuen, aber er sei auch nicht böse, wenn ich meine weiße Welt vorziehen würde. Seine Stimme klingt sanft und liebevoll. Ich bin überrascht, denn eigentlich hatte ich mit Einwänden gerechnet. Er ist einfach unberechenbar. Unberechenbar? Das kenne ich doch von mir, denke ich kurz und kann über mich selbst lächeln.

Ich sage dem Doc, ich würde schnell packen und alles für meine Abwesenheit regeln. Dann laufe ich schnell zu Kleopatra und Miriam, die noch auf dem Feld sind und erzähle ihnen, dass ich fortfahren würde. Kleopatra wird unter ihrer braunen Haut ganz fahl, aber sie sagt kein Wort. Miriam bricht in Tränen aus und sagt, ich dürfe sie nicht einfach verlassen. Wir seien jetzt doch Schwestern, und die eigene Familie lasse man nicht im Stich. Kleopatra fährt sie scharf an. Offensichtlich ist ihr das Gejammere von Miriam peinlich. Ich bitte beide, zu meiner Hütte mitzugehen und mir beim Packen zu helfen.

»Und ich komme auch ganz bestimmt wieder«, verspreche ich, obwohl ich das eigentlich gar nicht wollte. »Und ich schau mal, dass ich Geschenke für euch beide mitbringe.« Kleopatra sagt, sie wolle keine Geschenke, während Miriam strahlt und aufzählt, was sie alles haben möchte. Neue Kleider, einen Lippenstift und vielleicht einige Poster von berühmten Leuten in Europa. Ich erinnere mich, dass sie ein Poster von Beckenbauer in ihrem Zimmer hat. Irgendjemand muss es ihr einmal mitgebracht haben, und sie hütet es wie einen Schatz. Sie gehen mit in die Hütte, Miriam schwatzt mir noch ein paar Sachen ab, Kleopatra nimmt nichts an. »Ich wünsche mir nur, dass du wiederkommst«, sagt sie. Beide bitte ich inständig, sich um die Welpen zu kümmern, solange ich fort bin, und Kleopatra nickt.

Dann steige ich mit meiner Reisetasche zum Doc in den Wagen. Ich habe beschlossen, nur das Nötigste mitzunehmen, und falls ich nicht mehr zurückkehre – und der Gedanke ist immer noch in mir – können sie meine Habe behalten. Als Entschädigung für meinen Wortbruch.

Auf dem Weg zu Docs Haus – er sagt, er müsse seine Frau und die Kinder noch abholen – träume ich von einem etwas luxuriöseren Urlaub in Afrika.

Winni steigt ein in einem bunten Kleid und mit einem großen Sonnenhut auf dem Kopf. Ich sitze hinten mit vier Kindern, die auf und neben mir sitzen. Winni verdeckt mit ihrem Hut, den sie partout nicht absetzen will, die restliche Aussicht. Durch die offenen Fenster kommt ein heißer Wind. Bis wir am Eingang des Nationalparks in Komatipoort sind, bin ich völlig durchgeschüttelt. Ich bestehe darauf zu telefonieren. Der Doc murrt, fährt mich aber zu einem Gebäude, das wie eine Poststelle aussieht.

Zum Glück erreiche ich Jannic sofort, und sie freut sich sehr. Ich erkläre ihr, dass ich noch mit der Jambolane-Familie die Tour durch den Park machen müsse, und frage, ob ich danach zu ihr kommen könne. »Aber selbstverständlich, ich habe mir schon Sorgen gemacht und wollte mich schon auf den Weg machen und dich suchen«, antwortet sie herzlich. Sie schlägt vor, an einer bestimmten Wegkreuzung einen Treffpunkt auszumachen. Um 17 Uhr, sagt sie, denn danach macht der Park bald zu. Sie traut dem Doc wohl nicht, dass er mich noch einmal telefonieren lässt.

Nachdem ich bereits eine Benzinfüllung bezahlt habe, erwartet man natürlich auch von mir, dass ich die Tickets übernehme. Innerlich grummelt es etwas in mir, aber dann sage ich mir, dass sie sich diesen Ausflug sonst wahrscheinlich gar nicht leisten könnten. Und dass es ganz sicher das letzte Mal sein würde, dass ich diese Schößlinge vom Jambolane-Stamm sehen würde.

Allzu viele Tiere bekomme ich nicht zu Gesicht, denn erstens stehen sie nicht direkt an den Wegen herum, die die Touristen entlangfahren, und zweitens versperren mir der Hut von Winni und der breite Rücken vom Doc die Aussicht nach vorne völlig. Aus den Seitenfenstern sehe ich einmal eine Giraffe in der Ferne und eine Elefantenfamilie mit ihren Kleinen die Straße überqueren. In diesem Park ist es viel kühler als im Kral. Ich habe Wasserflaschen dabei und auch so etwas wie einen Hamburger mit Käse – das Picknick hatte ich ebenfalls für alle eingekauft –, und ich weiß, dass ich mich abends duschen oder baden kann. Die Tiere des Parks sind im Moment zweitrangig für mich.

Am Parkcamp Skukuza machen wir dann Pause. Es sieht eher nach einer Lodge für betuchte Touristen aus. Ich sehe den Doc fragend an. »Da arbeitet ein Freund von mir«, sagt er. »Und außerdem freue ich mich, hier einfach mal reinzugehen.«

Jetzt ist es mir klar. Vor zehn Jahren hätte da noch ein Schild gestanden: *For whites only*. Und nun kann er hineingehen, ohne dass ihm etwas passiert. Was muss das für ein Gefühl sein? Die Schwarzen in dieser Lodge sind allerdings wohl alle dienstbare Geister für die weißen Touristen. Insofern hat sich nicht allzu viel geändert.

Als ich mit meiner schwarzen Familie hineinspaziere, ernten wir einige missbilligende Blicke. Der Doc hat die Schultern gestrafft, seine dicke Lady an der Hand, die Kinder marschieren brav hinterher. Und nun drücke ich auch meinen Rücken durch, nehme sogar die Kinder an die Hand, um zu zeigen, dass ich nicht mit meinen Angestellten, sondern mit Freunden komme. Ich mag die ausnützende Art des Docs nicht, aber hier geht es um meine Haltung, und im Moment fühle ich mich ihm und seiner Familie näher als den Touristen aus allen Ländern.

Sofort wird uns ein Tisch angeboten, und einer der Kellner zwinkert dem Doc zu. Das ist wohl sein Freund, der hier arbeitet. Der allerdings will nicht zeigen, dass er uns kennt. Wer weiß, ob es danach nicht doch ein Donnerwetter für besonders freundliche Bedienung gibt. Ich bestelle ein spätes Frühstück für uns alle und ahne, dass das preislich nicht besonders günstig ist. Aber das ist mir jetzt egal. Als der Doc allerdings anfängt, Longdrinks mit Alkohol für sich und seine Frau zu bestellen, sage ich mit scharfer Stimme: »Die kannst du selbst bezahlen, mein Lieber.« Zum einen will ich keinen betrunkenen Fahrer, und zum anderen geht mir die Ausbeutung jetzt zu weit. Er begnügt sich mit einem Drink, ist danach aber deutlich kühler mir gegenüber.

Ich sage ihm, wo wir auf Jannie warten müssen, und das passt ihm gar nicht. Am liebsten würde er mich an der nächsten Wegkreuzung absetzen.

»Ich sag's deinem Vater, wenn du mich hier aussetzt«, drohe ich ihm.

»Ich glaube nicht, dass du noch mal zu ihm zurückgehst«, antwortet er patzig.

Bevor sich unser fast kindlicher Krach ausweiten kann, kommt Jannie mit ihrem Jeep, einem neuen teuren Auto. Docs Augen weiten sich neidisch. Er gibt mir die Hand und sagt zynisch: »Ihr passt auch besser zusammen. Werde glücklich mit deiner neuen Freundin.« Ich will nicht, dass wir im Unfrieden auseinandergehen.

Was müssen diese Menschen erlebt haben mit ihren weißen Herren, dass ihre Herzen so voller Zorn sind. Ich gehe zu Winni, umarme sie, gebe ihr und den Kindern einen Kuss auf die Wange.

Dann gehe ich zum Doc und drücke ihn ebenfalls herzlich an mich.

»Du weißt, dass ich nicht so bin wie die anderen, und ich hab dich sogar ein bisschen gern. Du bist ein guter Kerl. Aber du solltest dich mir gegenüber etwas besser benehmen.« Er lacht dröhnend, aber ich sehe seine Augen feucht werden. Dann schlägt er mir zum Abschied kumpelhaft auf die Schulter. Dieser Ritterschlag wird am Abend als blauer Fleck zu sehen sein.

Nun begrüße ich Jannie. Sie lässt sich ihr Entsetzen über meine so freundschaftliche Art der Verabschiedung von meinen schwarzen Begleitern kaum anmerken. Auf der Fahrt zur Villa aber betont sie, dass auch sie Zuneigung zu den Schwarzen empfinde, dass viele von ihnen zwar wie Kinder sind, denen man alles sagen muss, aber eben auch gute Menschen wie zum Beispiel ihr Gärtner.

»Wenn man Menschen jahrhundertelang wie unmündige Kinder behandelt, muss man sich nicht wundern, wenn die plötzliche Unabhängigkeit schwierig ist für sie«, antworte ich trocken. Sie sagt, dass ich ja recht habe, aber ihrem Mann gegenüber und auch den Freunden, alles überzeugte Buren, die sie heute zu einem Grillfest eingeladen haben, solle ich mich bitte etwas zurückhalten. Ihre Stimme klingt fast flehend, und ich verspreche, dass ich mich zusammenreißen werde. »Wenn es nicht zu rassistisch wird«, füge ich hinzu. Sie muss plötzlich lachen. »Du bist ein Revoluzzer«, sagt sie fast bewundernd. »Ich bin nicht so mutig wie du.«

Ich nehme mir vor, die Gastfreundschaft dieser Frau nicht zu missbrauchen und mich anzupassen. »So gut ich es kann«, schränke ich ein, und dann lachen wir beide.

Ich bekomme das gelb-blaue Zimmer mit eigenem Bad und genieße es sehr, mich umzuziehen und frisch zu machen.

In der Küche werkeln Jannie und ihr Mann, und ich frage, ob ich helfen kann. Er zeigt auf zwei schwarze Frauen, die hin und her laufen. »Danke, aber wir haben Hilfe.« Dann begrüßt er mich herzlich-jovial, und an seiner Fahne merke ich, dass er schon einige Whiskys intus hat. Malaria-Prophylaxe. Der Tisch ist brechend voll von köstlichem Essen, Pumpkins; Kürbisse als Gemüse, als Suppe. Und riesige Steaks liegen bereit für den Grill. Mir läuft das Wasser im Mund zusammen, und ich versuche, nicht an meine schwarze Familie zu denken, die so etwas überhaupt nicht kennt.

Die Besucher trudeln ein, drei Paare, die alle holländische Gesichter haben, reinrassige Buren. Es wird getafelt und geredet. Wenn sie vom Englischen ins Afrikaans wechseln und sich entschuldigen, sage ich, dass ich das meiste verstehe, weil ich Holländisch kann. Sie hatten von Jannie und Hendrik schon von meinem »Experiment« gehört und wundern sich, wie gut ich noch aussehe. Trotz meines Appetits esse ich wenig, denn ich ahne, dass mir sonst schlecht werden würde, weil ich Speisen in diesen Mengen nicht mehr vertragen würde. Damit entschuldige ich meine Zurückhaltung auch.

Ich halte den Ball flach, wenn es um meine unangenehmen Erlebnisse geht, sage, dass ich im Kral in Sicherheit war und gut behandelt worden bin.

»Wenn du lange genug hier bist, wirst du deine Meinung ändern«, meint einer der Männer, und die anderen nicken. »Man kann sich wegen der Apartheid aufregen, wenn man hier nicht gelebt hat, aber ohne uns Weiße würden sie alle noch wie im Mittelalter leben. Sie sind einfach dumm und faul.«

Das ist zu viel für mich, und ich kann den Mund nicht mehr halten. »Niemand ist von Geburt an faul und dumm. Wenn ihr sie nicht so lange unterdrückt hättet, sondern gefördert, hätte es nicht zum gewaltsamen Ende der Apartheid kommen müssen«, sage ich hart. »Nelson Mandela ist ja wohl ein Beispiel dafür, dass man selbst nach langen Jahren Gefängnis und Folter noch einen scharfen Verstand haben und vergeben kann.«

Es folgt ein kurzes peinliches Schweigen, dann hebt Hendrik das Glas und entschuldigt mich. »Nehmt's ihr nicht übel, sie hat viel durchgemacht. Und sie wird ihre Meinung schon noch ändern, wenn sie die Schwarzen besser kennenlernt.«

Ich weiß, dass es keinen Sinn hat zu diskutieren. Die Gräben sind zu tief, und ich bezweifle, dass es in diesem Land in absehbarer Zeit zu einer Gleichberechtigung kommen kann. So mache ich noch eine Weile Small Talk und ziehe mich bald darauf zurück. Ich sagte, ich sei doch sehr müde, bedankte mich fürs Essen und auch dafür, die Ansichten von Buren einmal kennengelernt zu haben.

Über den Abend wird nicht mehr geredet, aber weitere Einladungen von Freunden gibt es danach nicht mehr. Hendrik geht täglich in seine Kanzlei, und so haben Jannie und ich viel Zeit, uns kennenzulernen, uns von unserem Leben zu erzählen. Sie nennt mich bald *soulsister*, und Hendriks Blick wird an den Abenden zunehmend missbilligender. Dass Männer auf mich eifersüchtig sind, wenn sich ihre Frauen zu eng mit mir anfreunden, ist mir nicht neu. Sie befürchten wohl, ich könnte durch meine freie Ausstrahlung ihre Frauen verderben.

Jannie ist nach außen hin fröhlich, aber sie verbirgt ihren Kummer. Hendrik ist ihr zweiter Mann, und sie ist erst seit 15 Jahren mit ihm verheiratet. Mit dem ersten Mann hatte sie zwei Kinder. »Ich habe das Baby meines schwarzen Hausmädchens mit aufgezogen, kann sogar ihre Sprache. Daran siehst du, dass ich nicht ganz so bin, wie eine Burin sein sollte.« Sie liebte ihren Mann sehr, aber als er sie dann mit einer schwarzen Angestellten betrog, brach eine Welt für sie zusammen. Hendrik war damals ihr Anwalt gewesen, der sie in dem Prozess gegen ihren Mann vertrat. »Kurz vor Prozessende hat er sich dann erschossen«, sagt sie mit leiser Stimme, und ich nehme sie wortlos tröstend in die Arme. Sie leidet an einem Trauma, das sie bisher noch nicht überwunden hat.

Hendrik hat sich ihrer auch nach dem Prozess angenommen. »Dafür, dass er mir und den Kindern ein Heim gegeben und mich vor Angriffen geschützt hat, liebe ich ihn jetzt«, sagt sie fast trotzig. Den Sex lasse sie über sich ergehen, weil er danach sanfter und liebevoller zu ihr sei.

Ich biete ihr Behandlungen an. Wenn ich die Hände auflege, kann ich meist erkennen, welche Krankheit jemand hat. Meine Berührungen tun ihr gut, sie kann sich entspannen, hat weniger Schmerzen. Aber ich sage ihr, dass nicht ich sie heilen kann, dass ich sie nur darin unterstütze, sich selbst zu heilen. Und dass es auch gut wäre, hin und wieder zu einem richtigen Arzt zu gehen, sich durchchecken zu lassen. Dennoch sollte sie immer mehr lernen, auf ihre Instinkte zu hören. Und es ginge nicht nur um die körperliche, sondern auch um die seelische Gesundheit.

Da ich eine langjährige Ausbildung und Praxis in der Heilmethode Realighting habe, arbeite ich mit ihr an ihren unbewussten Mustern – an den Schatten vor der Seele. So kommen wir den falschen Glaubenssätzen auf die Spur, und von Mal zu Mal kann Jannie mehr an Ballast abschütteln. Sie ist dankbar, begierig zu lernen, etwas zu ändern, aber ich sehe auch mit Besorgnis, dass sie jetzt anfängt, sich gegen ihren Mann aufzulehnen. Kann ich das verantworten? Ich darf mich nicht zu sehr einmischen – weder bei ihr noch bei meiner schwarzen Familie.

Die Tage in der Villa genieße ich, freue mich, wenn ich morgens den Meerkatzen und Wildschweinen, den Impalas vor dem Haus zusehen kann. Einmal steuert sogar eine große Löwin auf die Terrasse zu. Ich schließe schnell das Fenster, und als sie das Geräusch hört, springt sie sofort zurück. Sie hat genauso viel Angst wie ich. Vielleicht wollte sie nur mal schnell in eine Mülltonne schauen.

Es ist ein Genuss, ein sauberes Bett zu haben, sauberes Wasser und vor allem ein richtiges Klo, blitzsauber. Nun denke ich ernsthaft darüber nach, nicht mehr in den Kral zurückzukehren. Ich muss ja nicht bei Jannie und Hendrik bleiben, kann mir das Land noch etwas als Tourist ansehen. Noch kenne ich ja nichts davon. Mein Sohn wäre sicherlich beruhigter. Er ist froh, als ich ihn von der Villa aus anrufe. Noch weiß er nicht, dass ich eventuell noch einmal zurückkehren werde. Kaum jemand in meinem Freundeskreis versteht es, und manchmal schüttle auch ich den Kopf über mich.

Am nächsten Tag sagt Hendrik, dass sie nun ans Meer in die Nähe von Durban fahren würden. Und ob ich Lust hätte mitzufahren. Er könne mit mir ins Reisebüro gehen, um eine Wohnung für mich zu bekommen. Er und Jannie würden bei seiner Tochter wohnen. Also nicht zu nah, das ist sicher wichtig für ihn, aber auch mir ist es recht. Wir würden über Weihnachten und Silvester bleiben und Anfang des Jahres zurückkommen.

Im Reisebüro erst wird mir klar, dass das Meer nicht um die Ecke ist. Ungefähr 800 Kilometer sind es vom Marloth-Park bis nach Amanzimtoti. Ich sehe mir Kataloge an, auch die Dreizimmerwohnung mit Blick auf den Indischen Ozean. Sie wird von einem älteren Paar vermietet, das um diese Zeit verreist ist. Für europäische Verhältnisse ist es sehr preisgünstig, ungefähr 30 Euro pro Nacht. Das hört sich gut an, und so geht es am nächsten Morgen los.

Jannie war mit mir noch einkaufen, damit ich ein paar neue T-Shirts und Hosen habe, ebenso einen Badeanzug, denn den hatte ich für meinen Kralbesuch nicht mitgebracht. Die Strecke zieht sich hin, aber ich sehe zum ersten Mal etwas mehr von diesem Kontinent, auf dem ich nun schon ein paar Monate lebe und dabei nur einen winzigen Ausschnitt und dennoch ganz Wesentliches mitbekommen habe.

Nach zwei Stunden haben wir einen platten Reifen, und nun gibt es richtig Streit zwischen Jannie und Hendrik. Sie wirft ihm seinen Geiz vor. Schon lange habe sie gesagt, er bräuchte neue Reifen, und nun säßen wir fest. Es dauert ein paar Stunden, bis jemand uns abschleppt und Hendrik nach heftigem Disput doch neue Reifen kauft. Während er mit dem Mechaniker redet, erzählt sie mir, dass er großzügig sei, wenn es um Häuserkäufe gehe oder teure Autos, aber bei Kleinigkeiten sei er knickrig .

»Das gibt's bei unseren Männern auch«, sage ich lachend.

Obwohl er sehr reich ist, besteht er darauf, dass sie ein paar Tage in der Woche als Buchhalterin arbeitet, weil er immer Angst hat zu verhungern. Jannie ist froh, hin und wieder mit anderen Menschen zu tun zu haben, und genießt ihren Job.

Den Rest der Reise versinkt Hendrik schweigend, in schlechter Laune. Jannie grinst mich fröhlich an. Ihr ist das egal, Hauptsache, ich bin dabei. Sie drückt immer wieder meine Hand, schaut vorher aber nach vorne, ob er vielleicht in den Rückspiegel schaut.

Erst am späten Abend kommen wir an, und Hendrik erreicht nach mehreren Versuchen endlich die Frau, die den Schlüssel für meine Wohnung hat. Jannie und er schauen sich die Wohnung mit mir zusammen an. Sie ist im siebten Stock, hübsch eingerichtet, etwas plüschig, aber alles ordentlich und sauber, und der Blick über den Indischen Ozean atemberaubend. Jannie umarmt mich und sagt, sie käme morgen mal vorbei. Hendrik runzelt die Stirn, wünscht mir eine gute Nacht und meint, wir könnten uns ja ab und zu sehen in den nächsten Tagen. Mir ist klar, dass er mich abschieben möchte. Aber das ist mir im Moment egal.

Ich stehe noch lange am Fenster, lege eine CD mit klassischer Musik ein und genieße das Alleinsein. Und dann die Stille, die Lichter der Stadt unter mir – nur das Rauschen des Ozeans ist zu hören. Ich gehe durch die Wohnung mit zwei Schlafzimmern, einem besonders schönen Bad, einer Toilette mit Spülung. Welch ein Luxus! Dennoch kann ich nicht einschlafen; ich bin eben doch ein Landei, das ungern sieben Stockwerke unter sich spüren möchte. Es tobt ein Gewitter, und durch die geschlossenen Fenster kommt der Regen. Ich lege alle verfügbaren Lappen und Handtücher auf die Simse. Als es ruhiger wird, gehe ich hinaus, stelle mich auf die Terrasse und lasse das warme Wasser vom Himmel über mich und in meinen weit geöffneten Mund hineinrinnen.

Wasser!

Am nächsten Morgen scheint die Sonne, durch den Wind ist es angenehm warm. Die Handtücher trocknen schnell. Im Eingang hängen Fotos von den Wohnungsbesitzern, einem alten Ehepaar, das zu seinen Kindern gereist ist. Rosi und Bernhard heißen sie, und sie schauen sich voller Liebe an. Beide haben Krebs und nicht mehr lange zu leben, hat uns die indiskrete Wohnungsmaklerin erzählt. Ich komme mir wie ein Eindringling in ihr Energiefeld vor und gehe so respektvoll mit der Einrichtung um, als ob die beiden da wären.

Überall Bücher, die ich in den Monaten im Kral so vermisst habe. Nur eines hatte ich mitgenommen: *Das Gesetz der Liebe* von Laura Esquivel. Aber bisher war es immer zu heiß gewesen, um zu lesen. Das hole ich jetzt nach, höre eine dazugehörige CD, die man sich bei bestimmten Passagen anhören soll. Ich singe und tanze, mache die Klimaanlage aus. Bei geöffneten Fenstern spüre ich die Luft, rieche ich das Meer. Dann kann ich endlich schlafen.

Jannie klingelt am nächsten Morgen. Durch die Musik hatte ich das Handy nicht gehört, und sie macht sich Sorgen und steht vor der Tür. Ich will an den Strand gehen und frage sie, ob sie mitgeht. Sie zögert. Hendrik möchte nicht, dass sie zu lange weg ist. Außerdem haben er und seine Tochter, bei deren Familie sie wohnen, ihr gesagt, dass der Strand unter dem Hochhaus ziemlich abgelegen sei. Und fern vom Touristenrummel sei es sehr gefährlich. Es seien schon einige Überfälle und Morde dort vorgekommen.

Ich gehe mit ihr auf die Terrasse. »Schau, da ist niemand«, sage ich zu ihr. Dann zeige ich ihr mein Schweizer Messer und das Tränengas. »Uns wird nichts passieren.«

Ich nehme Badezeug und den Schnorchel und ziehe Jannie hinter mir her. »Das Meer vor der Nase, und ich soll nicht schwimmen. So weit kommt es noch.« Sie hat keinen Badeanzug dabei, setzt sich auf mein großes Badetuch neben mich, und dann sprudelt es nur so aus ihr heraus. Dass sie im Moment die Nase voll habe von Hendrik, von der Ehe, den Zwängen. An mir sehe sie, wie gut sich Freiheit anfühlen könne. Ich bekomme ein schlechtes Gewissen, denn ich bin mir nicht sicher, ob meine Gegenwart ihr gut tut. Hendrik ist vielleicht zu Recht eifersüchtig, hat Angst, sie zu verlieren.

»Breche nichts übers Knie«, warne ich sie, »du bist das Alleinleben nicht gewöhnt. Schau es dir gut an, und wenn du sicher bist, trenne dich. Oder werden Frauen hier noch gesteinigt, wenn sie ihren Mann verlassen?« Jannie schüttelt amüsiert den Kopf und sagt, dass sie sich als Buchhalterin auch allein durchschlagen könne. Einen Mann wolle sie überhaupt nicht mehr. Sie ist erst 45 Jahre alt, viel jünger als ich. Und ich versuche ihr ein eventuell neues Glück schmackhaft zu machen.

»Wenn du frei bist, innerlich frei, kannst du wieder jemandem begegnen, mit dem du glücklich sein kannst«, mache ich ihr Mut. »Aber das hat Zeit. Ich gehe mal eine Runde schnorcheln, mal schauen, wie es unter Wasser aussieht. Und wenn jemand kommt, du weißt ja, wo die Waffen sind.« Sie schaut ängstlich, als ich Richtung Wasser laufe, ihr noch mal zuwinke, bevor ich in die Wellen abtauche. Lange kann ich sie nicht allein lassen.

Das Meer ist unruhig, das ist eben der Indische Ozean, und ich halte mich in der Nähe vom Strand auf, schnorchle an den Klippen entlang. Nun bin ich ganz bei mir. Im Meer bin ich immer glücklich, egal in welcher Stimmung ich zuvor war. Ich bewundere den Fischreichtum, all die bunten Gesellen, die mich anblubbern.

Jannie ist froh, als ich zurückkomme. Wir sammeln noch gemeinsam Muscheln. Ich sage ihr, dass ich den Kindern im Kral doch welche mitbringen muss.

Sie weist mich auf eine Muschel mit einer richtigen Perle hin. »Das bringt Glück!« Dann schaut sie mich erstaunt an. »Willst du wirklich zurück? Du kannst dir doch noch so vieles anschauen in unserem Land.«

Ich zucke die Schultern. Darüber hatte ich ja auch schon nachgedacht, aber spontan fielen mir beim Muschelnsuchen eben nur die Kinder des Krals ein. »Ich habe keine Ahnung, was morgen ist. Mal sehen.«

»Morgen ist Weihnachten«, lacht Jannie. »Und du bist eingeladen bei uns. Das habe ich durchgesetzt«, fügt sie trotzig hinzu.

Als sie wieder weg ist, bummele ich noch allein durch den Ort, in dem es von Touristen wimmelt. Ich suche nach Geschenken. Für Hendrik kaufe ich Whisky, und in einem kleinen Schmuckladen finde ich für Jannie einen kleinen goldenen Engel an einer Brosche. Schließlich hat der Engel an ihrem Handgelenk uns ja zusammengeführt. Diese dazu passende Brosche wird ihr sicherlich gefallen. Für die Hausfrau, Hendriks Tochter, bei der Jannie und ihr Mann eingeladen sind, kaufe ich Blumen.

Jannie holt mich am nächsten Tag ab und erzählt mir, dass Hendrik *not amused* war, weil sie so viele Stunden weg war. »Aber du weißt ja, wie ich ihn bei Laune halten kann.«
Mich schüttelt es, aber ich sage nichts. Marika, die Tochter aus Hendriks erster Ehe, ist Mitte dreißig. Sie leidet an Rheuma und scheint wie ihr Vater ein Kontrollfreak zu sein. Mich behandelt sie mit oberflächlicher Freundlichkeit. Ihr Mann ist so schweigsam, dass ich beim Klang seiner Stimme hochschrecke, als sie unerwartet zu hören ist. Piet, der fünfzehnjährige Adoptivsohn, hat mongoloide Züge. Er ist von einer so überströmenden Herzlichkeit, dass ich ihn gleich ins Herz schließe. Eine weitere Adoptivtochter ist wieder im Heim. Sie sei im Moment sehr schwierig, wird mir erklärt. Sie haben leider keine eigenen Kinder bekommen können, sagt Marika mit einem bitteren Blick auf ihren Mann, aber natürlich würden sie ihre Adoptivkinder wie eigene Kinder lieben. Natürlich sind das weiße Kinder.

Piet zieht mich gleich in sein Zimmer und zeigt mir seine große Insektensammlung. Ich habe den Eindruck, dass die Eltern nichts davon wissen, denn er holt sie aus einem Versteck hinter einem Schrank hervor und erklärt mir jedes einzelne Tier. Danach will er noch unbedingt Internetspiele mit mir machen. Ich lasse mich gern darauf ein, denn mit ihm fühle ich mich wohler als mit den Erwachsenen in der Etage unter uns. Piet hat ein offenes, unschuldiges Herz, wie ich das schon oft bei mongoloiden Kindern erlebt habe. Ich bin dankbar, hier Gast zu sein, aber die Wärme, die ich bei meiner schwarzen Familie erlebt habe, begegnet mir hier nur im Zusammensein mit ihm und mit Jannie.

Das Haus ist bürgerlich, nicht so luxuriös wie das des Vaters. Mittelstand. Dennoch gibt es ein schwarzes Hausmädchen, das das Dinner mit vorbereitet, und einen Gärtner, der ums Haus herum werkelt. Auch an Weihnachten. Die schwarzen Diener sind immer noch kostengünstig, auch wenn sie inzwischen etwas mehr Rechte haben.

Es gibt Pumpkin, Kürbis in allen Variationen als Suppe, als Gemüse und dann wieder Unmengen von fettem Grillfleisch. So sehr ich im Kral Proteine vermisst habe, hier wird es mir gleich wieder zu viel. Der Weihnachtsbaum ist bunt und überladen. Nach dem Essen werden die Geschenke ausgepackt. Jannie bekommt ein erotisches Babydoll. Ich sehe Enttäuschung in ihren Augen, denn das hat Hendrik ihr für sich geschenkt. Sie selber wünschte sich ein Parfüm. Aber sie lächelt wie immer, auch wenn sie traurig ist. Wir überreichen uns die Geschenke simultan. Sie hat den gleichen Engel für mich gekauft. Wir lachen und umarmen uns. Ich bekomme noch ein Wörterbuch mit Swasi und sie einen Gedichtband von mir.

Mit aufgeblähtem Bauch und melancholischem Herzen lege ich mich später ins Bett. Auch der Blick auf den Indischen Ozean und das Geglitzer der Stadt haben mich nicht trösten können. Ein Kinderlied tönt in mir hoch: »Ich weiß nicht, was soll es bedeuten, dass ich so traurig bin …«

In den nächsten Tagen gehe ich noch ein paar Mal auf einen Tee zur Familie von Marika, vor allem weil ich den Jungen gern sehen möchte. Er strahlt jedes Mal, wenn er mich sieht, und zieht mich sofort in sein Zimmer. Es ist noch ein befreundetes Ehepaar von Hendrik gekommen. Der Mann und Hendrik sitzen den ganzen Tag Whisky trinkend vor dem Fernseher, die Frau wirkt verbittert und depressiv. Jannie macht wie immer gute Miene.

Nun beschließe ich, die nächsten Tage nur noch am Strand zu verbringen. Das Heile-Welt-Spiel, vor allem an Tagen wie Weihnachten, meide ich schon seit vielen Jahren. Und nun möchte ich hier nicht ein neues Heucheltheater miterleben.

Am Touristenstrand war ich bisher einmal Jannie zuliebe, weil sie sich Sorgen macht, wenn ich allein am Meer unterhalb meiner Wohnung bin. Aber dort fühle ich mich wohler als unter den weißen, fettleibigen oder fitnessgestählten Plastikkörpern.

Meist bin ich allein. Unten am Meer genieße ich den fast menschenleeren Strand, das Rauschen des Meeres, die salzige Luft. Manchmal kommen ein paar Schwarze vorbei, schauen zu mir herüber, aber sie belästigen mich nicht. Ich lächle sie offen an, sie lächeln zurück und gehen weiter. Sie wundern sich wohl, dass eine weiße Frau ganz alleine am Meer ist.

Als ich an einem späten Nachmittag jemanden nach der Uhrzeit fragen will, kommt kein Ton aus mir heraus. Ich habe die Stimme verloren und kann auch die nächsten Tage nicht sprechen. Zuerst bin ich erschrocken, dann ist es mir egal. Und ich bin froh. Das erspart mir höfliche Floskeln. Mir ist klar, dass mein Körper immer heftiger auf alle Gefühle reagiert. Und die Sprachlosigkeit scheint mir ein Schutz vor sinnloser Kommunikation zu sein. Ich fange an, das Schweigen zu genießen.

Jannie kann ich nun nicht anrufen wegen Silvester, aber als ich nicht ans Telefon gehe, kommt sie vorbei, um mir zu sagen, dass Hendrik mit ihr allein sein will. Sie wirkt traurig und resigniert, aber ich lasse sie. Letztlich muss sie den Trost in sich finden. Auf einen Zettel schreibe ich, dass ich nicht reden kann und sie sich keine Sorgen machen soll. Ich sei schon oft am Jahreswechsel allein gewesen, und es mache mir nichts aus. Später kommt Hendrik noch vorbei und überreicht mir einen Piccolo. Sein schlechtes Gewissen ist ganz offensichtlich. Da ich nicht sprechen kann, bleibt mir ein heuchlerisches Danke erspart.

Ich kaufe einen guten südafrikanischen Wein ein, Salate und eine Nachspeise. Dann setze ich mich auf die Terrasse und schaue aufs Meer. Als die Feuerwerke ihre bunten Blitze in den Himmel schießen, bin ich eins mit mir und froh, allein zu sein.

Ich denke über mich nach, über die immer wieder aufkommenden Zweifel an spirituellen Dingen, sobald es in der Außenwelt schwierig wird. Und ich denke an meinen langjährigen Lehrer und Freund Don Eduardo. Er hatte mich so viel gelehrt, so dass ich wieder Vertrauen hatte, auch in meine eigenen Gaben, die ich aber weiterhin vor Menschen verbarg, die das alles für Humbug hielten, so wie ich selbst es jahrzehntelang tat.

Auf der Burg der Keyserlings am Brenner sah ich den peruanischen Schamanen Don Eduardo Calderon de Palomino Anfang der 1980er-Jahre zum ersten Mal. Mit den Keyserlings war ich seit wir uns auf den schamanischen Kongressen begegnet sind, befreundet.

Das hört sich bombastisch an, aber die Burg hatte den verfallenen Charme alter Gemäuer, und nur wenige Zimmer waren bewohnbar. Und sowohl Arnold Graf Keyserling, dem Sohn eines ebenfalls bekannten österreichischen Philosophen, als auch Winnie, seiner Frau seit vielen Jahrzehnten, waren Äußerlichkeiten völlig egal. Ob es die Kleidung war, ihre kleine Wohnung in Wien im Hinterhaus oder diese Burg. Sobald man mit ihnen zusammen war, vergaß man sofort das zerbröckelnde Ambiente und ihr Aussehen, das manchmal einem Clochard Ehre gemacht hätte. Die Wärme und die Liebe zu Menschen, die sie ausstrahlten, der unbestechliche freie Geist der beiden zog einen in den Bann. Sie waren Lehrer im besten Sinne und hinterließen Spuren in vielen Seelen. Sie verbanden Kulturen und Religionen und sahen das auch als ihre Aufgabe an. Es war ihnen egal, dass ein Teil der Wiener Gesellschaft sie als »Esos« belächelte, sie wussten, wer sie waren und was sie zu tun hatten. Ich achtete sie, so wie sie waren, und wünschte mir, mein Bewusstsein, mein Selbstbewusstsein könnte wachsen wie ihres.

Don Eduardo Calderon de Palomino – ein Inka-Abkomme mit einer majestätischen Austrahlung – war bitterarm, hatte eine Großfamilie zu ernähren und klagte nie darüber. Er sprach nur spanisch, aber seine Gesten waren so klar, dass man ihn auch ohne den Übersetzer verstehen konnte. Seine Rituale waren beeindruckend, und als ich ihm nach der nächtlichen Mesa vor der Keyserling-Burg, auf der er Kranke behandelte, die obligatorische Hühnersuppe, die es nach dem gemeinsamen Fastentag gab, ins Zimmer bringen sollte, aß er schon. Ich schaute ihn verwundert an und wollte wieder hinausgehen. Er aber zeigte auf den Stuhl gegenüber und auf meinen Teller. Ich sollte mit ihm essen, hieß das wohl. Zögernd setzte ich mich hin. Während des Essens schwieg er, schaute mich manchmal aber nachdenklich an. Dann sah er mir lange in die Augen und sprach eine lange Zeit ohne Unterbrechung. Anfangs dachte ich noch, dass ich sein schnelles metallisches Spanisch nicht verstehen könne.

Dann wurde ich schläfrig, ich atmete durch und schaltete meinen Kopf aus. Er erzählte von der Armut in seinem Dorf, aber auch von dem Glück, das sie alle verband. Es war, als ob in meinen Ohren ein Schalter umgelegt worden sei. Ich verstand jedes Wort. Er erzählte mir von zu Hause, von seinen 14 Kindern, seiner geliebten Maria und was er bei mir auf der Mesa gesehen hatte. »Hab keine Angst, das ist ja inzwischen alles vorbei«, beruhigte er mich, und ich wusste, was er meinte. Ich hatte während der Zeremonie meine Hinrichtung als Ehebrecherin in einem früheren Leben gesehen. Die anderen hatten ihre Geschichten ausgetauscht, ich erzählte niemandem davon. Es war mir peinlich. Mein Ruf war wohl schon früher nicht der beste gewesen.

»Du bist hier, weil du eine von uns bist«, sagte er, »und es bereitet dir Schmerzen, weil du dich dagegen wehrst. Du hast diese Gabe schon lange, und wenn du sie nicht anwendest, anderen nicht damit hilfst, wird es dich krank machen. So lange, bis du es begriffen hast.«

Dann erzählte er mir, wie er zum Schamanen geworden war. Als einfacher Fischer dachte er nur daran, wie er seine Familie satt machen konnte. Bis er schwer erkrankte und in der Psychiatrie landete. Danach ging er zu anderen Schamanen und Heilern, um Hilfe zu bekommen, und ihm wurde klargemacht, dass auch er den Weg des Schamanen gehen musste.

Ich versuchte, diese erste Begnung mit Don Eduado zu vergessen, wurde aber nun jedes Jahr zu Seminaren eingeladen, und ich entschied mich – manchmal im letzten Moment –, doch wieder teilzunehmen.

Ein paar Jahre später organisierte ich in Deutschland Seminare für ihn, den Ertrag gab ich ihm bis auf den letzten Pfennig mit. Und ich schätzte ihn von Jahr zu Jahr mehr. Sein Wissen, sein wunderbares Lachen und seine Fähigkeit, in anderen, unsichtbaren Welten ebenso zu Hause zu sein wie in der realen Welt. Als ich ihn fragte, wie er so mitfühlend auf unsere westlichen Kümmernisse eingehen könne, wo es doch in seinem Land wirklichen Hunger, Armut und Krankheiten gäbe, sagte er:

»Weil ihr an eurem seelischen Hunger genauso leidet wie wir an dem wirklichen, weil eure seelischen Ängste genauso schmerzen wie die Existenzängste, die die armen Menschen haben.«

Als er das erste Mal nach München kommen wollte, wusste ich lange nicht, wann das sein würde. Es gab kein Telefon in seinem Haus, und so fragte ich per Brief wochenlang vergebens nach. Eines Morgens klingelte es um sieben Uhr Sturm, und ich schreckte aus dem Schlaf hoch. Schlechtgelaunt zog ich mir den Morgenrock über und konnte es nicht fassen. Don Eduardo stand mit einem Seesack über der Schulter vor der Tür und strahlte. »Wieso hast du mir nicht Bescheid gesagt?«, fragte ich. »Ich bin erst gestern von einer Reise zurückgekommen …«

Er unterbrach mich und lächelte verschmitzt. »Deshalb bin ich ja auch erst heute Morgen gekommen. Und nun brauche ich ein gutes Frühstück und ein Bett. Danach können wir reden.« Innerlich murrte ich über diesen Macho, der es für selbstverständlich hielt, dass ich für ihn da bin, wenn er kommt, und ihn versorgen würde. Aber ich freute mich auch.

Mit ihm konnte man lachen, sich über die banalsten Dinge ebenso unterhalten wie über Heilung und Magie. Und wenn er mich besuchte, war das Haus immer voll, weil er mit seiner offenen, heiteren Art auch meine Freunde anzog, die sich zum Beispiel bei seinen Erzählungen über seine Zeit als Koch auf einem chinesischen Schiff prächtig amüsierten. Obwohl sie kein Spanisch konnten, verstanden sie doch seine Körpersprache.

Ich wunderte mich, dass er mit seinen Ritualgegenständen, den Schwertern, ebenso durch den Zoll kam wie mit seinen halluzinogenen Pflanzen, die er brauchte. »Ganz einfach«, sagte er, »ich mach dann alles kurz unsichtbar.«

Einmal beobachete ich ihn beim Einchecken und sah, dass er selbst mit Übergepäck anstandslos durch die Kontrollen kam. Wahrscheinlich hypnotisiert er sie, dachte ich mir dann, denn ich suchte immer noch für alles eine Erklärung. »Du willst immer Beweise«, seufzte er manchmal, »und eigentlich sollte ich meine Kräfte dafür nicht einsetzen, aber du bist eben ein harter Fall.«

Als ich ihn einmal mit zu meiner Arbeit ins Fernsehen mitnahm, wo jeder einen Ausweis vorzeigen musste, provozierte ich ihn: »Wenn du durch die Kontrolle ohne Ausweis kommst, glaube ich dir.« Er schüttelte den Kopf und folgte mir. Auf der anderen Seite des Schlagbaums wartete er dann auf mich und grinste. Ich ging zurück und fragte den Mann an der Pforte, wer denn mit mir hier durchgegangen sei. Er schüttelte nur verständnislos den Kopf.

»Sie waren allein«, sagte er. Dabei hätte er den dunkelhäutigen, dicken, kleinen Mann mit dem schwarzen Zopf und dem Walrossschnurrbart eigentlich nicht übersehen können.

In meinem Büro langweilte Don Eduardo sich. Immer nur telefonieren und das gleich an zwei Apparaten. Er wolle sich mal umsehen, sagte er und verschwand. Als er nach einer Stunde immer noch nicht wieder auftauchte, suchte ich ihn in jedem Zimmer. Niemand hatte ihn gesehen. Als ich im Vorzimmer des Chefs nachfragte, zeigte die Sekretärin auf die Tür zum Chefzimmer. Er saß wirklich mit dem Boss, zu dem man nie unangemeldet kam, am Besuchertisch, aß Kuchen und trank Champagner. Der strahlte mich an. »Dass ich eine so nette Geburtstagsüberraschung bekommen würde, hätte ich nie gedacht«, sagte mein sonst eher reservierter Vorgesetzter.

Don Eduardo war einfach durchs Vorzimmer marschiert und hatte nach dem Chef gefragt.

Und als er die Blumen und den Kuchen sah, hatte er ihm einfach die Hand geschüttelt und »Congratulation!« gesagt. Er wollte nur ein wenig Spaß haben und hatte Hunger und Durst.

Ein paar Jahre später, an dem Tag, als ein früherer Lebensgefährte mich fast umgebracht hat, ließ Don Eduardo, der gerade in Österreich war, mich anrufen und mich bitten, sofort das Haus zu verlassen – ich sei in Gefahr. Er hatte sie vorausgesehen. Ich hörte nicht auf ihn und wäre fast gestorben. Noch in derselben Nacht, als es passierte, schrieb er mir einen Brief, wie sehr sein Herz blute, weil er mir nicht habe helfen können. Und dass ich sofort nach Wien kommen solle. Er kümmerte sich wochenlang um mich, nannte mich seine »verwundete Wölfin« und kämpfte darum, dass ich ins Leben zurückfand.

Ich war voller Zorn und Rachegefühle, fragte ihn, was ich denen, die mir Schlimmes angetan haben, wünschen dürfe. Warum sollte ich nur allein leiden? Da wurde er sehr ernst und streng: »Du weißt, dass du das kannst, aber nicht darfst. Schwöre es mir, dass du niemandem etwas Böses wünschen wirst, egal wie sehr man dich gekränkt oder verletzt hat. Dadurch kommt nur noch mehr Dunkles in diese Welt, dadurch gibt es so viel Böses.«

Ich senkte beschämt den Kopf. Das war nun das zweite Mal, dass ich schwören musste, meine Kräfte nicht negativ einzusetzen. Eduardo umarmte mich und lachte schon wieder. »Also wenn du deinen Zorn gar nicht zurückhalten kannst, darfst du dem anderen Pickel am Arsch wünschen. Das ist nicht gefährlich, und der andere kann eine Weile nicht gut sitzen.«

Er bat mich, ihn immer um Hilfe zu bitten, auch wenn er in Peru sei – er würde es hören. Ich glaubte ihm kein Wort und schlug ihm vor, sich ein Telefon zu besorgen. Als ich wieder einmal mit der Abgabe von gleich zwei Manuskripten zu spät dran war und nicht wusste, wie ich es eine Nacht vor der Probe schaffen sollte, sagte ich: »Bitte, Eduardo, hilf mir jetzt.« Es ging wie ein Ruck durch mich hindurch, ich meinte, eine Berührung an der Schulter zu spüren, und dann schrieb ich die ganze Nacht lang, bis ich fertig war. Naja, dachte ich mir, da sieht man mal, was Selbsthypnose alles bewirken kann.

Eine Woche später bekam ich einen Brief, in dem er mir die Uhrzeit und das Kleid beschrieb, das ich anhatte, als ich ihn gerufen habe. »Und in Zukunft hol mich für solche banalen Dinge nicht aus dem Bett«, schimpfte er in dem Brief, »sei einfach vorher etwas fleißiger.«

Auch wenn diese »Beweise« noch oft kamen, letztlich wollte ich es nicht glauben, hielt ich es meist für Zufälle. Ich war tatsächlich ein wirklich harter Brocken.

Oft regte ich mich über die Scharlatane in der boomenden Esoterikszene auf. Einige ehemalige Seminarteilnehmer hatten behauptet, sie seien von Don Eduardo ausgebildet worden und ahmten seine Rituale nach. »Willst du dich nicht dagegen wehren?«, fragte ich ihn empört. »Diese Scharlatane richten doch nur Unheil an und bringen Leute wie dich und mich in Verruf«, setzte ich zögernd fort. Eduardo lachte sein dröhnendes Lachen. »Wer zu Scharlatanen geht, braucht sie vielleicht für eine Weile. Der Schaden ist etwas heiße Luft. Scharlatane gibt's doch überall, nicht nur auf diesem Gebiet. Schau dir doch nur die Politik an. Da sind die meisten, und wir wählen sie auch noch.«

Fast zwanzig Jahre war Don Eduardo mein Lehrer und Freund, und jedes Jahr lud er mich ein, ihn in Peru zu besuchen. Erst als er schwer krank war und es so aussah, als würde es mit ihm zu Ende gehen, machte ich die lange Reise. Als er mich sitzend im Poncho vor dem Haus empfing, strahlte er. »Muss ich erst sterben, dass du kommst?«, lachte er. Und dann stand er auf. »Wenn du schon den weiten Weg gekommen bist, werde ich das Sterben noch etwas aufschieben.« Und er ging mit mir ans Meer, zeigte mir ein halb fertiges Boot, und es sah in den kommenden Wochen keinen Tag mehr so aus, als ob er gehen würde.

Er starb einige Monate später, und im Moment seines Todes zeigte er sich mir noch einmal. Um seine Todeszeit war mein Schlafzimmer in helles Licht getaucht.

Seitdem spüre ich seine Kraft häufig bei meinen Behandlungen. Es ist, als ob er mir beistehen wolle, und er erinnert mich immer daran, wer ich bin, wenn meine Zweifel wieder überhandnehmen.

In der Silvesternacht am Meer in Südafrika habe ich einen Traum.

Ich bin im Kral, der Boden ist mit weißen Blüten bedeckt, es regnet unentwegt Blüten vom Himmel. Auf dem großen Platz vor den Hütten stehen alle Menschen, die ich vor einer Woche verlassen habe, in bunten, schönen Gewändern, haben Kerzen in den Händen und singen. Jambolane kommt auf mich zu und breitet die Arme aus: »Wir haben auf dich gewartet.« Dann drückt er mich an sein Herz, und ich tanze mit den anderen einen wirbelnden Tanz.

Ich wache auf und weiß jetzt, dass ich zurückkehren *muss*, dass ich nur deshalb nach Afrika gekommen bin, um im Kral zu leben, wo es besonders schwierig war, auf dem spirituellen Weg weiterzugehen, und nicht, um an Grillpartys mit weißen Menschen teilzunehmen. Meine Stimme ist genauso schnell wieder da, so wie sie zuvor weg war.

Ich schreibe Ngwenya, dem Krokodil, einen Brief und werfe ihn ein. Es schadet ja nichts, wenn er auch von mir hört, dass ich ihn brauche. Etwas Geld für die Busfahrt stecke ich mit in den Umschlag und hoffe, dass der Brief ankommt.

Der Sangoma und sein Gast

Ein paar Tage später fahren wir zurück, wieder acht lange, anstrengende Stunden, und ich sage beiden, dass sie mich im Kral absetzen möchten. Ich würde den Rest der Zeit dort verbringen. Hendrik schüttelt den Kopf, Jannie versteht mich, flüstert mir zu, dass sie mich bald besuchen werde. Als wir ankommen, regnet es in Strömen, und statt in weißen Blüten stehe ich in rotem Schlamm. Ich bedanke mich bei beiden für die Woche. Hendrik sieht die Hütten, die Armut und wendet sich angeekelt ab, nachdem er im Schlamm herumgestapft ist, um sich von mir zu verabschieden.

Unterwegs habe ich bei einem Imbiss einen Sack voll gegrillter Hähnchen gekauft, mir auch noch Reste einpacken lassen, und als ich auf meine Hütte zugehe, rennen die Welpen auf mich zu und springen um mich herum. Ich packe die abgekauten Knochen und Fleischfetzen aus und gebe sie den Kleinen. Wie gefährlich das sein kann, wenn sie Röhrenknochen gierig verschlingen, weiß ich, aber ich muss ihnen gleich etwas geben, so ausgehungert wie sie sind. Die gegrillten Hühner sind für meine schwarzen Menschen.

Nach und nach kommen die Kinder und einige Frauen von überall her, tanzen um mich herum, freuen sich. Die Hühner verteile ich, eines hebe ich für Kleopatra und Miriam auf, ein anderes nehme ich mit zu Jambolane, zu dessen Hütte ich gehe, ohne viel zu fragen. Er begrüßt mich, als ob ich nie weg gewesen wäre, nimmt das gegrillte Hühnchen und fängt an, es genüsslich zu essen. Danach gebe ich ihm meine Muschel mit der echten Perle. Er schaut sie intensiv an, nickt und legt sie zur Seite. Ich weiß, was er mir damit sagen will: Schöne Perle, aber du bist mir wichtiger.

Plötzlich nimmt er meine Hand und legt sie an seine Wange. Es ist das erste Mal, dass er mich so berührt hat.

Am nächsten Tag kommt Ngwenya an. Er hatte meinen Brief bekommen. Er erzählt mir, dass die Leute ehrfürchtig zu ihm kamen, als er bereits im Bus saß. Jambolane hatte nämlich morgens im Radio verbreiten lassen, dass sein Schüler Ngwenya erwartet werde. Nun sind die Swasi überzeugt, dass *ihr* Schamane den Ruf bereits vernommen hatte – und zwar ohne die Radionachricht gehört zu haben.

Als ich Ngwenya frage, ob er denn jemandem von meinem Brief erzählt hätte, setzt er sein verschmitztes, sanftes Lächeln auf. »Natürlich nicht. Sie möchten es doch glauben. Und im Grunde stimmt ja beides.« Seinem Lehrer Jambolane habe er auch nichts von meinem Brief erzählt, sagt er. Auf diese Weise entstehen nun einmal auch Geschichten von Magie.

Meine gesamte Safariausrüstung schenke ich Ngwenya. Er sieht darin aus wie ein schwarzer Park-Ranger und schreitet stolz herum. Die weißen Stiefel und die Boots sind ihm zu klein. Er macht sie mit meinem Messer passend, indem er vorne Löcher hineinschneidet. Als er mein Schweizer Messer anschielt, schüttle ich den Kopf:

»Erst wenn ich wieder abfahre.«

So lange warte ich nun schon auf ihn als Übersetzer, weil ich ja längere Gespräche mit Jambolane führen möchte und ich mich auch mit den anderen Frauen des Krals unterhalten will, aber er sagt, dass er seinem Meister jetzt erst einmal helfen müsse, Medizin aus Kräutern zu machen. Er schätze und liebe mich, aber er habe Jambolane so viel zu verdanken, und wenn er etwas von ihm wolle, dann gehe das vor.

Schon wieder will Enttäuschung in mir hochkriechen, aber dann lache ich und sage:

»Ich werde um jede Minute mit dir kämpfen. Mal sehen, ob dann der Baba gewinnt oder ich. Aber wenn du das Gefühl hast, du möchtest zu ihm gehen, werde ich dich nie aufhalten.« Er drückt dankbar meine Hand. Auch wenn er als Sangoma zu den Unberührbaren gehört, bei mir nimmt man das wohl nicht mehr so genau. Weil ich jetzt zur Familie gehöre, wie er mir erklärt.

Kurze Zeit später kommt ein Kind als Bote vom Baba und sagt, Ngwenya möge sofort kommen, er müsse mit ihm arbeiten. Ich halte mein Krokodil nun doch noch eine Weile zurück. Es reizt mich zu sehen, was der Alte macht, wenn nicht alle sofort gehorchen. Und er weiß natürlich, wer Ngwenya aufhält, wenn er nicht gleich kommt. Innerhalb der nächsten Stunde werden mehrere Kinder geschickt, und dann sehe ich, dass der Alte in seinem leuchtend blauen Gewand vor seiner Hütte auf einer Erhöhung steht, ruft und winkt. Ich winke fröhlich zurück, zucke die Schultern, als ob ich nicht verstehe, was er meint. Nun sehe ich, dass er sich schüttelt vor Lachen.

Auf dem Weg in den Kral

Im Kral

Jambolane in seiner Hütte

Hella mit „Freedom“

Fünf der vierzehn Frauen des Sangoma

Sonile, die Maisfrau

Miriam an der Kochstelle

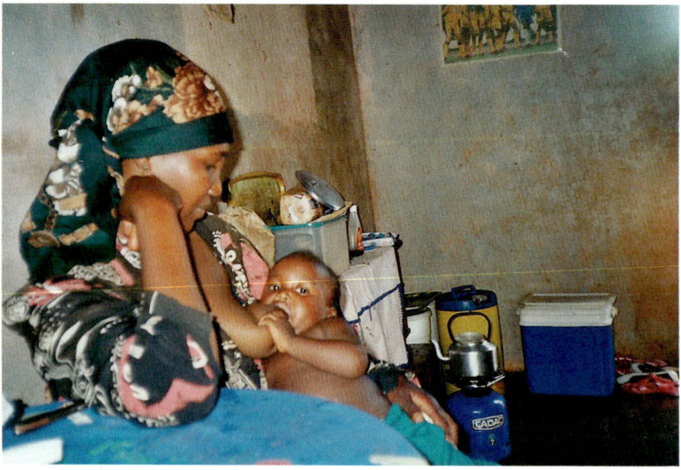

Kleopatra mit „Freedom“

Die ersten Wochen

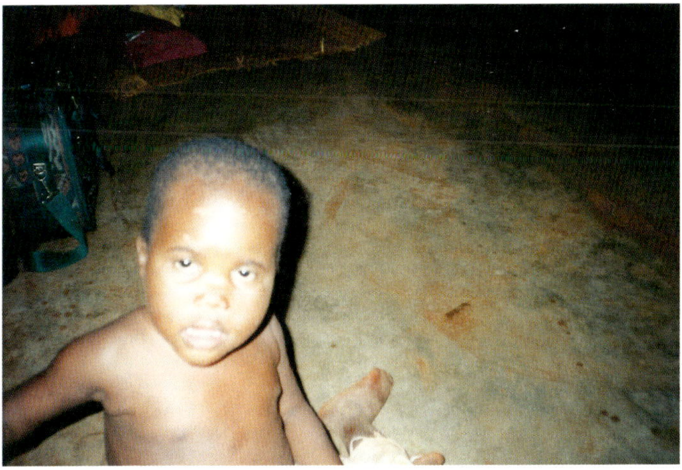

Der „kleine Engel“

Sechs von fast hundert Kindern

Nach der Krankheit

Ninja mit Geschwistern

Zeremonie im Trommelraum

Heilung

Tanzen im Trommelraum

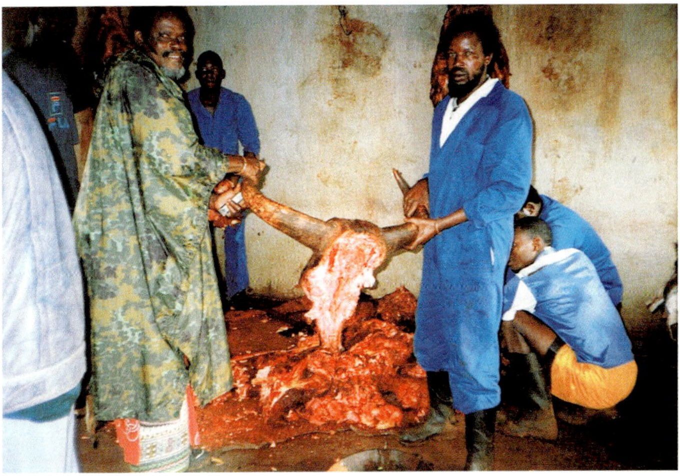

Geschenk für den Weissen Gast

In Trance

Milissent wird geprüft

Knochen werfen – Orakel

Ein Heiratskandidat von fünfzig

Das Opfertier

Initiationsende

Nach der Initiation

Rückkehr in den Kral

Ninjas Mutter

Der Sangoma, vor Initiation der Schüler

Tanzen nach der Prüfung

Prüfung der Sangoma-Schüler

Die Feier

Swasiland / Zu Hause bei Ngwenya

Ngwenya mit Hella-Gabsile

Nach wenigen Minuten bedeute ich Ngwenya, dass er gehen soll, ich hätte jetzt einen kleinen Punktevorsprung. Er weiß nicht, was ich meine, ist aber froh, nicht weiter von mir zurückgehalten zu werden. Auf seiner Stirn perlen die Schweißtropfen. Er ist es nicht gewöhnt, zwischen zwei Gefühlen entscheiden zu müssen. »Ich bleibe doch, solange du noch hier bist, auch im Kral«, meint Ngwenya mich beruhigen zu müssen. »Genügend Zeit für alles Reden.«

Der kleine Machtkampf um Ngwenya – schließlich habe ich ihm ja die Reise finanziert – wird in den nächsten Wochen ein Spiel zwischen mir und dem Alten. Mal gewinnt der eine, mal der andere. Inzwischen macht es uns beiden Spaß, und auch das Krokodil nimmt es mit Leichtigkeit und spielt mit.

Ich bemerke erst nach einigen Tagen, dass mein Lieblings-T-Shirt mit der goldenen Aufschrift nicht mehr da ist. Ich gehe zu den halbwüchsigen Mädchen in den Nebenzimmern und frage danach. Niemand will es gesehen haben. Eigentlich ist es mir nicht wichtig, aber ich fühle, dass es nicht gut ist, den Mädchen in diesem Alter das Stehlen durchgehen zu lassen. »Ich werde jetzt mal eine halbe Stunde weggehen, und wenn das T-Shirt dann nicht wieder an seinem Platz ist, sage ich es dem Baba. Er weiß, wer es getan hat.«

Dass sie kein Englisch können, weiß ich, aber offensichtlich haben sie meine Körpersprache verstanden. Ein Mädchen schaut besonders betreten auf den Boden. Als ich wiederkomme, liegt das T-Shirt auf seinem Platz. Ich nehme es, gehe zu dem Mädchen, das ich verdächtige. »Ich schenke es dir, weil du ehrlich warst. Wenn ihr etwas wollt, fragt mich, aber nehmt nichts mehr weg.« Verlegen nimmt sie es an sich und küsst meine Hand.

Kleopatra, die ich seit meiner Rückkehr noch nicht gesehen habe, kommt zur Tür herein. Sie strahlt, nimmt mich lange in die Arme: »Gut, dass du wieder da bist.« Sie geht noch aufrechter als sonst, strahlt Würde und Fröhlichkeit aus.

»Ich habe dich schon vermisst. Wo warst du denn?«, frage ich.

»Ich war in Swasiland bei meiner Familie«, sagt sie mit einer Selbstverständlichkeit, als ob sie das ständig mache.

Ich kann es nicht fassen, da ich ja weiß, dass die Frauen nicht alleine verreisen dürfen. »Und hat der Baba es dir erlaubt?«

»Nein«, antwortet sie, »ich habe ihn nicht gefragt. I am not a prisoner.«

Ich bekomme sofort ein schlechtes Gewissen. Das war mein Einfluss, und mir ist nicht klar, ob das auf Dauer gut für sie ist. Es steht mir nicht zu, die Strukturen dieses Stammes durcheinanderzuwirbeln. »Und was hat er gesagt, als du zurückgekommen bist?«

»Gar nichts«, antwortet sie. »Es war, als ob ich nicht weg gewesen wäre.«

Nun wird mir klar, wie der Alte das handhabt. Es muss Gebote und Regeln geben, aber wenn jemand den Mut hat, sie zu übertreten, und niemand zu Schaden kommt, ignoriert er es einfach.

Sie erzählt mit leuchtenden Augen von den Eltern und Geschwistern und dass sie das jetzt öfter machen würde, wenn die Arbeit es zuließe. Den Pass habe sie natürlich nicht bekommen, aber sie habe es über die »grüne Grenze« geschafft. Zu Fuß seien das circa 30 Kilometer.

Dann frage ich sie nach einem der jungen Hunde und dem Muttertier. Ausgerechnet die hübsche Kleine mit den großen Ohren, die nach mir benannt worden war, und die Mutter habe ich seit meiner Rückkehr nicht mehr gesehen.

»Der Baba hat die Kleine an einen Arbeiter aus dem nächsten Kral verschenkt für seine Kinder. Die Mutter hat ein Huhn gefressen. Und da hat man sie weggegeben.« Mir ist klar, was das bedeutet. Sie haben sie erschlagen. Ich muss mich daran gewöhnen, dass die Regeln hier anders sind, so bitter das auch ist.

Ich bin dennoch empört und bitte sie, mit mir in den anderen Kral zu gehen, damit ich wenigstens sehe, wie es der Kleinen jetzt geht. In den Rucksack stecke ich mitgebrachtes Hundefutter, Medizin und Salben. Kleopatra schüttelt den Kopf. »Du darfst den Inja – also den Hund – nicht wieder mitnehmen«, sagt sie. »Das könnte zu bösen Nachbarschaftskämpfen führen. Und du würdest die Autorität vom Sangoma untergraben.« Dennoch begleitet sie mich, und es dauert eine Stunde, bis wir da sind. Wir finden die Hütte, in der Kinder mit der jungen Hündin spielen. Sie gehen gut mit ihr um, aber ich sehe, dass sie sehr mager und voller Zecken ist und Schüttelfrost hat.

Das zitternde Bündel beruhigt sich auf meinem Arm, ich gebe ihm alles, was ich an Medizin dabeihabe, entferne die Zecken, schmiere Salbe auf die Wunden, gebe ihm zu fressen. Zuerst habe ich geschimpft, dann sehe ich die erschrockenen Augen der Kinder, die sich keiner Schuld bewusst sind. Durch Kleopatra lasse ich ihnen sagen, wie sie den Hund füttern sollen und dass es schön ist, wie lieb sie mit ihm umgehen. Und dass ich hin und wieder nachsehen käme. Ob ich dieses Wesen wiedersehen werde, weiß ich nicht, aber ich muss mich fügen. Überall kann ich nicht eingreifen. Ich darf mich nicht wie Gott aufführen.

Der Hund, der nach mir benannt wurde, wird wahrscheinlich sterben – und ein kleines Stück von mir mit ihm. Vielleicht der Teil, der alles bestimmen will, der meint, alles in der Hand zu haben, der Teil, der Ego genannt wird. Als wir über die kargen Felder zurückgehen, bin ich still und mutlos. Kleopatra nimmt tröstend meine Hand. »Wir können ab und zu vorbeischauen. Vielleicht schafft es die kleine Hella ja.«

Wieso behandeln diese warmherzigen Menschen Tiere so schlecht? Das will nicht in meinen Kopf, und mein Herz versteht es noch weniger. Es wird geduldet, dass ich mich um die Hunde kümmere, aber was ist, wenn ich weg bin? Werden sie weiter verscheucht, mit Steinen beworfen, getötet?

»Du musst das verstehen«, sagt Kleopatra, als ob sie meine Gedanken gelesen hätte, »Kühe, Ziegen, Hühner sind wichtig für uns, weil wir sie essen können. Deshalb behandeln wir sie auch gut. Aber Hunde und Katzen – die fressen uns doch alles weg, stehlen und sind zu nichts nütze.«

Heftig widerspreche ich: »Die Katzen könnten eure Ratten und Mäuse fressen und die Hunde euch schützen. Sie sind seit Urzeiten Freund und Beschützer des Menschen in aller Welt. Es gibt sogar in Afrika Stämme, wo ein Kind zur Geburt einen kleinen Hund bekommt, der dann mit ihm aufwächst. Auch vor Schlangen können Hunde die Menschen schützen.«

Kleopatra wird nachdenklich. »Darüber habe ich noch nie nachgedacht. Vielleicht rede ich mal mit dem Baba darüber. Und wenn du wieder fort bist, kümmere ich mich um die Kleinen, auch um die kleine Hella. Weil sie etwas von dir sind.«

Ich bin skeptisch, aber vielleicht habe ich doch einen Samen legen können, der eines Tages aufgehen wird. Dankbar nehme ich ihre Hand und gehe mit ihr in die untergehende Sonne, ein Naturspektakel, das mich alle Sorgen, Ängste und Schmerzen vergessen lässt. Der rot glühende Feuerball scheint fast den Horizont zu berühren.

In den nächsten Tagen sehe ich immer öfter fremde Leute auf dem Gelände. Sie verneigen sich, wenn sie mich sehen. Miriam und Kleopatra sind an der Kochstelle mit den anderen Frauen beschäftigt. Was denn los sei, frage ich sie. »Frag Ngwenya,wir haben jetzt keine Zeit. Es kommen noch mehr Leute«, rufen sie mir zu. Ngwenya ist wie immer in einer besonderen Hütte, wo er schweißüberströmt Kräuter für die Heilungen schneidet. Jambolane stützt sich auf seinen Stab, schaut ihm zu und gibt kurze Anweisungen.

Beide ignorieren mich zuerst einmal, Ngwenya zwinkert mir zu. Eine Weile später steht er auf und sagt: »Jambolane meint, wir können eine kurze Pause machen, und ich soll es dir erklären.« Wir setzen uns unter das Vordach der Hütte, ich lasse die Wasserflasche kreisen, die ich vorsichtshalber mitgebracht habe.

Es wird heute ein großes Fest geben für ungefähr 200 Menschen, die von überallher angereist kommen, erfahre ich nun. Es sei das Fest für die Verstorbenen des letzten Jahres, denen man bisher nicht die letzte Ehre erweisen konnte. Es sei auch das Fest, das sonst zum neuen Jahr stattfindet. Aber da ich ja nicht da gewesen wäre, hätte man auf mich gewartet. Denn es sei auch mir zu Ehren. »Morgen wird eine Kuh geschlachtet, und du wirst einen Ehrenplatz haben«, beendet Ngwenya die Geschichte, und Jambolane nickt lächelnd und zustimmend, als ob er alles verstanden habe. Er klatscht in die Hände, und ich klatsche mit – sprachlos.

Dann wenden sich beide wieder der Arbeit mit den Kräutern zu. Audienz beendet. Und was denkt eine Frau als Erstes in einem solchen Moment? – Was soll ich anziehen?, natürlich.

Also bettele ich bei Miriam und Kleopatra, ob sie mir nicht etwas Afrikanisches geben können. Meine T-Shirts und nur mit einem bunten Tuch um die Hüften – die Hosen habe ich schon lange aufgegeben – scheinen mir für ein solches Fest zu ärmlich.

»Du bist schön, wie du bist«, sagen beide, aber dann nehmen sie mich am Abend mit in ihre Zimmer, und ich darf in den farbigen Kleidern herumstöbern.

Vor allem schaue ich, was sauber ist und nicht zu sehr riecht. Das ist allerdings das Schwierigste. Ganz nebenbei frage ich, was eigentlich aus den Deos geworden ist, die ich beim ersten Einkauf aus Komatipoort mitgebracht hatte.

Kleopatra antwortet nicht, aber Miriam sprudelt hervor: »Ja, die sind fantastisch. Wenn der Baba nachts zu einem von uns kommt, reiben wir uns immer gegenseitig damit ein.«

Jetzt wundert es mich nicht mehr, dass der Schweißgeruch der Frauen, vor allem wenn alle in einer Hütte sind, nicht besser geworden ist. Auch wenn ich ihnen gezeigt hatte, wie man die Deos benutzt, lache ich jetzt und sage, dass ich mich freue, wenn sie Spaß mit dem Deostick haben. Dass sie aber nicht daran herumlutschen sollen.

Ich werde ein Kleid von Kleopatra tragen, ein Kleid, das ich bisher noch nie an ihr gesehen habe. Es ist königsblau, sieht fast aus wie ein Sari und ist mit goldenen Fäden durchwirkt. Wie für eine ägyptische Königin eben – oder für mich.

»Es war mein Hochzeitskleid, und es ist noch fast neu«, sagt Kleopatra scheu.

»Und was trägst du morgen? Das kann ich nicht annehmen«, wehre ich mich. Aber sie besteht darauf, sagt, dass sie schon noch etwas anderes fände. »Du bist morgen der wichtigste Gast, und du sollst dich wohlfühlen.«

Am nächsten Morgen versuche ich, mich in meiner blauen Plastikschüssel zu waschen, auch die verklebten Haare, die ich mir zum Glück vor meinem Abflug aus Deutschland noch habe kurz schneiden lassen. Es ist erst ein paar Monate her, und es kommt mir vor wie Jahre, wie eine Ewigkeit. Jetzt wäre mir eine Dusche und etwas Kosmetik recht, aber in natura wird's schon auch gehen. Das Schönste an mir ist für meine schwarzen Freunde doch die weiße Haut, wie sie immer wieder betonen. Und davon habe ich ja genug.

Am nächsten Tag ist der Kral voll von schwarzen, fremden Menschen, die ich noch nie gesehen habe. Sie unterhalten sich fröhlich und lautstark, begrüßen sich untereinander. Hin und wieder trifft mich ein scheuer Blick, aber dann schaut jeder gleich wieder weg, so als ob man mich nicht gesehen hätte. Ich sitze vor meiner Hütte in meinem festlichen Gewand und warte ab.

Die Mädchen von nebenan haben sich noch ein wenig Modeschmuck und westliche Kleidung von mir »ausgeliehen«, wie sie betonen. Gut, dass ich anfangs nicht alles verschenkt habe.

Meine kleinen Hunde schmiegen sich an mich. Die vielen Menschen machen ihnen Angst. Die erwachsenen Hunde sind nicht zu sehen. Sie verstecken sich gut, hoffen aber sicherlich auf spätere Abfälle. Solche Feste kennen sie wohl schon. Kleopatra und Miriam holen mich ab, geleiten mich durch die Menge, die sofort Platz macht und mich bewundernd anschaut und still ist. Die Hunde habe ich in die Hütte gesperrt. Nicht dass jemand auf die Idee kommt, sich einen Sonntagsbraten mitzunehmen. So sehr ich mir Beachtung gewünscht hatte in dieser langen Zeit, jetzt bin ich verlegen und schlage die Augen nieder. Wir gehen auf eine große Wiese in der Nähe des Krals, wo die Kühe weiden.

Jambolane und Ngwenya stehen neben einem Ochsen, der gemütlich grast und sich auch durch die Menge, die sich jetzt nähert, nicht aus der Ruhe bringen lässt. Die Kühe stehen etwas entfernt hinter einem neu gezogenen Zaun. Die Menge stellt sich im Kreis um die beiden Sangomas und den Ochsen auf. Dann werden zwei thronähnliche geschmückte Stühle gebracht. Jambolane setzt sich auf einen und winkt mir zu.

»Du sollst zu ihm kommen«, flüstert mir Kleopatra zu. Ich verbeuge mich respektvoll vor ihm, so wie ich es bisher noch nie getan habe. Ich spüre, dass ich ihm in der Öffentlichkeit die Ehre erweisen muss, die ihm zusteht. Sein warmer Blick zeigt, dass er erleichtert über meine Haltung ist.

Er lächelt mich freundlich an und weist auf den anderen Thron. Ich setze mich darauf und denke jetzt nur noch an meinen Vater, der in solchen Momenten immer sagte: »Gerade halten!«

Ich versuche, mir eine Krone auf dem Kopf vorzustellen, und habe das Gefühl einer aufrechten, stolzen Haltung. Auch meine Yogaübungen kommen mir jetzt zugute. Ngwenya steht hinter mir, hinter dem Sangoma ein muskulöser junger Mann, der aussieht wie ein Krieger. Jambolane hält eine Ansprache. Ich zische Ngwenya immer wieder zu, er solle mir etwas übersetzen, aber er ist so ergriffen, dass er es meistens vergisst.

Aber einiges bekomme ich dennoch mit. Jambolane begrüßt seine Gäste zu diesem besonderen Fest, zu Ehren der Toten des vergangenen Jahres. Er liest die Namen vor, und ehrfurchtsvolles Schweigen macht sich breit, dann weinen und schreien einige Frauen. Das sind wohl die Mütter.

Danach weist er auf mich und sagt, dass das Fest auch für die weiße Frau ist, die Kontinente überquert hat, um seinem Volk zu helfen. Wenigstens sagt er nicht mehr retten, denke ich beruhigt. Oder hat sich Ngwenyas Übersetzung verfeinert? Alle klatschen und jubeln minutenlang. So viel Beifall habe ich in meinem ganzen Leben nicht bekommen. Dann sagt er, dass ich nicht verheiratet sei, außerdem auch eine berühmte Sangoma, und wenn jemand

Interesse habe, solle er später vorsprechen. Da mein Vater tot sei, wäre er jetzt mein Vater, der die Lobolla bekäme.
Ich bin einer Ohnmacht nahe. Die Überraschung ist ihm gelungen. Was die Lobolla bedeutet, weiß ich inzwischen. Das, was ein Mann für eine Frau an den Vater zahlen muss. Viele schöne Töchter bedeuten also Reichtum für einen Mann, Jungs kosten dagegen. Genau umgekehrt wie in Indien, denke ich. Wie es in meinem Kulturkreis ist – daran denke ich im Moment überhaupt nicht. Was für einen Mummenschanz hat er sich denn da ausgedacht? Ich drücke meinen Rücken durch. Zwingen kann mich niemand. Ngwenya legt beruhigend seine Hand auf meine Schultern und flüstert mir zu: »Keine Sorge. Das ist nur, um Eindruck zu schinden. Er weiß, dass du nichts tust, was du nicht willst, und die Lobolla kann hier niemand zahlen.« Jetzt erinnere ich mich an die Einzelheiten. Der Preis, den der Mann für eine Frau zahlen muss, wird in Form von braunroten Kühen aus dieser Region beglichen. Kühe, die auch Mandela für seine Frau zahlen musste. Für Kleopatra hatte der Alte fünf Kühe hergeben müssen.

»Und wie viele Kühe bin ich wert?«, zische ich zu Ngwenya hinüber.

Er fragt den Alten, der erstaunt ist, dass ich das Spiel mitspiele, nicht aufmucke wie sonst immer. »Fünf Kühe. Eigentlich verlangt man das nur für junge Frauen, aber durch deine weiße Haut hast du den gleichen Wert.« Ich nicke so hoheitsvoll, wie es mir möglich ist. Die Brautwerbung würde erst nach dem Essen stattfinden. Und dann wird gefeiert. Ich bin beruhigt. Also kann ich mir noch überlegen, wie ich mich aus dieser Nummer herausrede.

Zwischendurch kneife ich mir in den Arm, um sicher zu sein, dass das nicht wieder einer meiner aufregenden Träume ist. Ich versuche, ernst zu bleiben und dennoch zu lächeln.

Eigentlich möchte ich nur noch kichern. Ich komme mir vor wie in einer Operette. Zuerst monatelang Langeweile, Armut und jetzt dieser Glanz. Aber ich weiß, wie wichtig es ist, heute mitzuspielen.

Jambolane nimmt den Speer, den er die ganze Zeit in der Hand gehalten hat, und gibt ihn dem Krieger hinter ihm. Dann zeigt er auf mich. Ngwenya sagt, dass ich dem Krieger helfen solle, den tödlichen Stoß ins Herz des Ochsen zu führen. Jambolane bedankt sich beim Ochsen, dass er sich heute opfere, damit die Menschen hier satt würden. Der grast stoisch weiter, als ob ihn das alles nichts anginge. Alles in mir wehrt sich, auch wenn mir klar ist, dass nicht ich den Ochsen töten würde, sondern der Krieger, und dass das Berühren des Speers eine Ehre für mich und den Ochsen sein soll. Der Gedanke, dass ich gleich an einem Tieropfer beteiligt sein werde, verschwindet sofort wieder. Dem Ochsen geht es hier auf jeden Fall besser als in westlichen Schlachthöfen.

Ruhig stelle ich mich hinter den Krieger, atme tief ein und aus, umfasse den Speer leicht am oberen Ende und laufe so gut es geht mit, als er sich dem Ochsen nähert und gekonnt einen schnellen Stich ausübt, mitten ins Herz. Wie vom Blitz getroffen fällt das Tier um.

Es ist auf der Stelle tot. Nun bricht richtiger Jubel aus. Es wird getrommelt, die Menschen fangen an zu tanzen und zu singen. Das Büfett ist eröffnet.

Ein kurzer Gedanke steigt in mir hoch – vielleicht bin ich auf dieser Wiese in Afrika in einem früheren Leben? Nichts fühlt sich mehr real an in diesen Tagen.

Jambolane schreitet mit uns zurück zum Kral auf den großen Platz, wo die Leute weitertanzen, trommeln. Beim Ochsen bleiben einige Männer, die anfangen, ihn auseinanderzuschneiden und die einzelnen Stücke nach und nach an den diversen Feuerstellen, die entzündet worden sind, abzuladen. Dort werden sie sofort an kleineren Spießen gewendet, von Frauen, Männern und Kindern. Jeder beteiligt sich. Inzwischen werden auch Maiskolben verteilt und kleine Kuchen, ebenfalls aus Mais. All das habe ich hier bisher noch nie gesehen.

Es gibt farbige Getränke, und an den immer fröhlicher werdenden Gästen meine ich zu erkennen, dass es nicht nur Limonade ist. Ich frage Ngwenya, der heute als mein Bewacher abgestellt worden ist, denn er weicht nicht mehr von meiner Seite, was in den Flaschen ist. Das Gebräu sei aus den heilenden Kräutern gemacht worden, erzählt er mir. Ich zwinkere ihn an und sage etwas von Rausch. Ngwenya lacht und antwortet lieber nicht. »Ich mische mich mal unters Volk. Du musst nicht die ganze Zeit bei mir sein«, sage ich Ngwenya, und er ist froh, von mir die Erlaubnis zu haben, sich mit den anderen Gästen zu unterhalten.

Ein paar junge Männer nähern sich schüchtern, bis ich ihnen mit einem Nicken die Erlaubnis gebe, mich anzusprechen. Sie sprechen etwas Englisch und fragen mich, ob ich die Hunde-Sangoma sei. Und warum ich einen Wert in diesen Tieren sehe. Sie verstehen es einfach nicht. Wieder erkläre ich ihnen meine Einstellung – wie zuvor Kleopatra –, aber sie schütteln nur ungläubig den Kopf. Dann wollen sie genau beschrieben haben, wo ich lebe auf diesem Planeten und wie es dort ist. Ich frage sie nach ihren Träumen, Wünschen. Meist ist es die Sehnsucht nach einem besseren Leben, nach Geld, mit dem man in ihren Augen Glück kaufen kann.

Die meisten haben schon angefangen zu essen, obwohl das Fleisch noch gar nicht durchgebraten ist. Sie essen langsam, versuchen nicht zu zeigen, wie sehr sie darauf gewartet haben, sich die Bäuche endlich mal wieder vollzuschlagen. Jambolane geht herum, unterhält sich mit den Leuten. Ngwenya erklärt mir, dass die Menschen auch eventuelle Klienten seien, also Rituale und Heilungen bei ihm bestellen. Eine Werbeveranstaltung, denke ich belustigt. Die Gäste begegnen ihm, dem berühmtesten Sangoma der Umgebung, mit großem Respekt. Zumindest scheint der Heiratsmarkt erst mal vom Tisch zu sein. Ich bin beruhigt und entspanne mich.

Am späten Nachmittag zupft Ngwenya an meinem Ärmel und sagt, ich müsse mich nun den Heiratsanträgen stellen. Als er mein erschrockenes Gesicht sieht, meint er sanft:

»Hab keine Angst. Alles was geschieht, wird richtig sein.«

Wieder nehme ich auf meinem Thron Platz. Vorher habe ich meine kleinen Hunde geholt, die ungewöhnlich brav nebeneinander vor mir Platz nehmen. Die Bewerber sollen ruhig wissen, dass es mich nur mit ihnen zusammen gibt. Ich rufe mich zur Ordnung, hoffend, dass das Ganze ein fröhlicher Spuk ist, der bald vorbei sein wird.

Und dann nähern sich Bewerber, stellen sich hintereinander auf. Vierzig, fünfzig, fast alle Männer, die auf dem Fest sind. Die meisten tragen bunte Festgewänder, haben sich herausgeputzt, nur ein alter Mann, der sagt, seine letzte Frau sei nun auch gestorben, und die Kinder bräuchten eine Mutter, hatte sich von irgendwoher einen grauen Anzug besorgt, um Eindruck zu machen. Die anderen sind doch mit ihren Frauen gekommen, denke ich.

Doch dann fällt mir wieder ein, dass man hier ja mehrere Frauen haben darf. Ich unterdrücke schon wieder ein Lachen. Es sieht fast aus wie das Schlangestehen der Kinder morgens, wenn sie sich ihre Bonbons abholen.

Die jungen Männer kommen zuerst. Der Erste ist vielleicht 18 Jahre alt und hat sicher noch keine Frau. Es wird sofort klar, was er will: dass ich ihn mitnehme in ein Land, das reich sein muss. In seinen Augen ist jeder Weiße reich. Vor allem eine, die mit dem Flugzeug gekommen ist. Er wünscht sich, dass das Land, aus dem sie kommt, ihn aus seinem armen Leben retten möge.

Als ich ihm klar mache, dass ja eigentlich er die Lobolla zahlen müsse und ich ihn nicht mitnehmen könne, weint er. Dicke Tränen rinnen über sein junges Gesicht, und er stottert: »Ich esse doch nur ganz wenig.« Ich habe Mitgefühl mit ihm, nehme seine Hand und sage, dass es mir leid tut, es aber unmöglich sei, dass ich ihn mitnehme. »Wenn ich reich wäre, würde ich doch nicht hier wohnen«, lasse ich ihm von Ngwenya sagen. Ein Argument, das ihn überzeugt.

Bei den anderen frage ich, warum sie mich denn unbedingt heiraten wollen.

»Weil du so schön bist. Deine blonden Haare, deine blauen Augen, deine wunderschöne weiße Haut. Weil ich dich liebe.« Es sind fast immer dieselben Sätze. Mit der Lobolla haben sie aber alle ihre Schwierigkeiten. Sie wollen verhandeln, eine Kuh, zwei Kühe, drei Kühe. Aber ich verweise auf den Sangoma, der ja nun meinen Vater vertritt. Ich bleibe freundlich, verständnisvoll, nehme jeden ernst. Ich will sie nicht verletzen, bin aber entschlossen, bei jedem Nein zu sagen.

Ganz zuletzt kommt eine dicke Frau, die einen Mann vor sich herschiebt, der sich hinter ihrem Rücken verstecken will. »Ich habe genug für fünf Kühe«, sagt sie stolz.

Zwölf Jahre habe sie gespart, damit er sich endlich eine zweite Frau leisten kann.

»Aber ich kann keine Kinder mehr bekommen«, wende ich ein.

»Kein Problem«, antwortet sie, »wir haben schon zwölf, das ist genug.«

Und für die Arbeit auf dem Land sei ich zu alt, schränke ich ein. Auch das würde man mir nicht zumuten, das schaffen sie schon allein.

»Aber wozu brauchst du denn eine zweite Frau neben dir?«, frage ich.

»Weil ich eine Schwester haben will, mit der ich reden kann. Und weil ich dann auch die Nächte teilen kann. Er ist zu gierig für eine Frau«, setzt sie hinzu und schaut mir aufmunternd und ohne Scham in die Augen. Ich verstehe, dass es hier dem Image schadet, nur eine Frau zu haben. Und dass eine weiße Frau, der auch noch Heilkräfte nachgesagt werden, eine besondere Ehre wäre. Ich mache ihr freundlich klar, dass ich in diesem heißen Klima krank werden würde und es eine schöne junge Frau aus Afrika doch auch tun würde. Das sieht sie endlich ein.

Es hat Stunden gedauert, Bewerbern und auch dieser Frau klarzumachen, dass ich nicht geeignet bin als Ehefrau. Aber keiner scheint es mir übel zu nehmen. Es wird weiter getanzt, gesungen, getrommelt und gegessen. Einigen wird schlecht, weil das ungewohnt viele, frische Fleisch den Mägen nicht so gut bekommen ist. Mir war es einfach zu »medium«, um nicht blutig zu sagen, so dass ich kaum etwas herunterbekommen habe. Als ich später Jambolane begegne und ihm sage, dass ich es leider nicht geschafft hätte, ihm fünf Kühe zu besorgen, lacht er herzlich – und kann gar nicht damit aufhören. Er scheint das Ergebnis schon vorher gewusst zu haben und lässt mir nur sagen, dass ich das gut gemacht habe und alle glücklich seien.

Bei Einbruch der Dämmerung machen sich die meisten Gäste auf den Weg. Einige schlafen sicher irgendwo, aber ich sehe sie nicht mehr. Es ist wieder einmal Vollmond, und als ich später noch einmal durch die schmalen Wege zwischen den Hütten hindurch gehe, sehe ich Jambolane auf dem kleinen Vorplatz seiner Behausung sitzen, alle seine Frauen um ihn herum. Sie füttern ihn, geben ihm zu trinken, scherzen und lachen. Ich reibe meine Augen, denn er sieht jetzt aus wie ein ganz junger Mann, der sich den Hof machen lässt.

Vielleicht ist er wirklich ein Gestaltwandler, vielleicht habe ich aber auch nur Wahrnehmungsstörungen durch den hochprozentigen Kräutersaft.

Heilungen, Interview und Knochenorakel

Am nächsten Tag ist wieder Alltag. Ich schlendere durch die engen Pfade, es liegt viel Abfall herum, die Gäste scheinen wieder verschwunden zu sein. Aus einer Hütte dringt ein fürchterlicher Gestank. Mir wird fast übel, und ich drehe mich um. Da ruft mich Ngwenya, dass ich mal herkommen solle. Der Baba ist auch da, und sie betrachten die Reste des frischen Fleisches, auf dem dicke schwarze Fliegen sitzen oder herum brummen. Der Kopf des Ochsen ist an der Wand festgenagelt. Mein Magen dreht sich fast um, aber ich reiße mich zusammen, warte ab, was man mir zu sagen hat.

Der Kopf sei eigentlich ein Geschenk für mich, lässt Jambolane mir ausrichten. Aber ich könne ihn sicherlich nicht im Flugzeug mitnehmen. Hier sei auf jeden Fall noch mal eine große Portion Fleisch für mich. Ich versuche, nicht allzu entsetzt auszusehen, sage aber leise zu Ngwenya, dass das doch unmöglich sei. Er beschwört mich, mich einfach zu bedanken, es würde sicherlich eine Lösung geben. Es nicht anzunehmen sei eine Beleidigung. Ich reiße mich also zusammen, bedanke mich kurz mit einer Verbeugung und verschwinde schnell. Man erwartet hoffentlich nicht, dass ich das Fleisch jetzt mit in meine Hütte nehme.

Als ich zurückkomme, wartet Jannie auf mich. »Ich habe mir Sorgen um dich gemacht und mich so lange durchgefragt, bis ich dich gefunden habe«, sagt sie stolz. Ich bin noch ganz blass von der

Überraschung mit dem ungewöhnlichen Geschenk und sage es ihr. Sie lacht. »Schau mal, ich habe dir frische Sachen in einer Kühlbox mitgebracht. Und wenn ich wieder zurückfahre, nehme ich das Fleisch mit und sage ihm, dass ich es für dich einfrieren werde.«

»Das meinst du doch wohl nicht im Ernst«, werfe ich ein, »hast du eine Ahnung, wie das stinkt?« Sie scheint kein Problem zu sehen. » Kann ich mir denken«, lacht sie, »aber ich werde es meinem Gärtner geben. Er und seine Leute mögen Fleisch, in dem schon Maden sind. Dann ist es ganz besonders weich.« Abgehangen nennt man das bei uns.

Vielleicht haben der alte Sangoma und Ngwenya schon vorausgesehen, dass Jannie das Fleisch mitnehmen würde. Sicherlich hatte er schon vor mir gewusst, dass sich eine weiße Frau mit einem Auto dem Kral nähert. Jannie sieht die jungen Hunde, streichelt sie, findet sie entzückend und fragt dann, was ich denn mit denen anfangen würde, wenn ich wieder zurückfahre.

»Na, dann sind sie auf jeden Fall schon so weit, dass sie sich allein durchschlagen können«, antworte ich. Jannie schüttelt den Kopf. » Du siehst doch, wie vertrauensvoll sie sind. Sie werden es wahrscheinlich nicht überleben, wenn du weg bist. Kannst du nicht welche mitnehmen?« Ich bin entsetzt, und mir wird klar, dass ich da einige Naturgesetze nicht beachtet habe.

Ngwenya kommt, und ich stelle die beiden einander vor. Ich erkläre ihm das Problem mit den Hunden, frage ihn, ob er nicht einen nehmen kann. Er nickt und deutet auf den stärksten, den ich nach dem Sangoma benannt habe. »Ich nehme Jambolane, das verspreche ich dir.« Jannie hat gerade die beiden hübschesten Hellen mit der schwarzen Schnauze im Arm. »Ich nehme die beiden. Ob ich sie behalten darf, weiß ich nicht. Hendrik wird das nicht mögen. Aber dann finde ich einen Platz für sie, das verspreche ich dir ebenfalls.«

Ich schaue die Kleinste an, die sich nie durchsetzen konnte, bei der ich schon während meiner Anwesenheit bezweifelte, ob sie durch kommt. Sie ist auch nicht gerade schön. Dünne, kurze Beine und ein breiter Brustkorb. Jannie sieht meinen zweifelnden Blick. »Nimm sie doch mit nach Deutschland. Ich weiß, du hast schon einen Hund, aber sicherlich findest du dort jemanden, dem du die kleine Afrikanerin schenken kannst. Sie ist doch süß. Irgendwie.«

Ich sage, dass ich nie Hunde aus dem Ausland mitbringe und dass das sicher ein Vermögen kostet, abgesehen davon, dass sie doch vorher geimpft werden müsse. Jannie entkräftet meine Bedenken sofort. »Ich rufe morgen mal bei Air France an. Vielleicht musst du etwas für das Körbchen zahlen, aber du kannst sie ja mit in die Kabine nehmen. Und ich kenne in Nelspruit einen Tierarzt. Der impft sie vor deinem Abflug und setzt das Datum etwas zurück. So etwas geht bei uns immer.«

Darüber könnten wir noch reden, wenn ich fahre, antworte ich, und das wäre noch eine ganze Weile hin.

Ngwenya drängt: »Der Sangoma wartet auf euch. Er freut sich, deine Freundin kennenzulernen.« Also hatte Jambolane vor seinem Frischfleischgeschenk schon gewusst, dass Jannie hier sein würde. Jannie schaut sich neugierig um, als wir um die Hütten herum gehen. Sie nickt den schwarzen Frauen freundlich zu, denen wir begegnen. Ob sie über Nacht bleiben möchte, frage ich sie. Sie schüttelt den Kopf, und als Ngwenya etwas außer Hörweite ist, meint sie: »Ich verstehe nicht, wie du in diesem Schmutz so lange leben kannst. Ich würde es nicht eine Nacht aushalten. Wenn du willst, nehme ich dich schon heute mit.« Ich schüttle den Kopf und sage, dass ich beschlossen habe, hier zu bleiben bis kurz vor meinem Heimflug.

Jambolane sitzt auf seinem Thron, als wir hereinkommen, und bittet uns, Platz zu nehmen. Er meint auf dem Boden, denn es sind keine Stühle im Raum. Jannie setzt sich ehrerbietig vor ihn und spricht ihn in Landessprache an, worüber sich der Alte sehr freut. Später sagt sie, dass sie etwas Zulu spricht und das, was sie sagte, eine Mixtur sei, die von den Schwarzen »Fangalo« genannt wird – wie »Denglisch« bei uns eben.

Die beiden unterhalten sich angeregt, und ich sehe, dass es ihnen große Freude macht. Ich bleibe wieder mal außen vor, denn Ngwenya denkt nicht daran zu übersetzen.

Der Alte bimmelt mit seinem Glöckchen, und sofort kommen einige Frauen herein. Sie bringen Essen und Trinken. Wie immer kniend, was Jannie einen empörten Blick zu mir werfen lässt. Zum Glück ist es kein Fleisch, sondern Mais und Mangos. Ohne mit der Wimper zu zucken, isst und trinkt Jannie. Sie weiß, was Gastfreundschaft hier bedeutet, und hat sicherlich schon andere Bakterien überlebt.

Der Alte wickelt nun das Tuch mit dem Knochenorakel auf. Jannie hatte mir schon vorher gesagt, dass sie ihn darum bitten würde. Nun wende ich mich an Ngwenya und bitte ihn, Jambolane zu fragen, ob er mir das übersetzen dürfe. Jannie sagt, dass sie froh wäre, es auf Englisch zu hören, denn so gut seien ihre Sprachkenntnisse auch nicht. Der Alte lässt sagen, dass sie ganz hervorragend spreche, aber wenn es ihr denn recht sei, solle Ngwenya alles übersetzen.

Andächtig breitet er ein besonderes blaues golddurchwirktes Tuch auf dem Boden aus und setzt sich zu uns. Er schließt ein paar Minuten die Augen und pfeift leise vor sich hin. Ngwenya flüstert, dass er die Geister nun ruft, vor allem den Wassergeist, zu dem er eine besonders gute Beziehung habe. Dann nimmt Jambolane alle Gegenstände und wirft sie auf das blaue Tuch. Ich sehe dort kleine und größere Knochen, ob vom Tier oder vom Menschen, erkenne ich nicht. Es gibt auch Steine und Muscheln in allen Größen, meine mit der Perle ist auch dabei, Scherben, ein buntes Durcheinander. Ganz kurz rebelliert mein Magen, Neid will aufkommen, denn für mich hat er das in der ganzen Zeit noch nicht gemacht. Aber dann freue ich mich einfach, dabei sein zu können.

Lange und nachdenklich schaut Jambolane auf die ausgebreiteten Gegenstände und sagt dann, was ihm von den Geistern übermittelt wurde. Jannie sei schon lange nicht mehr glücklich, aber es läge nur an ihr, frei zu sein. Dass sie nicht so viel Alkohol trinken solle. Ihr Leben würde sich verändern, und dazu habe der Große Geist mich geschickt. Sie habe die Kraft dazu. Sie habe ein gutes Herz, eine schöne Seele, und man sei ihr sehr dankbar für das, was sie für ihre schwarzen Mitmenschen getan habe. Nun müsse sie aber mehr für sich selbst und ihre Gesundheit tun. Weiße Menschen essen zu viel und zu fett.

Dann reicht er ihr eine Plastikflasche mit einer grünlich-grauen Flüssigkeit. Das seien Heilkräuter. Jannie ist beeindruckt, bedankt sich und fragt, was das Knochenlegen koste. Er wehrt ab, das sei ein Geschenk für die Freundin seiner Freundin. »Darf ich dir denn etwas für die Kinder als Geschenk geben?«, fragt Jannie. Sie habe ja nicht gewusst, was sie brauchen, deshalb möchte sie ihm Geld dafür da lassen. Nach einigem Palaver nimmt der Alte an, sicherlich ein Vielfaches dessen, was er sonst für seine Orakel bekommt.

Nun lässt der Sangoma Stühle hereinbringen, auf die wir uns setzen können. Er spricht noch eine ganze Weile mit Jannie in der Landessprache, ohne dass übersetzt wird. Aber das ist mir egal. Ich genieße es, dabei zu sein und der Sprache zuzuhören, als sei sie Musik, der ich lausche. Ich habe den Sangoma so präsent in seiner Arbeit erlebt, dass ich jetzt weiß, dass es kein Hokuspokus ist, und ich habe gespürt, welche Kräfte da im Raum waren. Er bedankt sich bei Jannie für ihren Besuch, auch dass sie mein Fleisch mit zu sich nimmt und es aufhebt, bis ich bei ihr bin, und sagt ihr, dass sie immer willkommen sei. Jannie akzeptiert ihn als Sangoma und schwarzen Mann, das sieht man ihr an. Und er freut sich darüber. Die Verabschiedung dauert fast eine Stunde, und als wir wieder in meiner Hütte sind, bedankt Jannie sich auch bei mir. Dann fragt sie mich, ob ich ihm etwas über sie erzählt habe. Ich schüttle den Kopf.

»Er hat mich wirklich gesehen, wie ich bin und woran ich leide«, sagt sie und bekommt Tränen in die Augen. »So wie mich noch niemand gesehen hat. Außer dir vielleicht«, setzt sie hinzu. »Ich komme bald wieder und bringe Sachen, die er und seine Familie sicher gut brauchen können. Und dir bringe ich dann frische Lebensmittel in meiner Kühlbox. Aber hierbleiben heute Nacht, das schaffe ich nicht. Außerdem würde Hendrik die Polizei alarmieren, wenn ich nicht zurückkomme.«

Jannie kommt in den nächsten Wochen noch einige Male, bringt Geschirr, Bekleidung, einmal sogar eine neue Liege für den Alten, und jedes Mal Essen für mich und die Menschen im Kral, Süßigkeiten für die Kinder. Jedes Mal fragt sie, ob ich mitkommen wolle, und jedes Mal antworte ich: »Es ist noch nicht so weit.« Sie hat inzwischen mit ihrem Mann gesprochen, dass sie mehr arbeiten will, selbstständiger werden möchte. Und sie trinkt nicht mehr, wird schlanker, sieht gesünder aus.

Ganz plötzlich taucht sie dann nicht mehr auf, und ich denke mir fast, dass Hendrik das nicht mehr erlaubt hat und sie eingeknickt ist. Ich spüre aber, dass sie weiterhin in Gedanken nah bei mir ist und schicke ihr täglich Kraft. Aber ich weiß auch, dass meine Vorräte nicht mehr reichen werden für die nächsten Monate; und wenn ich keine Gelegenheit für Einkäufe habe, werde ich wieder ins Darben kommen wie am Anfang.

Jetzt fürchte ich mich jedoch nicht mehr davor, denn ich weiß, dass ich auch das überleben würde.

Jeden Abend gehe ich in den Trommelraum, tanze, trommle, rassle, Körper an Körper mit den Kindern und Frauen, und tanke Kraft. Das fehlende Essen macht mir nichts, ich komme mit ganz wenig aus, mit dem, was ich auf dem Feld finde. Von den anderen nehme ich nichts an, denn ich weiß inzwischen, wie wenig sie selber alle haben. Und noch habe ich genug Tabletten, um das verseuchte Brunnenwasser zu sterilisieren. Die Frauen kochen inzwischen das Wasser auf der Feuerstelle ab.

Im Augenblick gibt es keine Todesfälle mehr, und die Trommeln müssen nicht schweigen. Ich bin dankbar für jeden Tag, den ich leben kann. Der Müll, der Gestank – ich sehe, ich rieche es nicht mehr, bin ein Teil der Gemeinschaft geworden.

Jambolane kommt nach wie vor nie in den Trommelraum, denn der ist offensichtlich das Reich der Frauen. Ngwenya ist immer noch da, er arbeitet für den Baba, und ich bringe ihn nicht mehr in Verlegenheit, ihn wegen einer Übersetzung zu brauchen. Miriam und Kleopatra reichen für den Alltag – ich bin jetzt gelassen und sicher, dass der Sangoma irgendwann ein längeres Gespräch mit mir führen und auch das Knochenorakel für mich werfen wird. Wann das sein wird – es ist mir nicht mehr so wichtig.

An einem Abend kommt ein junger muskulöser Mann wie aus dem Nichts in den Trommelraum. Ich frage Kleopatra, was er hier will.

»Er ist stundenlang gelaufen, um herzukommen. Er hat um eine Heilung und um Rat gebeten«, klärt sie mich auf.

»Und wo ist der Baba?«, frage ich verwundert.

»Das ist eine Arbeit, die seine Frauen machen«, erklärt Kleopatra amüsiert. »Die Frauen, die er zu Sangomas ausgebildet hat.«

Woher soll ich das wissen? Mir wird nichts erzählt, sofern ich nicht selbst nachfrage. Das habe ich nun schon so oft erlebt. Aber ich muss auch im richtigen Moment fragen. Wenn es nämlich der falsche Zeitpunkt ist, bekomme ich keine Antwort und muss dann eben abwarten. Eine Hauptbeschäftigung in Afrika. Ich weiß inzwischen, dass man die Fahrpläne der Busse vergessen kann. Ein Bus fährt dann ab, wenn er voll ist.

Kleopatra erklärt mir nun ausführlich, dass drei von Jambolanes ältesten Frauen auch Sangomas sind. Ich weiß, dass diese Ausbildung drei Jahre dauert, und das strebe ich schon lange nicht mehr an. Da brauche ich nur die Schülerinnen und Schüler des Alten anzusehen – im Moment sind es noch zwei Frauen und ein Mann, wie sie jeden Tag Kräuter essen müssen, die sie in weißem Schaum wieder von sich geben und immer dünner werden. Mir ist nicht klar, ob sie überhaupt etwas zu essen bekommen. Ich bin froh, dass ich diese Monate überlebt habe, drei Jahre sind für mich undenkbar.

Der junge Mann wird auf eine Matte gesetzt und stellt Fragen. Warum er immer müde ist, nicht mehr arbeiten kann, wie er eine Frau bekommen soll, wenn er nicht weiß, wie er die Lobolla bezahlen kann. Und wer seine Hühner gestohlen hat.

Die drei Frauen tanzen sich in Trance wie auch die drei Schüler, sie wedeln mit rauchenden Sträuchern, schwingen lange Stäbe, kreischen in den höchsten Tönen, legen den Mann auf die Matte, berühren ihn. Die Trommeln begleiten das Ritual – stundenlang. Die Zuschauer, auch die Kinder, sind still. Die älteste Frau, die fast so alt ist wie Jambolane, wirft das Knochenorakel und spricht mit hoher Stimme zu ihm. Nun tut es mir doch leid, Ngwenya nicht um eine Übersetzung gebeten zu haben. Von Kleopatra, die fasziniert zuhört, erfahre ich nur wenig.

Er habe etwas Krankes in den Gedärmen, und sie haben ihm Kräutergetränke gegeben. Das Brechen und Schwitzen hat er schon am Nachmittag hinter sich gebracht. Sie haben ihm gesagt, dass er sich anders ernähren muss. Und für die Lobolla soll er mehr arbeiten. Die Hühner habe ihm jemand gestohlen, dem er etwas schulde. Derjenige habe außerdem viele Kinder, die Hunger haben. Das nächste Mal solle er dem Dieb etwas schenken, dann stehle er nicht. Der Wassergeist habe gesagt, dass das, was passiert ist, ganz richtig war, damit er eine Lehre bekommt.

Der junge Mann schlägt beschämt die Augen nieder, bedankt sich aber bei den Frauen und scheint erleichtert zu sein. Dann wird weiter getanzt und getrommelt. Ich frage Kleopatra, wo der junge Mann jetzt bleibt. »Er kann nachher hier schlafen, und morgen ganz früh läuft er zurück. Vielleicht ist er dann gegen Mittag zu Hause.«

Einige Tage später kommt Ngwenya zu mir. Er entschuldigt sich, dass er sich so lange nicht hat sehen lassen. »Ich würde dich gern öfter sehen, aber wenn der Sangoma mich braucht, muss ich ihm folgen. Er hat mich ausgebildet zum Sangoma, und ich habe ihm mein Leben zu verdanken. Ich wurde zu ihm gebracht, als ich schon fast tot war. Er möchte dich morgen sehen, um alle deine Fragen zu beantworten. Und dann wird er dir die Knochen werfen.«

Ich biete ihm einen Kaffee an. Zum Glück habe ich noch ein Glas Nescafé, und er nimmt ihn dankend an. Dann zeigt er mir das Foto einer jungen Frau, seiner Frau, die er sehr liebe, wie er betont.

»Natürlich dürfte ich mehrere Frauen haben nach unseren Gesetzen, ganz offiziell«, sagt er, »aber ich will es nicht.« Ich frage ihn, ob er sich die Lobolla nicht leisten kann. Er schüttelt verlegen den Kopf. »Das wäre vielleicht ein Grund, aber ich liebe nur sie und will mit keiner anderen zusammen sein.« Dann erzählt er, dass sie schwanger sei und dass das Kind in den nächsten Wochen erwartet wird. »Ich bin etwas nervös, weil ich gern bei ihr sein möchte«, gibt er zu.

Er fragt mich, wann ich nach Nelspruit führe, damit er dann mitkommen könne, um den Bus nach Swasiland zu nehmen. Das daure noch, antworte ich. »Alles passiert wie es sein soll«, tröste ich ihn und wundere mich, dass ich inzwischen so rede wie die Leute im Kral.

Ngwenya lächelt. »Jambolane sagt, dass du eine von uns bist, eine Sangoma, oder, wie ihr sagt, eine Schamanin und Heilerin, dass du das nur noch nicht akzeptiert hast und Angst hast, es zu zeigen.«

»Aber ich habe doch keine Ausbildung«, werfe ich ein, »und er hat mich nie mitgenommen, mir nichts gezeigt«, füge ich trotzig hinzu. Meine Enttäuschung schwelt noch, obwohl ich nicht mehr so empört bin wie noch vor einiger Zeit. Ngwenya wiegt seinen Kopf hin und her. »Ich sage nur, was er gesagt hat, und wenn du mehr wissen sollst, wirst du es erfahren.« Er küsst das Bild seiner Frau und fragt mich: »Würdest du die Patin sein für unser Kind, und dürfen wir es nach dir nennen?«

»Natürlich mache ich das gern. Aber wie willst du jetzt schon wissen, dass es ein Mädchen wird?« Ngwenya lacht. »Ich weiß es einfach, und wenn es ein Junge werden sollte, heißt er eben auch Hella. Als zweiten Namen wird sie einen aus unserer Kultur bekommen. Ich schreibe dir das dann alles.«

Er bedankt sich für den wunderbaren Kaffee, der ihn so an Österreich und unsere gemeinsame Zeit dort erinnert, und sagt, dass er mich am nächsten Tag abholen würde, damit ich mit Jambolane reden könne. »Er hat den ganzen Tag für dich Zeit.«

Jetzt bin ich doch aufgeregt und sehe mir noch einmal alle meine Notizen an. Ich habe sie in einer Plastikhülle aufbewahrt, und selbst wenn es überhaupt kein Papier mehr gab, nahm ich lieber Blätter und Gras für meine Sitzungen auf dem Plumpsklo als meine wertvollen schriftlichen Unterlagen oder gar die Seiten aus meinen wenigen Büchern.

Ich habe so viele Fragen, die in all den Monaten nie beantwortet worden sind. Danach spiele ich noch etwas mit meinen jungen Hunden. Noch habe ich genug Milchpulver und Trockenfutter, damit wenigstens sie nicht hungern müssen.

Wie immer werde ich morgens um vier Uhr durch das Stampfen des Maises geweckt. Die dicke Sonile scheint den Platz vor meiner Hütte besonders zu lieben. Ein besonderes Strahlen erhellt ihr

Gesicht, wenn sie mich verschlafen aus der Hütte kommen sieht. Und sie redet immer hemmungslos auf mich ein, obwohl sie weiß, dass ich kein Wort verstehe. In den wenigen Sätzen, die ich inzwischen auf Swasi beherrsche, antworte ich: »Saobonja – guten Morgen« und »unja'n – wie geht's?« Und sie antwortet jeden Morgen mit »nikoná – mir geht's gut«. Wenn sie allerdings »su'ga – hau ab« schreit, weil die Hunde ihr zu nahe kommen, hebe ich nur drohend den Finger, und sie lacht gutmütig. Jeder im Kral weiß inzwischen, dass den kleinen Hunden niemand mehr etwas antun darf.

Ich wasche mir die Haare, säubere mich so gut es geht in der blauen Plastikschüssel mit abgekochtem Wasser, so dass ich etwas besser rieche, dann hülle ich mich in ein großes buntes Tuch, das mir Kleopatra geschenkt hat, und warte. Viele Stunden, aber das bin ich ja gewöhnt.

Endlich kommt Ngwenya und bringt mich zu Jambolanes Hütte. Hinter mir laufen die kleinen Hunde und viele Kinder, auch ein paar Frauen folgen. Es scheint ein besonderer Tag zu sein. Jambolane steht da in einem besonders schönen Outfit aus blauen golddurchwirkten Tüchern, mit Ziegenfellen um die Hüften und einem großen Stab in der Hand.

»Good morning.« Der erste englische Satz, den ich von ihm in diesen Monaten höre. Ich verbeuge mich, und dann stellt er seinen Stab an die Tür und breitet die Arme aus. Zögernd gehe ich auf ihn zu, während ich immer noch Ngwenyas Satz im Ohr habe: »Du darfst einen Sangoma nicht berühren.« Der Alte aber nimmt mich einfach in die Arme und drückt mich lange an sich. Hinter mir fangen die Frauen und Kinder an zu klatschen. Das haben sie wohl noch nie gesehen.

Er bittet mich herein, setzt sich auf seinen Thron, bietet mir den Stuhl gegenüber an. Ngwenya setzt sich auf den Boden. Ich bedanke mich, will mich aber doch auf der Erde niederlassen, wie ich es schon lange freiwillig mache. Jambolane steht auf und zieht mich wieder hoch. Es ist eine Ehre, ihm in Augenhöhe gegenüber zu sitzen, und darauf besteht er nun.

Nachdem er mit dem Glöckchen gebimmelt hat, bringen die Frauen etwas zu essen, sogar Mangos gibt es wieder, und dann zieht er schelmisch lächelnd eine Coca-Cola hinter seinem Rücken hervor. Ich hatte ihm vom Einkauf damals mehrere Büchsen mitgebracht. Offensichtlich hat er einige für diese Gelegenheit aufgehoben. Auch Ngwenya bekommt eine. Wir öffnen sie, und etwas Cola spritzt heraus. Das Getränk ist lauwarm, aber es schmeckt köstlich. Er prostet uns vergnügt zu. Offensichtlich ist ihm die positive Wirkung von Cola – den Bauch beruhigend und den Kreislauf stabilisierend – wichtiger als der schädliche Zucker.

Nun beugt er sich zu Ngwenya, und dieser übersetzt sogleich: »Du kannst ihm alle Fragen, die du hast, jetzt stellen. Aber das ist nur heute möglich, also überleg dir gut, was du wissen willst.«

Ich hole meinen Zettel hervor, aber Jambolane hebt den Finger und schüttelt den Kopf. »Nur was du im Herzen hast, sind die wichtigen Fragen, nicht die auf dem Papier«, übersetzt Ngwenya.

Zuerst befrage ich ihn nach seinem Leben, wie er Sangoma geworden ist. Ngwenya kommt kaum mit, denn der Alte redet zum ersten Mal fast durchgehend mit lebhaften Bewegungen. Und bei fast jedem Satz zeigt er auf sich, legt die rechte Hand auf sein Herz. Inzwischen achtet er auch darauf, dass Ngwenya, der manchmal nur fasziniert und mit offenem Mund zuhört, alles übersetzt.

Als junger Mann arbeitete er als Farmarbeiter in der Nähe des Nationalparks, bis er schwer krank wurde. Er hatte ständig Nasenbluten, und der Schüttelfrost ließ ihn nicht mehr los. Ein Sangoma wurde gerufen, der ihn dann behandelte. Zuerst erschien ihm Jesus, erzählt er. Viele Engel waren um ihn herum, und auf der anderen Seite stand Satan mit ebenso vielen Engeln. »Ich stand im Süden«, sagt Jambolane, »und Jesus im Osten. ›Das hier ist mein Haus‹, sagte Jesus. Dann zeigte er auf Satan. ›Das hier ist mein älterer Bruder, der mir mein Haus streitig macht. Er bekam alles vom Vater, aber er gehorchte nicht, deshalb lebt er in der Hölle, versucht aber ständig zurückzukommen. Ich muss ihn so lange vertreiben, bis er eines Tages versteht und bereut. Dann erst ist Frieden in der Welt.‹ Da nahm Jesus eine Forke und stach damit den Satan, der vorher nur gelacht hatte, als Jesus sprach, und jetzt wütend aufjaulte. Sein Schwanz und die Hörner wurden sichtbar, und dann verschwand er. Jesus sagte mir, dass ich auserkoren sei, Menschen zu heilen, ein Vorbild zu sein. Ich würde 30 bis 40 Frauen und mehr als 100 Kinder haben, einen neuen Stamm gründen, aus dem bessere Menschen hervorgehen würden. Dafür sei ich verantwortlich.«

Ich höre zu, kann es nicht glauben. Jambolane überrascht mich immer wieder. Er hatte keine christliche Erziehung, das weiß ich. Woher hatte er denn nur diesen Unsinn?

Meine weiße Arroganz hat wieder Hochkonjunktur. Ich spüre deutlich, dass ich mich zu lange auf diesem Karussell des Hochmuts befand, wo mangelndes Selbstbewusstsein der Platzhalter war. Es ist Zeit, vom Karussell abzuspringen, bevor ich hinunter geschleudert werde.

Das mit den Frauen und Kindern hat bei Jambolane bis jetzt noch nicht ganz geklappt, denke ich, und mein alter Spott kriecht hoch. Es sind erst 14 Frauen und ungefähr 80 Kinder, und er ist über achtzig.

»Und Jesus sagte mir noch«, fügt er hinzu, als er meinen skeptischen Blick sieht, »der Krieg käme aus dem Westen, aber zu dir« – dabei zeigt er auf mich – »und deinem Stamm würde er nicht kommen.« Das ist doch irgendwie beruhigend …

Was weiter geschah, als der Sangoma ihn heilte, setze ich meine Befragung fort.

»Dann erschien mir Mansawue, der Wassergeist, und Bengoni, der Erdgeist, und sie sagten, dass sie mich führen würden. Nach diesen Träumen war ich ganz gesund und fühlte mich stark. Der Sangoma kam, machte eine Zeremonie und sagte mir, dass ich nun ein Sangoma sei wie er. Die Geister hätten ihm das zur selben Zeit mitgeteilt, als ich es träumte.«

Jambolane schweigt, und als ich ihn ansehe, sitzt da plötzlich ein blutjunger Mann, so wie er damals aussah. Ich schaue Ngwenya fragend an. »Ja, ich sehe es auch«, sagt er, »er kann eben seit damals seine äußere Hülle verändern, so wie er möchte. Am liebsten aber verwandelt er sich in den jungen Mann, vor allem wenn eine schöne Frau im Raum ist«, fügt Ngwenya kichernd hinzu.

Ich frage ihn, ob ich das auch lernen könne. Er gibt die Frage an Jambolane weiter, der sich lachend auf die Schenkel klopft, bis ihm die Tränen übers Gesicht laufen. »Natürlich kann sie das, gerade jetzt sieht sie aus wie ein Kind«, sagt er lachend. Ngwenya nickt zustimmend. Da mein letzter richtiger Spiegel aus Glas schon lange zerbrochen ist, muss ich hinnehmen, was die beiden Sangomas mir gegenüber da behaupten. Jetzt wird Jambolanes Stimme wieder ernster, die koboldhafte Stimmung verfliegt.

»Sie wird immer so aussehen, wie ihre Gedanken und Gefühle sind. Und wenn diese nichts erreichen wollen, wenn sie nicht manipuliert, dann kann sie ihr Aussehen bestimmen.« Klar, ganz ohne Bedingung gibt es solche Geschenke eben nicht.

Eine Weile noch erzählt Jambolane von Mansawue, dem Wassergeist, den er oft am Fluss besucht und den er dann rufen kann. Der Bengoni, der Erdgeist, sei ja immer bei ihm.

So viele Fragen habe ich noch, aber ich merke, dass Jambolane keine große Lust mehr hat, zwischendurch wieder einschläft, wenn er nicht antworten will. Das kenne ich ja schon, und so viel wie heute hat er noch nie gesprochen.

Als ich nach den verschiedenen Kräutern frage, reicht er mir eines, und ich rieche, dass es Pfefferminz ist. Ob es noch andere gebe? Darauf bekomme ich keine Antwort. Wichtig sei immer, vor den Heilungen den Darm völlig zu entleeren, den Patienten zum Brechen und zum Schwitzen zu bringen. Dann kämen die Trommeln, die den Sangoma in Trance versetzen, und das Knochenorakel, in dem die Geister die Antworten gäben.

»Wann kann ich einmal mitkommen, wenn du Heilungen machst?« Die Frage habe ich schon oft gestellt, und auch jetzt ist die Antwort ein kräftiges Schnarchen. Ngwenya flüstert mir zu, dass wir jetzt gehen müssen. Ich stehe auf, bewege mich langsam rückwärts auf die Tür zu, behalte ihn aber im Auge. Da sehe ich, dass er mir kurz zuzwinkert und dann weiterschläft.

Es dauert eine weitere Woche, bis ich noch einmal gerufen werde. »Jetzt ist es Zeit für dein Knochenorakel«, teilt mir Ngwenya mit. Jambolane sitzt auf dem Boden, als ich komme, und weist mir den Platz gegenüber an. Ein großes Tuch ist zwischen uns ausgebreitet.

»Warum habe ich das Brech- und Darmentleeren nicht machen müssen?«, frage ich Ngwenya verwundert. Ngwenya flüstert mir zu, er wisse, dass ich total leer sei, und dass ich ja von morgens bis abends schwitzen müsse wegen der Hitze. Der Sangoma war schon morgens am Fluss und habe mit Mansawue gesprochen. Alles sei vorbereitet. Jambolane versteht nicht, was ich frage, aber an seinem belustigten Blick sehe ich, dass er es weiß.

Dann nimmt er die rituellen Gegenstände aus einem Beutel und wirft sie auf das Tuch. Nachdenklich schaut er auf das Gewirr von Knochen, Muscheln und nicht zu identifizierenden Gegenständen, bittet mich, nun ebenfalls innerlich still zu sein und die Augen zu schließen. Ich gehorche und höre dann den Singsang seiner Stimme. Ich spüre, dass er in tiefer Trance ist.

Ngwenyas flüsternde sanfte Stimme übersetzt:

Du bist einen weiten Weg gekommen, um zu lernen. Zu lernen, dass du nichts mehr lernen musst. Weil du alles weißt, schon seit Tausenden von Jahren. Mansawue und Bengoni sind dir wohl gesonnen und kommen, wenn du sie rufst, wo immer du bist. Du hast außerdem noch viele andere Geister um dich, die nur warten, dass du ihre Hilfe annimmst. Dein kritischer Verstand vertreibt sie manchmal, aber sie verlassen dich nie. Hab mehr Vertrauen – in dich und in das, was nicht sichtbar ist. Es gibt viele Menschen in deiner Welt, die nicht wollen, dass du das tust, wozu du hier bist. Nein, sie sind nicht böse, sie haben nur Angst, und manchmal stecken sie dich an mit ihrer Angst. Du wirst aber immer wieder auch anderen begegnen, die dich unterstützen. Dazu musst du nur das eine Auge öffnen, das wichtigste, um zu sehen, was nicht sichtbar ist. Dein Weg bis hierher war nie leicht, und du wirst noch viele Prüfungen bestehen müssen, bei denen es immer nur um das tiefe innere Vertrauen geht. Das Wichtigste, das es gilt, in diesem Leben zu üben. Aber du wirst es schaffen und sehr, sehr alt werden, bis du nach Hause gehen kannst. Du wirst meist alleine sein, aber irgendwann, wenn du nicht damit rechnest, wird dir der Gefährte begegnen, der auf deinem Weg mit dir weitergeht. So wie ihr schon oft in anderen Leben zusammen wart. Wenn du ihn siehst, wirst du ihn sofort erkennen und er dich auch. Denn er ist ähnliche Wege gegangen wie du, und es wird leichter werden für euch beide. Seid achtsam miteinander.

Jambolane lacht plötzlich, als ob er meine Gedanken gelesen habe.

Er ist so groß wie ich, hat einen weißen Bart und die grünen Augen von Mansawue. Das wirst du wieder vergessen für viele Jahre, aber wenn du ihm begegnest, wirst du ihn sofort erkennen. Lauf nicht weg, auch wenn deine alten Zweifel und Ängste verstärkt auftauchen. Nein, du wirst keinen Film machen, wie du es vorhattest, bevor du kamst. Aber du wirst kurz vor der Begegnung mit ihm bereit sein, ein Buch zu schreiben über deine Zeit hier. Das dauert aber noch lange. Du warst früher oft krank, und um dich zu schützen, werden wir in den nächsten Tagen ein Ritual mit dir machen, das dich immer wieder aufstehen lässt, wenn du fällst.

Plötzlich ist es still. Ich höre nur mein Herz laut schlagen – so laut wie noch nie. Mir kommt es vor, als seien Stunden vergangen, und als ich die Augen öffne, bin ich allein. Vor der Hütte steht Jambolane mit Ngwenya, der Stamm scheint vollzählig zu sein, fängt an zu murmeln und dann zu singen. Ich sehe Ngwenya fragend an. »Sie beten und singen für dich«, sagt er leise.

Jambolane geht zurück in die Hütte, lädt uns mit einer Bewegung ein, hineinzukommen und uns wieder hinzusetzen. Auch Frauen und Kinder kommen nach, bis die Hütte gedrängt voll ist. Wieder wird mir etwas zu essen gebracht, diesmal auch Wasser in einer Karaffe, und ich trinke, ohne daran zu denken, ob es verunreinigt ist oder nicht.

Ngwenya erklärt mir, dass ich nun mein eigenes Orakel bekomme, alle Gegenstände, die man fürs Knochenwerfen braucht. Jambolane, der Sangoma, legt eine Adlerkralle in die Mitte, Ngwenya eine rechteckige Muschel mit Löchern, das ist für das Krokodil des Wassergeistes, dann folgen Kinder und Frauen, die alle etwas in der Hand haben: einen Dominostein, der ein Elefant sein soll, ein großer Knochen für »Manthamathalele«, den Geister-König des Krals, eine halbe Nussschale von Ingelosi, meinem kleinen Engel, der weiterhin hinter mir hergetrottet ist, eine rote Glasscherbe, eine bunte Porzellanscherbe, ein schwarzes Falkenauge von Togo, die ich weiter Kleopatra nenne, viele kleine und große Knochen, verschiedenartige Muscheln.

Jede und jeder kniet vor das Tuch, verharrt kurz. Sie legen ihren Beitrag für mein Orakel ruhig darauf. Ich lege noch meinen eigenen Bergkristall, den ich seit Jahren habe, dazu und ein Rosenquarzherz, an dem ich sehr hänge. Es würde gut zu meinem eigenen Orakel passen, denke ich. Jambolane lächelt und nimmt beide Steine weg, steckt sie in seine Tasche. Dafür legt er noch zwei andere Gegenstände aus seiner Sammlung hinzu, wieder Knochen in verschiedenen Formen. Ich frage, wie ich denn damit umgehen solle, ich wisse ja nicht, wie man Knochen wirft. Ngwenya gibt die Frage weiter, und dann kommt die Antwort: »Du wirst damit nicht machen, was ich mache. Du wirst es auf deine Weise tun. Und dann kommen alle Spirits, die du rufst, und reden mit dir.«

Ich bin verwirrt, atme tief aus, und alle drängenden Fragen verschwinden.

Dass Jambolane meinen Kristall und das Herz an sich genommen hat, hat mir dennoch nicht gefallen. Den Bergkristall hatte ich vor 30 Jahren von Don Eduardo, meinem Freund und Schamanen aus

Peru, bekommen und das Herz von einem anderen ganz engen Freund.

Am nächsten Tag begegne ich einer Frau von Jambolane, der Sangoma Sonile, die den Mais besonders gern vor meiner Hütte stampft. Sie lächelt und holt Ngwenya, der übersetzt. Sie habe gemerkt, dass ich an dem Bergkristall und dem Herzen so hänge, und wir würden uns die Steine jetzt holen.

Sie kriecht unter eine Plane, unter der die Kräuter sind, holt sie hervor und gibt sie mir. Jambolane hatte sie gar nicht behalten, sondern einfach zwischen die Kräuter gelegt. Das könne ich doch nicht machen, ohne den Baba zu fragen, wende ich ein.

Sie lacht schallend. »Er hat gewusst, dass du sie wiederhaben möchtest, und mir gesagt, wo ich sie finden kann, um sie dir zu geben. Du sollst lernen, nichts wegzugeben, was dir wichtig ist.«

> Ich bin nicht müde in dieser Nacht, sitze bis zum Morgengrauen vor meiner Hütte. Es ist etwas kühler, nur etwas über 30 Grad, und ich denke über das nach, was Jambolane mir an diesem Tag gesagt hat. Er hat recht, ich habe immer noch Angst vor der Gabe, die ich als Kind schon hatte. Weil ich bestraft worden bin dafür, immer wieder. Also versteckte ich mein Wesen, um so zu sein wie die anderen.
>
> Obwohl ohne Vorwarnung dann doch Dinge passierten, die mich zuerst einmal noch mehr ängstigten. Ich erinnere mich in dieser afrikanischen Nacht an das erste Mal, als ich einem Geist begegnet bin. Ich war über dreißig, hatte es ge-

schafft, viele Jahre nachdem ich meine Kindheit, Jugend, das Zuhause, in das ich hineingeboren wurde, hinter mir gelassen hatte, nur noch auf das zu vertrauen, was ich sah, anfassen, beweisen konnte. Ich mied alles, was mit Glauben zu tun hatte, war misstrauisch Versprechen gegenüber, vertraute nur noch meinem gut funktionierenden Verstand. Nur wenn ich Gefühle für einen Mann entwickelte, mich verliebte, geriet ich aus dem Gleichgewicht. Eines wusste ich mit Sicherheit: Ich würde mich nie mehr schlagen, misshandeln, missachten lassen. Lieber schlug ich selbst zu, trennte mich, bevor es anfing weh zu tun – und litt unaussprechlich unter den Trennungen, bis ich wieder aufstehen konnte, bereit zur nächsten Selbstverteidigung.

Beruflich hatte ich Erfolg. Auch da musste ich mich behaupten, und das ging nur mit meinem Verstand. Nach außen trug ich immer eine fast perfekte Maske der Unverletzlichkeit.

Ich verließ meinen jungen Ehemann, um mich bei einem sehr viel älteren Mann für ein paar Jahre auszuruhen. Er verwöhnte mich, unterstützte mich auch beruflich. Bei ihm fühlte ich mich sicher, auch wenn mein Herz in den Nächten neben ihm schmerzte, weil ich den Menschen verloren hatte, bei dem ich so etwas wie Liebe spürte.

Ich wohnte bei ihm in einem großen Haus, hatte mein eigenes Arbeitszimmer, konnte vom Schreibtisch auf die Eingangstür schauen. Und eines Tages stand Toni, ein Bauernbursche aus Tirol, vor der Tür.

Auf dem Hof seiner Eltern in 1500 Metern Höhe hatte ich vor Jahren gemeinsam mit meinem Mann zwei Zimmer für die Wochenenden gemietet. Toni war der einzige Sohn, Ende zwanzig, in meinem Alter. Zum Ärger seiner Eltern trug er lange Haare wie die Hippies in den Städten und liebte Rockmusik. Wir saßen oft zusammen auf einer Bank mit Blick in die Berge, und er war begierig, von allem zu hören, was außerhalb seiner Welt passierte. Er hasste die Arbeit auf dem Hof, wollte studieren, Tierarzt werden, aber er wusste, dass seine Eltern ihm das nie erlauben würden. Ich lud ihn nach München ein, wo wir gemeinsam in Rockkonzerte gehen würden. Nachdem meine Ehe beendet war, lösten mein Mann und ich auch die Zimmer in Tirol auf. Ich hörte nichts mehr von Toni, der mir beim Ausräumen der Zimmer zugeschaut hatte und seine Tränen nicht unterdrückte.

Nun war ich überrascht, ihn vor dem Haus zu sehen. Er sah sehr blass aus, klopfte an mein Fenster und sagte: »Ich wollte nur sagen, dass es mir gut geht. Und sag meiner Mutter, sie soll sich keine Sorgen machen.« Er lächelte, aber seine Stimme klang seltsam dumpf. Ich stand auf und ging zur Eingangstür, um ihm zu öffnen. Ich war ein wenig ärgerlich, weil er nicht vorher angerufen hatte, worum ich ihn beim Abschied gebeten hatte.

Er war nicht mehr da. Nun hatte er sich auch noch versteckt. Ich rief, schimpfte, sagte ihm, dass er sich doch zeigen sollte. Dann ging ich zurück ins Haus, sagte dem Mann, bei dem ich lebte, dass der Toni gerade da war, sich aber wohl irgendwo verstecken würde.

»Dummer Kerl«, murmelte ich, und der Mann sagte: »Der wird sich schon melden, wenn er merkt, dass du nicht auf seine Scherze eingehst.«

Kurz darauf klingelte das Telefon. Ich nahm ab und hörte die Stimme von Tonis Mutter. Sie weinte. Bevor ich ihr erzählen konnte, dass Toni gerade vor der Tür gestanden hatte, sagte sie. »Toni ist vor einer halben Stunde gestorben. Er hat sich in den Kopf geschossen. Hätte ich doch bloß nicht so geschimpft wegen der langen Haare.« Ohne darüber nachzudenken, dass das alles nicht sein konnte, sagte ich leise. »Er war gerade hier und hat gesagt, dass es ihm gut geht und du dir keine Sorgen machen musst.«

»Danke«, flüsterte sie und legte auf.

Mir gefror das Blut in den Adern, meine Beine zitterten. Das alles war unmöglich.

Der Mann, mit dem ich lebte, schaute mich an. »Du bist ja ganz weiß im Gesicht«, sagte er. »Was ist passiert?«

Ich sagte, dass Toni tot sei und ich es nicht verstehe, weil er doch noch gerade mit mir gesprochen habe. Er lachte und meinte: »Du mit deiner Fantasie. Das kann ja wohl nicht sein, dass er eben vor der Tür stand und gleichzeitig tot ist. Komm, lass dich trösten, meine Kleine.« Er streckte die Arme nach mir aus, und ich stieß ihn von mir. In diesem Moment hasste ich ihn. Ich rannte aus dem Haus und kam erst Stunden später wieder zurück. Als er wieder anfangen wollte, über das Thema zu reden und mich auf seine Weise zu beruhigen, sagte ich nur: »Ich will kein Wort mehr davon hören.«

Es war das erste Mal, dass ich einen Menschen, der gerade verstorben war, sah und sprach. Und es war nicht das letzte Mal. Aber ich verdrängte alles erfolgreich für ein paar weitere Jahre – bis es mich wieder erwischte. Ausgerechnet als ich in meinem Geburtsort war, dem Ort der Schläge, dem Ort der Kräuterhexe.

Ich war nur noch selten in meinem Heimatort und wenn, dann nur um meine Eltern hin und wieder zu sehen, denn ich wusste ja nicht, wie lange sie noch leben würden. Auch wollte ich meinem kleinen Sohn seine Großeltern nicht vorenthalten. Mochten sie auch noch so hart mit mir umgegangen sein, bei ihrem Enkel versuchten sie, alles wieder gutzumachen. Sie verwöhnten ihn, wenn er in den Ferien bei ihnen war, wie man eben Enkel verwöhnt – nachsichtig und mit all der Liebe, die sie in ihrem eingesperrten Leben für die eigenen Kinder nicht hatten fühlen können.

So schlug ich meinem Sender, für den ich viele Hörfunkfeatures gemacht hatte, vor, ein Porträt über das Emsland zu machen. Vielleicht auch um meinerseits etwas zur Versöhnung beizutragen. Leider kam alles ganz anders, aber das konnte ich damals ja nicht ahnen. Denn am Ende beschimpfte man mich als Nestbeschmutzer, weil ich nicht *nur* gelobhudelt hatte.

Außer den vielen Interviews, die ich führte, wurde ich vom Landrat eingeladen, einen Flug übers Emsland zu machen, um die Landschaft aus der Vogelperspektive sehen zu können. Ich genoss es, weil von oben alles so winzig aussah, so unbedeutend und ungefährlich. Man konnte sogar die holländische Grenze sehen. Als Kind hatte ich immer das

Gefühl gehabt, in einem Kessel zu leben, aus dem es kein Entkommen gab. So wie es sich jetzt in Afrika wieder anfühlte.

Der Landrat und ich saßen in dem kleinen Viersitzer hinten, und vor uns waren Pilot und Copilot. Wir flogen auch über mein Elternhaus. Mutter und Vater standen vor dem Haus und winkten lebhaft mit weißen Tüchern. Dies war einer der Momente, in denen sie sicherlich stolz auf mich waren. Ich war hoch hinausgekommen …

Der Landrat erklärte mir gerade etwas, und als ich ihn anschaute, saß ein Toter neben mir. Ich rieb mir die Augen. Dann fragte ich die Piloten etwas, und als sie sich umdrehten, sah ich ebenfalls in tote Gesichter. Mir wurde eiskalt. Würden wir gleich alle abstürzen?, fragte ich mich. Das wäre irgendwie ein Witz. In fast ausweglosen Momenten meines Lebens setzte sich oft ein makabrer tiefschwarzer Humor in mir durch, der mich davor bewahrte, in Ohnmacht zu fallen. Ich rieb mir wieder die Augen, und meine Mitflieger lachten fröhlich. Ich habe wirklich zu viel Fantasie, dachte ich. Meine Mutter hatte mich auch immer nur Spinnerin genannt. Vielleicht hatte sie ja doch recht.

Eine Woche später rief mich meine Mutter an. Das Flugzeug, mit dem ich geflogen war, war abgestürzt – mit denselben Piloten und dem Landrat an Bord. Jetzt fröstelte es mich noch mehr. Lieber wäre mir gewesen, die Bilder wären eine Ausgeburt meiner lebhaften Fantasie gewesen.

Das war jedoch nur der Anfang. Ich sah Flugzeugabstürze vorher, und wenn ich durch die Stadt ging, war ich auf einmal von Toten umgeben. Auch im Bekanntenkreis sah ich immer öfter den Tod von Menschen voraus. Eine schreckliche Gabe, denn ich konnte nichts tun, konnte die Menschen nicht warnen. Es war ja schon vorausbestimmt, dass sie sterben würden, und ich konnte nichts daran ändern. Außerdem war die Angst vor den Männern mit den weißen Kitteln immer noch präsent, seitdem meine Mutter mich damals ins Irrenhaus hatte stecken wollen.

Ich betete schon lange nicht mehr, denn ich hatte mit Gottes Bodenpersonal keine guten Erfahrungen gemacht. Aber vielleicht gab es doch »etwas«, das mir diese Albträume am helllichten Tag schickte – und sie mir auch wieder nehmen konnte. Also verkroch ich mich und betete inständig, mir diese Gabe wieder zu nehmen, Tag für Tag, Nacht für Nacht. Tatsächlich hörte es so schlagartig wieder auf, wie es über mich gekommen war, und ich atmete auf.

Schon früh in meinem Leben kam ich mit dem Tod in Kontakt. Als ich zwölf war, starb ein Nachbarskind an Krebs. Ich betreute das vierjährige Mädchen monatelang vorher, las ihr jeden Morgen vor, bevor ich zur Schule ging, und sie starb in meinen Armen. Das fand ich weniger schlimm, denn sie sah so friedlich aus wie ein Engel, und sie verabschiedete sich auch fröhlich von mir. Als ich hinausging zu ihrer Mutter und sagte: »Sie hat es hinter sich, es geht ihr gut, denn sie ist im Himmel«, weinte diese bitterlich, und zu Hause holte ich mir für meine herzlosen Sätze ein paar Ohrfeigen.

Später starben Freunde von mir bereits in jungen Jahren, weil sie ihr Auto vor eine Mauer setzten oder einer Krankeit erlagen. Manchmal kam ich mir vor wie in einem Krieg, wo man sich daran gewöhnt, dass die Menschen um einen herum sterben.

Auch meine Träume handelten oft vom Sterben, selbst von meinem eigenen Tod, aber ich erlebte auch die Wiedergeburten. Das tröstete mich, denn dann gab es ja vielleicht doch etwas nach diesem Leben. Auch wenn morgens der Zweifel wieder da war und mit ihm der Verdacht, dass ich vielleicht doch eine Schraube locker habe, wie man mir sagte, wenn ich davon erzählte. So wurde ich schweigsam, was diese Erfahrungen anging, und arbeitete weiter an meinem harmlosen Gesicht.

Als eines Nachts ein Mann in mein Zimmer kam und sich an mein Bett setzte, dachte ich zuerst noch, dass ich wieder träumte. Denn ein realer Mann befand sich in dieser Zeit nicht in meiner Wohnung. Ich war wach, das wusste ich, denn ich sah den Mann reglos im Halbdunkel vor meinem Bett stehen. Vielleicht ein Einbrecher. Ich floh aus dem Schlafzimmer, sperrte mich im Bad ein. Nach einer Weile kam ich vorsichtig heraus, machte überall Licht, und als ich sicher war, dass da niemand war, ging ich wieder ins Bett. Nun aber versperrte ich jede Nacht die Wohnungstür, denn es war nicht auszudenken, was passierte, wenn ich im T-Shirt auf die Straße flüchten würde.

Die Geschichte wiederholte sich, und ich machte eine Analyse, machte Therapien. Sie halfen nicht allzu viel, aber wenigstens konnte ich jemandem davon erzählen, der mir zuhörte und von Berufs wegen den Mund halten musste.

Nachdem immer mehr Menschen bei mir auftauchten, wenn sie gerade verstorben waren, wurde ich gelassener. Es stimmte ja, denn am Tag darauf kam die Todesnachricht. Ich konnte nur immer noch nichts damit anfangen, deshalb wartete ich einfach ab, bis sie wieder verschwanden.

Ich bekam neue Aufträge vom Funk, mich auf Seminaren von Geistheilern umzusehen. Wie immer versteckte ich mich hinter meiner Journalistenmaske, aber ich wusste, dass es dieses Mal hauptsächlich um mich selbst ging. Dort war es ganz selbstverständlich, dass man mit Toten kommunizierte, und ich fühlte mich nicht mehr so allein. Wenigstens ein paar Verrückte mehr auf der Welt, dachte ich, versuchte aber zunächst einmal, das Ganze nur aus professioneller Sicht aufzunehmen und mich nicht mit den anderen Teilnehmern zu identifizieren.

Die brasilianischen Geistheiler, die in den Kliniken zuhause mit den Ärzten zusammenarbeiteten, holten mich nach Ende des Seminars zu sich. Ich dachte, sie wären jetzt bereit zu einem Interview, das ich angefordert hatte. Zuerst erzählten sie mir bereitwillig auf mein Tonband, wie sie ihre Arbeit machten. Dann aber schaute mich die Frau lange an. »Du bist doch hauptsächlich deinetwegen hier«, sagte sie, und ich wurde rot. »Du bist ein gutes Medium, und wenn du willst, kannst du mit uns nach Brasilien kommen. Wir würden dich dort ausbilden, damit du besser damit umgehen und anderen Menschen helfen kannst«, meinte sie so sachlich, als ob sie davon sprechen würde, dass ich den Führerschein machen solle. Ich wehrte erschrocken ab. Es wäre mir schon jetzt zu viel, erklärte ich, und noch mehr sehen – das würde ich nicht aushalten. Sie lachte. »Dann bist du noch nicht so weit. Aber jeder auf diesem Planeten hat eine Aufgabe, und deine ist ganz offensichtlich, dich als Medium zur Verfügung zu stellen. Aber noch ist deine Angst größer. Du wirst diesen Weg gehen, irgendwann, und dann geht es dir besser als jetzt. Die Wesen, die zu dir kommen, sind nicht böse, sie wissen nur, dass du offen für sie bist, und deshalb besuchen sie dich. Manche haben selbst Angst, haben noch nicht richtig begriffen, dass sie tot sind. Denen kannst du schon jetzt helfen, indem du mit ihnen sprichst, sie beruhigst, ihnen den Weg ins Licht zeigst.« Ich meinte, ich wär schon froh, wenn ich mich selbst beruhigen könne. Aber ich war bereit, mir von den beiden zeigen zu lassen, wie ich mich verhalten solle. Ungefähr wenigstens.

Wieder schob ich das Ganze jahrelang von mir, immer noch war der Wunsch größer, zu sein wie andere, normal eben. Immerhin erschreckten meine nächtlichen Besucher mich nicht mehr so sehr wie vorher.

Claus, ein homosexueller Freund, bekam Aids, und ich kümmerte mich um ihn. Er wusste, dass er bald sterben würde, kämpfte nicht mehr, sondern dachte mehr über sich nach als je zuvor in seinem Leben. »Ich habe immer nur mein Äußeres gesehen, war so unglaublich eitel. Jetzt habe ich dieses grässliche Kaposi-Sarkom im Gesicht, und es ist mir egal. Ich freue mich über jede Blume, jeden Sonnenstrahl – selbst wenn der nicht gut ist für meine Krankheit«, lachte er. Ich versuchte, ihn zu trösten, dass es danach vielleicht besser sei. Er glaubte nicht daran, versprach aber, bei mir »aufzutauchen«, wenn es denn möglich sei. Das wäre dann der erste Homosexuelle, der in mein Schlafzimmer käme, scherzte ich.

Am Tag vor seinem Tod besuchte ich ihn im Krankenhaus. Er streichelte meine Wangen und sagte: »Du armes Kind, bist du so krank? Bald ist es besser.«

In der Nacht darauf saß er an meinem Bett. Sein Kaposi-Sarkom war verschwunden.

»Ich weiß nicht, wo ich bin«, sagte er verzagt, und dann war er fort. Am nächsten Tag rief mich sein Freund an und sagte mir die Todeszeit. Ich sagte, er wäre genau um diese Zeit bei mir gewesen, aber ich wäre zu erschrocken gewesen, um etwas für ihn zu tun. »Das macht nichts«, sagte der Freund, »er war Sekunden später bei Iris, unserer gemeinsamen Freundin, und die hat ihm dann klargemacht, dass er tot ist und gehen kann.«

Sie hatte ihn also »ins Licht« geführt, so wie die Brasilianer es mir gezeigt hatten.

Es dauerte noch sehr lange, bis ich dazu auch in der Lage war, und wenn die nächtlichen Besucher sich dann mit einem Lächeln auflösten, war tiefer Friede in mir. Nach wie vor erzählte ich nur wenigen Menschen davon. Die Zweifel und Ängste, meinen Verstand zu verlieren, waren zu groß.

Und nun, nach so vielen »Beweisen« im Laufe meines Lebens sitze ich hier wie gefangen im Kral des Sangomas und schwanke wieder einmal hin und her zwischen dem Wunsch zu vertrauen und den alten nagenden Zweifeln. Wann endlich würde das aufhören? Das Stampfen des Maises reißt mich aus meinen Gedanken. Es ist ein neuer Tag nach einer schlaflosen Nacht, und Ngwenya kommt auf die Hütte zu, um mich abzuholen.

Initiation mit dem Ziegenritual

Ngwenya will mit mir zu einem anderen Kral wandern und fragt mich, wie viel Geld ich noch habe. Es sind noch ungefähr 500 Rand. Meine Euro-Reserve zeige ich ihm nicht. Als wir nach einigen Stunden in dem fremden Kral ankommen, spricht er mit einem Mann, der uns zu einer Wiese führt, auf der einige Ziegen weiden.

Ngwenya weist auf ein junges Zicklein, vielleicht ein halbes Jahr alt, nickt mit dem Kopf, gibt dem Mann Geld. Wie viel es ist, kann ich nicht sehen, ich bekomme nichts zurück. Der Mann bedankt sich und legt dann einen Strick um den Hals des Zickleins. Ich frage, was mit dem Tier werden soll. »Sie wird für dich geopfert werden«, antwortet Ngwenya knapper und kühler als sonst. Das Zicklein bockt, will die kleine Herde, in der auch seine Mutter steht, nicht verlassen.

Ngwenya zieht nicht am Strick, schlägt das verängstigte Tier auch nicht, hält an, setzt sich zu dem Tier, streichelt es und spricht beruhigend mit ihm, bis es endlich widerstandslos hinter uns her trottet. Ich habe Mitleid mit dem Tier. »Ich will nicht, dass es für mich getötet wird«, sage ich fest entschlossen, dieses Opfer für mich nicht zuzulassen. Ngwenya erklärt mir geduldig, dass es so oder so sterben müsse, mit oder ohne meine Einwilligung. Auch wenn ich das Ritual verweigere. »Du wirst eine Woche lang jeden Tag mit dem Tier reden müssen, ihm erklären, warum es geopfert werden soll. Und du wirst wissen, wann es einverstanden ist.«

In der nächsten Nacht schlafe ich zwar, aber es ist ein unruhiger Schlaf. Ich bin Tierfreundin, Tierschützerin, habe protestiert und demonstriert gegen alle, die Tieren etwas antaten. Wie kann ich zulassen, dass dieses junge Zicklein für mich geopfert wird? Meine Mitstreiter im Tierschutz würden mich zu Recht verurteilen. Aber sie sind nicht hier, haben nicht erlebt, was ich erlebt habe in den letzten Monaten. Sie können es ebenso wenig verstehen, wie ich es früher verstanden hätte. Vom Schreibtisch aus, vor dem Fernseher kann man leicht urteilen. Die Tiere hier werden als Einzelwesen gesehen, bestimmt dazu, den Menschen zu nähren, zu kleiden, auf ihre Weise zu schützen – und sei es durch ein Ritual. So wie unsere Vorfahren es seit Beginn der Menschheit gehandhabt haben. Waren sie deshalb schlechter als wir modernen Zweibeiner, die auf Knöpfe drücken, um zu töten, um zu unterwerfen?

Die Wiese, auf der das Zicklein angebunden wird, liegt direkt hinter dem Kral. Es hat Gras und Büsche um sich herum und knabbert munter. Wenn ich mich ihm nähere, hat es keine Angst mehr vor mir. Eigentlich wollte ich ihm einen Namen geben, aber Ngwenya hat mich gewarnt: »Es ist noch schwerer, jemanden zu töten, dem man einen Namen gegeben hat.« Also nenne ich es nur Zicklein, setze mich zu ihm, beobachte es und spreche mit ihm.

Meine Hunde sind bei mir und tollen herum. Wenn es raschelt, zucke ich noch immer zusammen, weil ich ja um die tödlichen Schlangen weiß. Aber ich habe mein Messer für den Notfall dabei und auch die Hunde, die eher angegriffen würden. Aber ich weiß, dass uns nichts passieren wird.

Dem Zicklein erkläre ich geduldig, dass es für mich sterben wird und ich ihm dafür danke, weil ich dadurch gesund bleiben kann, um anderen zu helfen. Ich streichle es, spreche nur mit leiser, freundlicher Stimme, und es wird immer zutraulicher. Es ist der fünfte Tag, als es besonders stillhält, mir in die Augen sieht, ohne den Kopf wegzudrehen, und da weiß ich, dass es bereit ist. Ich umarme es und weine lange. Alle meine Schmerzen und Ängste gehen dahin, während es den Kopf an meiner Schulter reibt.

Ich gehe zu Ngwenya und sage ihm, dass wir bereit seien, das Zicklein und ich, und er nickt wohlwollend und sagt: »Wir wussten es, dass du es schaffst. Morgen früh werden wir zeitig zum Fluss aufbrechen, denn das Ritual kann nur ganz nah bei Mansawue und den anderen Wassergeistern gemacht werden.« Ich schaue zum Himmel. Seit Wochen herrscht wieder Dürre, aber da sind Wolken, die nach Regen ausschauen. »Wir warten alle auf Regen, auf *ledulee* wie es auf Swasi heißt, aber das wird noch dauern. Das hier sind nur die Vorboten.«

Am nächsten Morgen holt mich Kleopatra ab. Vorher habe ich Kräuter bekommen, stundenlang auf dem Plumpsklo des Baba gesessen und bin nun leer. Sie ist außer den beiden Sangomas die einzige Person, die dabei sein darf. »Weil du ja manchmal nackt bist, und da muss ich aufpassen, dass keiner der Männer dich ansieht«, sagt sie und wirft mir ein aufmunterndes Lächeln zu.

Der Alte hat wahrhaftig den gefleckten Regenmantel aus dem Outdoorshop an, den ich ihm geschenkt habe, und sieht jetzt eher aus wie ein amerikanischer GI als ein Schamane. »Glaubt er, dass es Regen gibt?«, frage ich Kleopatra. »Nein, den hat er dir zu Ehren angezogen«, antwortet sie. Alle schleppen etwas in Körben mit, ich darf nur das Zicklein am Strick nehmen, das folgsam hinter mir her trottet.

Nach einer guten halben Stunde Fußmarsch durch unwegsames Gelände kommen wir an dem kleinen Fluss an. Wir gehen an eine flache Stelle.. In 20 bis 30 Metern Entfernung sehe ich an den tieferen Stellen, dass sich das Wasser bewegt. Dann erkenne ich, dass es Krokodile sind, die jetzt auf der anderen Seite lagern. Einige bleiben im Wasser, und manchmal sehe ich ihre Augen funkeln. Seltsamerweise habe ich keine Angst. Ich habe nichts zu verlieren, außer vielleicht mein Leben. Ein Leben aus einer Reihe von vielen Inkarnationen.

»Ist das das Ritual – weiße Frau für Regen opfern?«, frage ich Ngwenya mit dem tiefschwarzen Humor, der mir schon oft über unangenehme Situationen hinweggeholfen hat. Ngwenya spricht mit dem Alten, und dann lachen alle über meinen Witz. Dann wird der Sangoma ernst: »Das ist Mansawue mit den anderen Wassergeistern. Wir freuen uns, dass er sich zeigt. Er wird uns nichts tun«, lässt er mir sagen.

Aus Sträuchern wird nun so etwas wie ein Iglu gebaut, die mitgebrachten Decken werden darüber gelegt. Innen wird ein Feuer gemacht mit etwas Ähnlichem wie Kohlen, die in dem Steinkreis im Innern bald glühen. Das Ganze erinnert mich an die Schwitzhütten-Zeremonie der Indianer, an denen ich schon einige Male teilgenommen habe. Ebenfalls nackt, aber innerlich verkleidet als Journalistin.

Kleopatra führt mich hinein. Sie hat mit strengem Blick dafür gesorgt, dass sich die Männer umdrehten. Ich setze mich auf den Boden und schwitze noch mehr, als es in den Tagen vorher möglich war. Es sind gefühlte viele Stunden, die ich darin verbringe, während draußen getrommelt und gemurmelt wird. Kleopatra hängt mir nun ein Tuch um, und ich werde zum Zicklein geführt.

Ich muss mehrere Gläser einer bitteren Flüssigkeit trinken. Man gibt mir eine Schüssel, die ich unter den Kopf des Zickleins halten muss. Es schaut mich ruhig an, bewegt sich nicht. Jambolane lässt sich von Ngwenya ein großes Messer geben, und mit einem schnellen, kräftigen Schnitt durchschneidet er den Hals des Zickleins, das keinen Ton von sich gegeben hat. Das Blut rinnt in die Schüssel, die ich halte. Ich bin ruhig, fühle mich nicht mehr schuldig.

Ngwenya und Jambolane weiden das Tier aus, das eben seine Seele für mich ausgehaucht hat. Wie bei dem Tod des Ochsen bin ich jetzt ganz fatalistisch, denn ich spüre, dass alles seine Richtigkeit hat.

Kleopatra reibt mich mit den Eingeweiden ein, ich muss mich mit dem Blut waschen und davon trinken. Nun macht sich mein Magen bemerkbar, und ich breche minutenlang alles in den Fluss, der hier flach und schmal ist. Danach wasche ich mich in der Mulde, bis nichts mehr an mir klebt, spüle meinen Mund aus. Die Krokodile habe ich völlig vergessen. Kleopatra steht am Ufer und trocknet mich ab. Ich ziehe mich wieder an. Jetzt ist mir fast ein wenig kalt, aber ich fühle mich erfrischt und stark.

Inzwischen ist das Zicklein enthäutet, auseinandergeschnitten und in die Körbe gepackt. Der Sangoma geht ans Wasser und wirft ein

Stück des toten Tieres hinein. Wir laufen schnell vom Ufer weg und sehen von der Anhöhe aus, wie die Krokodile sich über die Beute hermachen. Jambolane schaut zufrieden aus. »Nun ist Mansawue beruhigt, weil ich mein Versprechen gehalten habe. Er hat geduldig gewartet.«

Er pflückt einen Strauß Kräuter und schenkt ihn mir. »Gutes Heilkraut«, sagt er.

Ich rieche daran und kichere. Vielleicht sind es ja verschiedene Heilkräuter, aber es riecht wieder alles nach Pfefferminz. »Du wirst jetzt gesund und stark bleiben, um die Kraft für deine Arbeit zu haben. Und wenn du Klienten hast, kannst du dieses Ritual auch mit ihnen machen«, setzt er hinzu. Jetzt pruste ich los, weil ich mir gerade vorstelle, wie ich an der Isar Ziegen schlachte. Ngwenya übersetzt, und nun lachen alle mit. Offensichtlich amüsiert sie die Vorstellung, so etwas in einer Großstadt zu machen, genauso wie mich.

Am Abend wird ein ausgelassenes Fest am offenen Feuer gefeiert, wo die Reste des Ziegenfleisches gegrillt werden, die uns die Krokodile übrig gelassen haben. So sehen es die Sangomas. Es ist Ankommen und Abschiednehmen zugleich. Ich bin noch nie so sehr bei mir gewesen wie heute, und ich spüre den Abschied ebenso wie wohl auch die anderen, die mir immer wieder die Hände drücken, sie streicheln, küssen.

Mitten in der Nacht werde ich wach. Es hört sich nach einem Weltuntergang an. Auf mein Wellblechdach trommelt der Regen, dann reißt die Tür meiner Hütte aus den Angeln, und eine Welle schwappt herein. Der erste Gedanke gilt den vier kleinen Hunden, die am Feuer noch bei mir waren. Barfuß gehe ich in den Regen und versinke im fast knietiefen roten Schlamm. Ich rufe und suche nach den Tieren. Bibbernd und patschnass sitzen sie auf einer Treppe unter einem anderen Hüttendach. Ich packe zwei und renne in die Hütte zurück, setze sie auf meine Pritsche, laufe zurück und hole die beiden anderen. Sie zittern wie Espenlaub, und ich trockne sie ab und beruhige sie.

Nun erst kann ich an mich denken, bringe alle Behälter nach draußen, um den wertvollen Regen aufzufangen. Dann stelle ich mich noch ein paar Minuten vor die Tür, mit offenem Mund, um das köstliche Nass in mich aufzunehmen. Was immer kommen mag, ich habe endlich wieder sauberes Wasser getrunken. Mit angezogenen Beinen sitze ich mit den Hunden auf der Pritsche und warte ab. Was sonst auch kann ich tun?

Von draußen höre ich Stimmen, Rufe, Unruhe breitet sich aus. Aber es scheint keine Panik ausgebrochen zu sein. Kinder lachen und kreischen, und nun bin ich sicher, dass sie im Regen tanzen und sich freuen. Sie alle hier kennen solche plötzlichen Fluten nach monatelanger Dürre, und sie wissen, dass der Regen, auf den sie schon so lange gewartet haben, wieder vorübergehen wird. In den frühen Morgenstunden reißt der Strom, der aus dem Himmel quoll, genau so schnell ab, wie er gekommen ist.

Die Wege sind allerdings nach wie vor kaum begehbar, und als ich zu Jambolanes Hütte gehe und ausrutsche, sehe ich danach wohl wie ein Indianer aus. Denn er lacht, als er mich sieht, und Ngwenya, der bei ihm ist, sagt, ich solle mir keine Sorgen machen, die Wassergeister haben den Regen geschickt, aber der Baba denkt, es wäre Zeit, dass ich abreise.

»Und wie soll das gehen?«, frage ich.

»Das wird sich zeigen«, ist die ruhige Antwort des Alten.

Ich werde nicht mehr ungehalten und nervös wie früher, vertraue ihm, auch wenn ich keine Ahnung habe, wie diese Abreise sich gestalten soll. Im Moment gibt es kein Auto im näheren Umkreis, das mich fahren könnte. Jambolane sagt, ich solle schon mal packen. »Du kannst hier nichts mehr lernen, und du musst wieder zurück in deine Welt, die dich braucht.« Dann unterhält er sich weiter mit Ngwenya, spricht mit den Frauen, die hereinkommen – und beachtet mich nicht mehr.

Am nächsten Morgen höre ich ein Auto, und kurz darauf kommt Jannie in meine Hütte. Sie ist sehr aufgeregt und sagt, dass die Wege nicht gut sind. »Hat dir der Sangoma etwas ausrichten lassen«?, frage ich verwundert. Sie schüttelt den Kopf. »Das Fernsehen hat den Regen vorhergesagt und schon überschwemmte Gebiete gezeigt. Da habe ich furchtbar Angst um dich bekommen. Hendrik hat mir zwar verboten zu fahren, aber dann habe ich mir den Jeep eines Nachbarn geliehen, und nun bin ich da.«

Sie sieht meine gepackten Sachen und fragt, woher ich gewusst hätte, dass sie käme.

»Jambolane hat mir gesagt, dass alles gut wird, und außerdem weiß ich ja, dass du einer meiner Engel bist«, antworte ich und drücke sie fest an mich. Sie weint ein bisschen, und dann nehmen wir mein Gepäck. Als ich noch einmal auf dem Plumpsklosett war und zurückkomme, ist auch der Rest zusammengepackt. Nun stehen die Kinder und Halbwüchsigen schon bereit und nehmen uns die Sachen wortlos ab.

Es sieht alles wie geprobt aus, als sie uns zum Auto geleiten. Jannie schaut mich an, und wir denken wohl dasselbe – hat er es »gesehen«, dass ich abreisen werde? Die kleinen Hunde laufen ängstlich hinter mir her. »Na klar, die Hunde nehmen wir mit, wie abgemacht. Aber den größten wollte doch Ngwenya nehmen«, sagt Jannie. Das hatte ich völlig vergessen, und ich überlege mir, wie das nun gehen soll, als Ngwenya bereits um die Ecke kommt – ebenfalls mit seinem Gepäck. »Ihr könnt mich doch mitnehmen bis Komatipoort?«, fragt er. Jannie kichert und meint: »Wenn es nicht noch mehr werden …«

Wie selbstverständlich nimmt Ngwenya den größeren Hund und fragt: »Jambolane gehört doch mir?« Ich bin erleichtert, erkläre Jannie, wir müssten aber unbedingt nochmal bei einem Tierarzt vorbeifahren, damit Ngwenyas Hund zumindest seine Impfungen bekomme. Jannie nickt ergeben und lächelt. Sie hat wirklich ein geduldiges, gutes Herz, und ich bin ihr sehr, sehr dankbar.

Am Auto ist bereits der ganze Stamm versammelt, auch die Schamanenschüler. Sie tanzen, pfeifen, rasseln und geben schrille Schreie von sich. Es ist, als ob die Zeit angehalten worden ist, solange ich noch da bin. Ich schüttle Hände, drücke einige Frauen und Kinder an mich. Es wird geweint, gelacht und ich verspreche, wiederzukommen und ihnen manchmal etwas zu schicken; und dass ich sie nie vergessen werde. Ich frage Ngwenya, ob ich noch mal zu Jambolane gehen solle. Er schüttelt den Kopf.

In dem Moment sehe ich, dass der Alte zu uns ans Auto kommt, wieder in dem amerikanischen Regenumhang aus Deutschland und den Gummistiefeln, die ich ihm von meiner Reise ans Meer mitgebracht hatte. Kleopatra und Miriam sind an seiner Seite, und ich sehe, dass sie geweint haben. Seine Leute machen Platz, und er tritt auf mich zu, legt mir die Hand auf die Schulter und hält eine kleine Abschiedsrede. Es ist nun mucksmäuschenstill. Ngwenya hört mit offenem Mund zu und vergisst wieder zu übersetzen. Ich verstehe nichts mit meinem Kopf, aber meine Seele, mein Herz verstehen alles.

Jambolanes Stimme klingt so emotional wie nie, ich spüre Ergriffenheit, Abschiedsschmerz – aber ich weiß nicht, ob es seine oder meine Gefühle sind. Nun rinnen auch mir die Tränen übers Gesicht. Jannie weint mit, aber sie hatte schon vorher gesagt, dass sie sehr nah am Wasser gebaut sei und ständig über alles weine. Als der Alte fertig ist, umarmt er mich lange. Danach geht ungebremster Jubel los, und nun klatsche ich auch in die Hände und lache wie die anderen.

Von Weitem sehe ich die abgemagerten großen Hunde, die nachts immer mal wieder kamen, sich jetzt aber nicht näher trauen. Ich zeige mit dem Finger auf die Meute und sage, dass sie mir eine Freude machen würden, wenn sie diese Tiere nicht mehr als Feinde sehen würden. Ngwenya übersetzt, und es kommen zustimmende Laute aus ihren Reihen. »*Jebo, jebo, jebo* – ja, ja ja.« Eines der gelben Tiere kriecht auf mich zu, schaut mich flehend an, und schon wieder kommen mir die Tränen. »Ich kann dich nicht mitnehmen, aber vielleicht erbarmt sich jemand«, flüstere ich und streichle es ein letztes Mal.

Da kommt ein Junge, vielleicht zehn, zwölf Jahre alt, zeigt auf sich und den Hund und sagt laut *»jebo«*. Ich habe noch ein Stück Brot, das Jannie mitgebracht hat, gebe dem Hund ein Stück, der es aus meiner Hand nimmt. Den Rest gebe ich dem Jungen und zeige auf den Hund. Er näherte sich ihm vorsichtig und legt das Brot vor sich hin. Der Gelbe kriecht auf ihn zu, nimmt das Brot und verschwindet. »Der Hund heißt nun Jebo«, lasse ich Ngwenya übersetzen. Wieder wird geklatscht und gelacht.

Schnell steige ich ins Auto zu Jannie und den kleinen Hunden, Ngwenya steigt zu und lässt sich sichtlich gerührt auf die Rückbank fallen. Ich winke noch aus dem Fenster und sehe, dass die Kinder noch lange hinter uns herlaufen. Dann ist es plötzlich ganz still im Wagen, nur das Hecheln und leise Jaulen der kleinen Hunde ist zu hören. Selbst der Motor scheint weniger Geräusche zu machen. Wir hängen unseren Gedanken nach, und Jannie konzentriert sich auf den Weg, der glitschig und schwer befahrbar ist.

Als wir wieder auf bessere Straßen kommen, bitte ich Jannie, irgendwo anzuhalten, wo wir etwas essen können. Ich weiß, dass ich bald etwas in ihrem Haus bekomme, aber ich will, dass Ngwenya noch einmal richtig satt wird. Wir halten an einer Imbissbude am Straßenrand, die nicht allzu vertrauenerweckend aussieht, aber Ngwenya schmeckt es, und er strahlt, streichelt immer wieder seinen Bauch. Wir täuschen vor, noch keinen großen Hunger zu haben, und knabbern an ein paar Nüssen, die nicht gefährlich aussehen.

Nun frage ich Ngwenya, was denn der Sangoma gesagt hätte.

So habe er ihn noch nie sprechen hören, antwortet er. Ich sei eine Sangoma wie er, wisse es aber selbst noch nicht. Ich hätte alle Prüfungen in kurzer Zeit bestanden, und Jannie und Ngwenya seien meine Verbindung zum Kral. Er würde mich wissen lassen, wie es ihnen gehe. Sie sollen sich keine Sorgen machen – ich würde sie beschützen. Durch das Ritual mit der Ziege sei ich nun auch geschützt und würde gesund alt werden. Und ich würde eines Tages wiederkommen. Es sei kein wirklicher Abschied heute.

Im Auto sage ich Ngwenya, dass wir ihn nun direkt zum Bus nach Swasiland bringen würden. Ich hole mein letztes Bargeld aus der Tasche, frage ihn, was die Reise kostet und der Tierarzt. Dann nehme ich ihm das Versprechen ab, auch wirklich zum Tierarzt zu gehen, bevor er in sein Dorf fährt. Ich glaube ihm, als er mich treuherzig anschaut. »Der Rest ist für dich und deine Familie, auch für das neue Baby, die kleine Hella.« Er strahlt und sagt, sie würde in den nächsten Tagen geboren werden, solange ich noch in Afrika sei, und er würde mir bald ein Foto schicken.

Als wir uns an der Bushaltestelle verabschieden, steht Ngwenya ganz verloren da mit seinem Rucksack, an einem Strick den kleinen Rüden. Ich hatte ihm den Namen seines Meisters Jambolane gegeben. Er winkt, weint und lacht gleichzeitig. Der Hund, der sich vertrauensvoll an seinen Beinen reibt, wird es gut bei ihm haben.

Transitraum Komatipoort

Wir fahren weiter in den Marlothpark, und kurz bevor wir ankommen, fängt es an zu stinken. »Wir haben vergessen, die Hunde mal rauszulassen«, entschuldige ich mich. Jannie lacht. »Das macht nichts. Mein Gärtner wird den Jeep gründlich waschen und dann dem Nachbarn zurückgeben.« Sie wirkt etwas bedrückt, und ich frage sie, was los sei.

»Hendrik ›will not be amused‹, er wird nicht begeistert sein, dass ich mit dir und den Hunden ankomme, aber das ignorieren wir einfach. Mach dir nichts daraus, wenn er nicht ganz so charmant ist wie sonst.«

Hendrik ist in sehr gemischter Stimmung. Der Whisky hat ihn nicht ganz beruhigen können. Er macht Jannie Vorwürfe, dass sie einfach gefahren ist, ohne ihn zu fragen, und dass er sich Sorgen gemacht habe. »Du hättest nur Nein gesagt«, antwortet sie, »und ich musste es tun, sonst wäre sie da nicht mehr weggekommen, wenn es weiterregnet. Ihr Flug geht in zehn Tagen, und so lange wirst du das schon aushalten.«

Als sie seinen Blick auf die Hunde sieht, sagt sie bestimmt: »Hella nimmt die Kleinste mit, und ich werde versuchen, die beiden anderen unterzubringen. Und wenn das nicht geht, behalten wir sie.« Ihre Stimme ist klar und duldet keinen Widerspruch, und auch wenn Hendrik gewohnt ist, dass sie sich anpasst, hier spürt er, dass er lieber nichts mehr entgegensetzen sollte.

Das gelb-blaue Zimmer steht wieder für mich bereit, und ich bade ausgiebig, während Jannie mit den Hunden spielt. Als ich sauber bin und dank Jannies Kleidung wieder aussehe, wie eine weiße Frau aussehen sollte, ist Hendrik zugänglicher. Inzwischen hat er von dem Hausmädchen etwas zu essen für uns machen lassen. Wieder gibt es Kürbissuppe, Salate und gegrilltes Fleisch, und ich bedanke mich herzlich bei ihm. Sage ihm, welch wunderbare Frau er habe und dass sie mir das Leben gerettet habe.

Bald erliegt er meinem Waage-Charme, den ich sauber und satt besser einsetzen kann. Jannie soll es meinetwegen nicht schwer mit ihm haben. So erzählt er jovial von seinen Europareisen, dass er deutsche Vorfahren habe und dass er hoffe, ich habe nun erfahren, dass auch Schwarze nur Menschen seien. Wir haben zwar eine unterschiedliche Meinung zum selben Begriff, aber ich will Frieden mit ihm haben. Ändern kann ich seine starre Buren-Einstellung sowieso nicht. Wir haben ein paar angenehme Stunden, weil wir uns hauptsächlich auf ihn konzentrieren. Da Jannie ihm weiterhin großzügig Whisky nachgeschenkt hat, während wir nur Wasser trinken, ist er bald bettmüde, und Jannie und ich haben den Rest des Abends für uns. Sie bietet mir nun einen Wein an, aber ich sage ihr, dass es nichts Besseres gibt als sauberes kaltes Wasser. Das hätte ich zu schätzen gelernt, als es das nicht gab.

Am nächsten Morgen stehe ich auf der Terrasse und schaue den Meerkatzen, Impalas und Wildschweinen zu. Die Hunde lasse ich lieber im Zimmer. Wenn sie ins Gebüsch laufen, könnten sie leichte Beute werden für die Raubkatzen, die ich aus der Ferne grollen höre. Hier ist es für sie gefährlicher als im Kral.

Ich erhole mich gut im Marlothpark. Die Tage haben Jannie und ich für uns, und unsere Freundschaft wird immer enger. Sie will sich unbedingt von Hendrik trennen, endlich selbstständig werden. Mein Gewissen rührt sich, und ich sage ihr, dass sie sich das gut überlegen solle, aber wenn sie es täte, wisse ich, dass sie es schaffen würde, weil sie eine sehr starke Frau sei. Sie verspricht mir, hin und wieder zum Kral zu fahren, etwas vorbeizubringen und mich auf dem Laufenden zu halten, wenn etwas passiert.

Es regnet immer noch. Mosambik, nicht weit von der Grenze entfernt, wo meine Leute leben, ist total überschwemmt. Die Katastrophenbilder werden im Fernsehen gezeigt. Jannie beruhigt mich: »Mosambik liegt viel tiefer als der Kral. Es kann dort nicht so schlimm werden.«

Ich sage ihr, dass ich in Deutschland eine Sammlung initiieren würde, und frage sie, ob sie es übernehmen würde, das Geld so einzusetzen, dass meine Freunde im Kral nicht in zu große Not gerieten. Sie verspricht es mir, und es wird auch bald nötig sein.

Ob sie die beiden Rüden behalten darf, weiß sie noch nicht. Sie selbst ist eine Hundenärrin und würde es sehr gern, aber Hendrik ist wohl dagegen. Weil er umziehen möchte irgendwo in eine Stadt, wo es keine Malaria gebe. Und da seien Hunde im Weg. »Aber ich habe schon Kollegen gefragt, und die sind interessiert. Es wird ihnen gut gehen.«

Bevor ich wieder wegfliege, will Jannie mit mir unbedingt noch eine Fahrt durch den Nationalpark machen, den ich das letzte Mal ja nur verdeckt durch den großen Sonnenhut von Winni und ihren Kindern erlebt habe. Sie leiht sich den Jeep des Nachbarn noch einmal aus, so dass wir auch nach oben freie Sicht haben.

Wir packen die Welpen in den Kofferraum, den wir mit einer Plastikdecke von unten und einem Netz von oben abdecken. So ist der Wagen vor kleinen Pfützen geschützt und die Welpen davor herauszuspringen.

Es ist ein warmer, nicht zu heißer Tag, der Park ist nicht von Touristen überschwemmt. Nun kann ich vom Beifahrersitz aus alle Tiere aus nächster Nähe sehen. Zwischen den Bäumen zeigen sich äsende Giraffen, Elefanten mit Nachwuchs, die manchmal die Straße kreuzen, Wildschweine, Impalas, sogar eine Löwenfamilie und Leoparden. Also fast alle »big five«, wie die Afrikaner sagen. Ein bisschen Garten Eden, ein bisschen Disneyland. Den Fotoapparat habe ich vergessen. Aber es ist auch wichtiger, die Bilder im Herzen aufzubewahren. Wir halten zweimal an einer schönen Lodge, wo ich Jannie zum Essen einlade. Sie ist traurig, dass ich schon bald wieder fort bin, aber wir versprechen uns, weiterhin in Kontakt zu bleiben und uns wiederzusehen.

Als ich mich ein paar Tage später von Hendrik verabschiede, bevor Jannie mich zum Flughafen von Nelspruit bringt, ist er sichtlich erleichtert. Er ist wohl doch eifersüchtiger auf mich, als ich dachte. Früher waren Frauen eifersüchtig auf mich wegen ihrer Männer, und je älter ich werde, desto gefährlicher scheine ich den Männern meiner Freundinnen zu sein. Wahrscheinlich durch meine freie Ausstrahlung. Womit sie natürlich nicht ganz Unrecht haben.

Wir fahren zu dem Tierarzt, mit dem Jannie wegen der Impfungen telefoniert hatte, und er kümmert sich sofort, weil er weiß, dass wir einen Flug erreichen müssen. Allerdings weigert er sich, das Impfdatum vorzuverlegen. Er will keinen Ärger wegen eines *Ngnuni*-Bastards. So werden streunende Hunde genannt, die in der Nähe von Schwarzen leben. Dass ich diesen Ärger dann vielleicht bekomme, wenn ich durch den Zoll muss, interessiert ihn nicht so sehr. Wir hätten vielleicht doch zu einem schwarzen Tierarzt gehen sollen, denke ich verärgert. Aber ich sage nichts, um Jannie nicht zu kränken.

Irgendwie werde ich die Kleine, die ich nun Ninja nenne, schon durchbringen. Sie kann nicht gerettet worden sein, um dann in einer Quarantäne zu enden. Ich bin mir sicher, dass ich jemanden in Deutschland finde, der dieses zauberhafte afrikanische Weibchen, das keine zwei Kilo wiegt, ins Herz schließen wird. Denn meine große Hündin Skyla, die mich nun fast ein halbes Jahr nicht mehr gesehen hat, wird nicht begeistert sein, wenn ich ein Hundebaby mitbringe.

Am Flughafen verabschieden wir uns schnell, denn ich kann im Moment keine tränenreichen Abschiede mehr vertragen, und Jannie fühlt wohl ebenso, denn sie dreht sich um und geht, ohne zurückzuschauen.

Die kleine Hündin sitzt fast auf meinen Füßen, als ich einchecke. Der junge Mann am Schalter fragt, wem der Hund gehöre. Er schüttelt den Kopf, als er hört, dass ich ihn ins Flugzeug mitnehmen will. Normalerweise sei das kein Problem, wenn das Tier weniger als fünf Kilo wiege. »Aber das werden die Piloten nicht zulassen – es sind Weiße«, fügt er leise hinzu. »Sie können das Tier in einem Käfig mitnehmen, der dann in den Frachtraum kommt. Und das kostet 180 Dollar.« Ich falle fast in Ohnmacht. Ich kann doch die Kleine jetzt nicht am Flughafen aussetzen. Und Jannie ist schon weg.

Mit Karte kann ich nicht zahlen, weil der Apparat kaputt ist, und so krame ich das Geld, das ich in Komatipoort noch bar abgehoben habe, aus der Tasche, sage aber bestimmt: »Ich zahle, aber ich nehme sie mit in den Passagierraum. Der Frachtraum hat sicher keinen Druckausgleich, und da würde die Kleine sterben.« Er wiegt bedenklich den Kopf, weil er sich sicher ist, dass er diese dickköpfige Lady nicht vom Gegenteil überzeugen kann. »Dann müssen Sie die Piloten selbst fragen. Ich kann das nicht entscheiden.«

In der kleinen Bar direkt am Rollfeld trinke ich meinen letzten Kaffee, den kleinen Hund auf dem Schoß. Der junge Mann vom Schalter kommt und bringt einen kleinen Korb. »Nur für alle Fälle«, sagt er, »denn wenn die Piloten Nein sagen, haben Sie keine Chance.« Vorsichtshalber gebe ich der kleinen Ninja ein winziges Stück einer Valiumtablette, die Jannie mir mitgegeben hatte. Dabei dachte sie aber wohl eher an mich.

Ich schaue mich um, ob ich jemanden sehe, der der Pilot sein könnte. Dann sehe ich zwei junge, braun gebrannte, aber deutlich weiße junge Männer mit großen Sonnenbrillen Richtung Flugzeug an mir vorbeigehen, das schon auf dem Rollfeld steht.

Ich springe auf und begrüße sie mit meinem sonnigsten Lächeln. »Sie haben doch sicher nichts dagegen, wenn ich diesen Winzling mit in die Kabine nehme?« Fast angewidert schauen sie auf den Hund. »Kommt nicht in Frage, dafür ist kein Platz. Der *Ngnuni* kommt in den Frachtraum, oder er bleibt hier.« Dann gehen sie pfeifend weiter, ohne mich weiter zu beachten. Mit der Kleinen im Arm folge ich ihnen und setze mich direkt vor das kleine Flugzeug.

Die Piloten machen den Check-Up im Innern, und als ihr Blick auf mich fällt, schütteln sie amüsiert die Köpfe. Ich weiß, dass ich gerade ein Drama inszeniere, aber es ist mir völlig egal. Heilfroh bin ich, dass ich nicht irgendeinen Ehemann bei mir habe, dem das peinlich sein würde. So mache ich mich wenigstens nur ganz allein lächerlich.

Der schwarze junge Mann kommt mit dem Korb und stellt ihn neben mich. »Seien Sie vernünftig, und tun Sie den Hund hinein. Das ist nicht so schlimm im Frachtraum, wie Sie denken. Und wir starten in 15 Minuten. Die da oben werden fliegen, auch ohne Sie, wenn Sie auf dem Boden sitzen bleiben.« Ich schüttle wütend den Kopf. Plötzlich springt Ninja von meinem Schoß, und ich denke schon, dass sie davonlaufen wird wegen der schon laufenden Motoren. Sie aber schaut mich vorwurfsvoll an, geht gemütlich auf den Korb zu und schlüpft hinein. Dann rollt sie sich zusammen und ist Sekunden später eingeschlafen.

Jetzt lacht der Schwarze, und ich stimme mit ein. Selbst die Piloten, die das Ganze mit offenem Mund vom Cockpit aus beobachtet haben, amüsieren sich. Also, der Hund hat entschieden, denke ich und schließe den Korb, gebe ihn dem jungen Mann. Das Flugzeug startet ein paar Minuten später. Es ist halb leer, und ich weiß, dass das mit dem Platzmangel einfach gelogen war. Ein Machtspiel – nichts sonst. Gewonnen hat ihn aber letztlich dieses kleine Wesen.

Während des Fluges kann ich den Blick auf die Landschaft unter mir nicht so sehr genießen, wie ich möchte. Ich bin nervös wegen der Kleinen, und ich befürchte, dass ich in Johannesburg bei der Air France noch einmal Schwierigkeiten bekommen könnte. Ganz abgesehen von dem Impfpass, der wegen des frischen Datums eigentlich ungültig ist.

Nach neunzig Minuten kommen wir in Johannesburg an, und der Copilot sagt etwas freundlicher: »Bleiben Sie unten am Flugzeug stehen, dann kann man Ihnen den Hund gleich geben, so dass ihm der Transport bis zum Internationalen Terminal erspart bleibt.« – »Wenn er noch lebt«, antworte ich eine Spur zu schnippisch, und sein blauer Blick friert schon wieder ein.

Der Korb mit der Kleinen kommt zum Glück zuerst. Sie schaut etwas verwirrt um sich, ist aber lebendig. Wahrscheinlich hat sie den ganzen Flug verschlafen. Mit dem Hund auf dem Arm und meinem Handgepäck steige ich in den Zubringerbus zum International Airport, wo schon die Weinmanns, die netten Entwicklungshelfer vom Hinflug, auf mich warten. Sie wollen noch einen

Kaffee mit mir trinken, um von meinen Abenteuern zu hören. Ich hole mein Gepäck vom Rollband, sage den beiden, dass ich vorher besser noch bei der Air France einchecke und das mit dem Hund kläre.

Dann erstarre ich, als ich in meine Handtasche schaue. Der Beutel mit allen Papieren und dem Ticket ist nicht mehr da. »Er kann mir nur im Flugzeug beim Aufstehen herausgefallen sein«, murmele ich verzweifelt. Ich frage am Counter der Air France nach, ob ich auch ein Duplikat des Tickets bekommen könne, denn ich stehe ja auf der Passagierliste. Ein Kopfschütteln ist die Antwort. Ich müsse ein neues Ticket bezahlen, wenn das andere nicht auftaucht. Ja, der Hund könne mit in die Kabine, koste aber 650 Dollar. Wenn es so etwas wie ein Riechfläschchen gegeben hätte, würde ich es jetzt brauchen, denke ich. Schlimmer kann es eigentlich nicht mehr werden.

Ich frage die Weinmanns, ob sie vielleicht den Hund behalten könnten, denn das alles könne ich mir langsam nicht mehr leisten. Sie bedauern, sie hätten selbst bereits drei Hunde, und hier würde niemand einen solchen Mischling nehmen.

»Kann mich jemand zum Flugzeug bringen, damit ich nachschauen kann, ob ich meine Papiere dort verloren habe?«, frage ich den Mann am Schalter.

Der lächelt gequält. »Da ist inzwischen die Putzkolonne, und ich bezweifle, dass da noch etwas zu finden ist.« Ich werde wütend. Dieses arrogante …

Ich drücke Ninja den Weinmanns in den Arm. Noch gebe ich nicht auf. Dann sehe ich einen älteren Schwarzen, der mit dem Rollwagen an mir vorbeifahren will, auf dem vorher das Gepäck war. »Können Sie mich bitte aufs Rollfeld fahren? Ich habe meine Papiere und mein Ticket im Flugzeug vergessen«, flehe ich ihn an. Er stoppt, nickt, lässt mich aufsteigen, obwohl er dafür einen ärgerlichen Blick des Franzosen kassiert. Als ich ihm ein Trinkgeld geben will, muss ich es ihm fast aufdrängen. »Es ist mir eine Ehre, Madam«, sagt er. »Es wird noch alles da sein, sonst frage ich die Putzleute. Das sind meine Freunde, und sie stehlen nichts, auch wenn das hier vielleicht einige meinen.« Ich lächle ihn dankbar an und erzähle ihm auf dem Weg übers Rollfeld, dass ich viele Monate bei einem Sangoma gelebt habe. Er nickt und sagt: »Ich wusste, dass Sie etwas Besonderes sind.«

Meine Papiere waren tatsächlich heruntergefallen, und die Frau, die dort geputzt hatte, holt sie aus ihrer Schürze und gibt sie mir. Ich gebe ihr ein großzügiges Trinkgeld, und auch sie will es zuerst nicht annehmen, bis der Mann ihr in ihrer Landessprache etwas sagt. »Sangoma« kommt darin vor, und sie küsst meine Hand.

Ich kaufe das Ticket für Ninja, zahle zähneknirschend den Preis und gehe dann noch mit den Weinmanns in ein Bistro. Es sind noch zwei Stunden Zeit, und wir haben uns viel zu erzählen. Sie werden bald wieder nach Deutschland zurückkehren, und sie glauben auch nicht, dass sie mit den Solarkochern für den Kral bis dahin noch etwas unternehmen können. Ich dränge nicht mehr, vor allem weil Jambolane auf das Thema nicht gerade mit Begeisterung reagiert hatte. Dass ich nicht mehr alles in der Hand habe oder organisieren kann, wenn andere es gar nicht wollen, ist mir inzwischen klar geworden.

Als ich später durch die Kontrollen gehe, hebe ich den Impfausweis von Ninja nur gelassen hoch und schaue dem Kontrolleur in die Augen. Er sieht das aktuelle Datum nicht und winkt mich durch. In diesem Augenblick bin ich auch überzeugt, dass nichts mehr passieren kann, dass ich und der Hund geschützt sind.

Ninja sitzt in einer kleinen Tasche und ist während des langen Fluges ganz ruhig, sie schläft die meiste Zeit. Wann immer die Stewardess mit Essen kommt, schiebt sie ihr Köpfchen heraus und wird von mir gefüttert. Die Kaffeesahne schmeckt ihr besonders gut. Ich mache mir natürlich Sorgen, dass sie ihre Geschäfte in die Tasche macht. Auch wenn ich sie mit Papier ausgelegt habe, würde es ziemlich stinken.

So gehe ich immer mal wieder mit ihr in die Toilettenkabine und breite die mitgebrachte Zeitung aus. Ich fasse es kaum, aber sie ist stubenrein, ohne es gelernt zu haben, und macht ihr Geschäft immer auf die *Paris Match*.

Als mir die Zeitung ausgeht, frage ich die Stewardess nach einer weiteren *Paris Match*. »Aber sie hatten doch gerade schon eine. Wollen Sie vielleicht eine andere Zeitung?«, fragt sie freundlich. Ich zeige auf den Hund und antworte: »Sie macht besonders gern auf die *Paris Match*.«

Wir lachen beide.

Nach vierzehn Stunden landen wir in München. Es ist bitterkalt, und obwohl ich nach dem Zwiebelprinzip alles angezogen habe, was ich noch besitze – das meiste hatte ich im Kral verteilt –, zittere ich am ganzen Körper. Auch Ninja bibbert. Ich habe beschlossen, Ninja nicht in der Tasche durch den Zoll mitzunehmen. Die Argusaugen der bayerischen Beamten würden vielleicht doch auf das Datum im Impfpass schauen und sie dann hier in Quarantäne stecken. Also verstaue ich Ninja einfach unter meiner dicken Jacke und flüstere: »Keinen Ton, Süße, sonst fliegen wir auf.« Es scheint, als hätte sie aufgehört zu atmen, so ruhig kuschelt sie sich an meine linke Brust, die im Moment doppelt so groß aussieht wie die andere.

Ich erinnere mich an Don Eduardo, den Schamanen aus Peru, der bis zu seinem Tod mein Freund und Lehrer war. »Wenn du willst, dass dein Gegenüber etwas nicht sieht, hypnotisierst du ihn ganz kurz.« Er selbst hatte damit schon einiges Übergepäck durchgeschmuggelt, aber ich hatte es noch nie probiert. Wäre ja einen Versuch wert, denke ich und gehe mit einem strahlenden Lächeln auf die Zollbeamten zu. Sie winken mich durch.

Draußen wartet Heiner, mein Untermieter, mit Skyla, der großen Hündin, auf mich vor dem Auto. Er hat sich diese langen Monate liebevoll um den großen Hund gekümmert. Skyla freut sich, als sie mich endlich wiedersieht, und springt an mir hoch. Dann wittert sie den kleinen Hund und erstarrt. Ich hatte nicht gedacht, dass es sie so treffen könnte, wenn sie den jungen Hund sieht.

Ich beuge mich zur ihr hinunter und streichle sie: »Keine Sorge, sie bleibt nicht bei uns. Das ist nur vorübergehend.« Aber Skyla zieht den Schwanz ein und springt in den Fond des Wagens. Ninja jault und will zu dem großen Hund. Das wird nicht einfach, denke ich, aber ich bin nur froh, wieder zu Hause zu sein, und sauge die kalte Luft des zu Ende gehenden Winters begierig ein. Heimat, das hat schon was.

Zu Hause trinke ich das wunderbar kühle, saubere Wasser direkt aus dem Wasserhahn. Was hatte ich früher schon alles getan, um Wasser zu filtern, und nun bin ich dankbar für das nicht krank machende wunderbare Münchner Wasser. Wie ein Kind drücke ich auf alle Lichtschalter und erfreue mich am elektrischen Licht. So lange hatte ich die Errungenschaft der Zivilisation nicht, und jetzt bin ich begeistert wie ein Eingeborener, der aus dem Dschungel kommt. Was ja in gewisser Weise auch stimmt.

Rückbesinnung – Rückführung

Die folgenden Tage verbringt Ninja, die afrikanische Prinzessin, wie ich sie nenne – und manchmal auch Ratte, denn sie scheint jetzt alles nachzuholen, was ihr in den ersten Lebensmonaten nicht gelang –, vor allem damit, sich den Bauch vollzuschlagen und sich in den Mittelpunkt zu stellen. Sie hat Skyla zu ihrer neuen Mutter erkoren, was dieser gar nicht gefällt. Sie geht Ninja aus dem Weg, so gut es geht, und manchmal wirkt sie fast depressiv. Ich versichere ihr zwar immer wieder, dass Ninja nur so lange hier ist, bis ich eine Familie für sie gefunden habe. Aber offensichtlich versteht sie die menschliche Sprache doch nicht, denn sie schaut mich nur traurig an und winselt leise.

Ich streichle Skyla mehr als sonst, aber sie weicht auch mir aus. Wahrscheinlich habe ich ein schlechtes Gewissen und dadurch einen anderen Geruch. Denn als ich irgendwann sage, dass es jetzt eben so sei und mich ihr gegenüber normal verhalte, wirkt sie deutlich entspannter.

Ich gehe mit der Kleinen zum Arzt, denn ich will ja keine Krankheiten einschleppen, halte sie auch von anderen Hunden fern. Dass sich das Gassigehen meist unter meiner dicken Jacke abspielt, liegt an den Minusgraden, mit denen die Kleine überhaupt nicht klarkommt.

Nach einigen Wochen habe ich ein junges Paar gefunden, das Ninja zu sich holen möchte. Als sie sie abholen wollen, fängt sie an zu jaulen und hebt ihr rechtes vorderes Bein in die Höhe. Ich gehe noch mal zum Arzt, und das Röntgenbild zeigt deutlich einen Bruch, der schon etwas älter ist. Wahrscheinlich war es doch der Stein, den die Kinder im Kral nach ihr geworfen haben. Die ganze Zeit über hat sie diese Verletzung nicht gezeigt. Hat sie von Anfang an geplant, bei mir zu bleiben?, denke ich amüsiert. Aber nun ist es klar, ich kann sie nicht mehr weggeben. Wer nimmt schon einen behinderten Welpen?

An Schnee und Frost kann ich mich leichter gewöhnen als das zitternde Hundekind, denn nach der fast unerträglichen Hitze der vergangenen Monate empfinde ich Minusgrade angenehm. Nicht gewöhnen kann ich mich an die soziale Kälte, die mir bei jedem Gang in die Stadt auffällt. Das Aneinandervorbeigehen, die unzufriedenen Gesichter, auf denen sich selten ein Lächeln zeigt, machen mir zu schaffen. Aber war ich nicht selbst so? Eine Zerrissenheit macht sich breit, die ich überwunden zu haben dachte. Undankbarkeit für das, was ist, immer mehr haben wollen – das ist unsere westliche Welt. Wie arm waren meine Leute im Kral, wie sehr waren sie Krankheiten und auch dem Tod ausgesetzt, und dennoch war die Grundstimmung herzlich und fröhlich.

Ich kann meine Welt jetzt, so sehr ich die Annehmlichkeiten schätze, nicht mehr so sehen wie vorher. Als ein Kind an der Supermarktkasse nicht aufhört mit dem Quengeln, weil es noch mehr Süßigkeiten will, fahre ich es an, dass es froh sein soll, satt zu sein und nicht hungern zu müssen wie die Kinder in Afrika. Mir tut es gleich leid, denn ich mag auch die Kinder hier und kann es ihnen eigentlich nicht verübeln, so zu sein. Aber es rutscht mir einfach heraus. Das Kind hört sofort auf zu greinen und schaut mich erschrocken an. Aber ich spüre, dass es verstanden hat. Die Mutter regt sich auf – natürlich über mich.

In den Wochen nach meiner Rückkehr ist Mosambik völlig überschwemmt, viele Menschen sterben und werden obdachlos. Mein Herz blutet, wenn ich die Katastrophen im Fernsehen anschaue, und ich habe Angst um meine schwarze Familie – die ich jetzt viel mehr als solche empfinde als zu der Zeit, in der ich dort lebte.

Ich habe inzwischen in meinem weiten Freundes- und Bekanntenkreis zu Spenden aufgerufen, und die Unterstützung ist groß. Inzwischen habe ich 12 000 Euro auf einem Extrakonto sammeln können.

Ich faxe Jannie einen Brief an Jambolane und bitte sie, ihn ihm so bald wie möglich zu übergeben. Für erste Lebensmittel überweise ich ihr eine kleinere Summe von meinen bescheidenen Reserven, denn ich weiß, dass Hendrik sie da nicht unterstützen würde. Sobald die Wege etwas freier sind, fährt sie in den Kral, bringt die ersten Notrationen. Ich schreibe Jambolane, dass mein Herz bei ihnen allen ist, und ich hoffe, dass alle überlebt haben.

Auch von der Sammlung informiere ich ihn, und dass ich das Geld auf Jannies Konto überweisen möchte, damit sie in Zusammenarbeit mit ihm eventuelle Schäden an den Hütten mit Handwerkern, die mit ihr mitkommen würden, beseitigen lassen könne. Natürlich würde sie zuerst einmal Nahrung und auch Saatgut mitbringen, vielleicht auch ein paar Tiere, alles, was mehr als nur eine kurzfristige Hilfe wäre.

Jannie ist unsicher, ob Jambolane ihre Hilfe annehmen wird. Er war immer der Chef, und er ist ein schwarzer Mann. Sich von einer weißen Frau die Fäden aus der Hand nehmen zu lassen ist sicherlich schwer erträglich für ihn. Aber ich muss sicher sein, dass das gespendete Geld, das ich ohne Abzüge überweise, auch im Sinne der Menschen dort verwendet wird. Auch den Sponsoren gegenüber habe ich eine Verantwortung.

Jannie berichtet mir von ihrem ersten Besuch und erzählt mir, dass zwar niemand gestorben, aber viel zerstört und keine Nahrung mehr da sei. Für ein paar Wochen würde das reichen, was sie von dem Geld, das ich ihr überwiesen hatte, eingekauft hatte.

Jambolane zeigt sich zuerst gekränkt, dass Jannie über das Spendengeld verfügen soll. Er diktiert einen Brief an mich, in dem er mich bittet, ich solle selbst kommen, um ihm das Geld zu bringen, bedankt sich aber auch überschwänglich für meine Hilfe. Ich antworte ihm, dass eine Reise einen Teil der Spenden »aufessen« würde und ich ihn bitte, mit Jannie zu kooperieren. Dass ich nicht ihm und seiner großen Weisheit damit umzugehen misstraue, dass das Geld aber nicht von mir käme, sondern von fremden Menschen, Sponsoren, denen gegenüber ich Rechenschaft ablegen müsse. Das Ganze ähnelt ein wenig unseren Kämpfen, als ich noch vor Ort war.

Seine Klugheit und die Sorge um seinen Stamm lassen ihn bald einwilligen. Und Jannie überwacht sehr einfühlsam die Reparatur der Hütten, den Aufbau neuer Gebäude aus Stein, die Besorgung der nötigsten Dinge, den Kauf des Saatguts sowie einiger Kühe.

Durch ihre zurückhaltende Art hat der Sangoma immer das Gefühl, die Entscheidung allein getroffen zu haben. Das erinnert mich allerdings auch an einige meiner früheren Chefs in der Medienwelt. Für Jannie wiederum ist es eine große Herausforderung, den Menschen zu helfen und sich dabei offiziell einem Schwarzen unterzuordnen.

Manchmal telefonieren wir, und dann beschreibt sie das Leben im Kral. Es bereitet ihr immer mehr Freude, etwas für die Menschen dort zu tun, ein Auftrag, bei dem sie ihr Christsein beweisen kann.

Zu den Hunden sei man nun viel freundlicher, auch wenn sie nach wie vor wie Gerippe aussähen. Die Brüder von Ninja haben einen guten Platz bei einem Farmer bekommen.

Von Hendrik hat sie sich inzwischen getrennt, sie lebt in einer kleinen Wohnung, arbeitet sehr viel mehr, aber sie genießt ihre neue Freiheit. Ein endgültiger Umzug in eine größere Stadt steht bevor, und nach Abschluss der Arbeiten kann sie den Kral nicht mehr besuchen. Ich muss einen neuen Weg der Kommunikation finden.

Inzwischen aber haben Kleopatra und Miriam besser Englisch gelernt, nicht zuletzt mit Hilfe von Jannie, so dass ich doch manchmal Post bekomme. Der Baba diktiert ihnen seine Gedanken, dankt mir und und sagt, er wisse, dass ich wiederkomme. Er *wisse* es einfach. Und ob ich auch daran denke, dass ich nicht nur ihnen, sondern auch meinem Volk und zuerst einmal mir selbst helfen müsse. Durch meine Gaben, dadurch, dass ich nun auch eine Sangoma wäre.

Ich antworte ihm, dass ich natürlich nicht die Rituale machen könne wie bei ihnen, ich aber auf meine Art arbeite, so gut ich könne. Und dass ich nie mehr krank war, mich sogar stärker und jünger fühle als früher.

Die afrikanische Zeit hat mich verändert. Ich lebe zurückgezogener als früher, brauche meine stillen Zeiten. Die Glamourzeit des Fernsehens, für das ich so lange gearbeitet habe, ist endgültig vorbei, und ich vermisse es keine Sekunde. Die tiefen, wichtigen Freundschaften haben meine Abwesenheit wie auch meine Veränderung überlebt, andere Menschen haben sich zurückgezogen. Ich bin nicht mehr so amüsant wie früher. Auch ich ziehe mich von einigen Menschen zurück.

Das Filmprojekt sage ich ab, selbst den angebotenen Buchvertrag unterzeichne ich nicht, weil mir meine Erfahrungen, mein Sein zwischen Leben und Tod, nicht vermittelbar erscheinen. Noch mag ich mit dem, was ich dort erfahren und erlebt habe, nicht an die Öffentlichkeit gehen – muss es erst selbst verstehen.

Es hat noch viele Jahre gedauert, bis ich begreifen konnte, warum ich diese Prüfungen durchleben musste und dass sie zu meinem inneren Wachstum gehörten. Und dass bestimmte Erfahrungen so lange schmerzen, bis Vertrauen und Hingabe ohne Anstrengung einfach da sind.

Ohne Werbung machen zu wollen, finden mich hin und wieder Menschen, die meine Hilfe brauchen und annehmen können. Und die Beweise dafür, welche Fähigkeiten in mir schlummern, bekomme ich jedes Mal. Meine Zweifel haben abgenommen, sind aber nicht völlig aufgelöst. Vielleicht ist das auch ganz gut so, um die Erdung nicht zu verlieren.

Der Esoterikmarkt boomt, und die Gefahr, zu einem Scharlatan zu werden, wenn man davon seinen Lebensunterhalt bestreiten muss, ist groß. Als Energieausgleich muss man für das Zusammensein mit Hilfesuchenden Geld nehmen – wie ein Handwerker –, aber die Heilungen selbst sind unbezahlbar.

Meine Rente reicht für ein Leben ohne Luxus, und manchmal macht es mir sogar Spaß, ein paar Monate nur von dem zu leben, was ich in der Natur finde, ob das Pilze sind, Kräuter, Äpfel oder Kartoffeln. Wobei das in Deutschland ab November natürlich schwierig wird.

Der Wechsel aus der realen Welt in die unsichtbare, was auch den Kontakt mit den Wesen aus der geistigen Welt, den Spirits, angeht, gelingt mir bei Behandlungen immer leichter. Da ich es schwer aushalte, wenn mich diese Gabe im Alltag begleitet und ich häufig all das wahrnehme und sehe, habe ich darum gebetet, mir diese Kraft und die Verbindung nur während meiner Zeremonien zu geben. Es gelingt, und es geht mir besser dabei. So machen es die Schamanen, die Sangomas ja auch. In ihrem Alltag sind sie realistisch, ganz auf dieser Erde, und dann können sie nach Bedarf in die anderen Welten wechseln.

Auch wenn meine schwarzen Freunde mich für reich hielten, in meinem Umfeld gehöre ich eher zu den »Ärmeren«. Das, was ich in der Zeit, in der ich mit ihnen gelebt habe, ausgegeben habe, hatte ein großes Loch in meine Ersparnisse gerissen, das ich nur langsam und mühsam wieder stopfen konnte, meist durch Arbeit und manchmal auch durch die Unterstützung von Freunden, die das, was ich mache, schätzen.

Im Jahr nach meiner Reise gibt es viele Hungersnöte in Afrika, von denen auch meine Leute betroffen sind. Wieder rufe ich eine Spendenaktion ins Leben und bekomme noch mehr Geld zusammen, das wie immer ohne Abzüge überwiesen werden soll. Auch mein Sohn, der inzwischen beruflich sehr erfolgreich ist, beteiligt sich mit hohen Summen.

Nun muss ich einen anderen Weg finden, wie Jambolane zu dem Geld kommt, weil Jannie nicht mehr da ist. Ich bespreche das Problem telefonisch mit Percy in Soweto, und er schlägt vor, zu Jambolane, seinem Meister, zu fahren und mit ihm ein Konto in Komatipoort zu eröffnen.

»Und wie soll er sich das Spendengeld holen?«, frage ich. Ich will es auf jeden Fall in mehreren Raten überweisen, weil ich immer noch befürchte, es würde sonst zu schnell wieder weg sein. Und ich sage Percy auch, er müsse Jambolane klarmachen, dass ich den Kral nicht auf Dauer unterstützen könne, dass mehr für die Zukunft getan werden müsse, und die Kinder Schulen besuchen sollten. Er verspricht es mir. Als er zurückkommt, ruft er mich an.

Jambolane sei bereit, in meinem Sinne mit dem Geld umzugehen. Das Konto sei eröffnet. »Ich habe einen Kumpel wiedergetroffen, der beim Militär war. Der wird immer mit Jambolane zur Bank fahren, weil das nur bewaffnet geht«, sagt er und lacht. »Ja, so ist das bei uns. Und auch ein Sangoma ist gegen Überfälle nicht gefeit.« Dann erzählt er mir, dass Patrick, einer von Jambolanes älteren Söhnen, den ich auch kannte, inzwischen an Aids gestorben sei, mit 21 Jahren, und der Alte sehr darunter leide, ihm nicht rechtzeitig geholfen zu haben.

Wie zuvor trage ich selbst die Kosten der Überweisungen als meinen Beitrag, und es ist nicht ganz leicht, es immer so zu organisieren, dass Jambolane mit seinem »Bodyguard« das Geld abheben kann. Aber es gelingt, und durch die Briefe von Kleopatra erfahre ich, dass es offensichtlich gut angelegt wurde.

> Ich denke viel über mich nach und frage mich oft, warum diese Reise sein musste und was sie zu meiner persönlichen Reifung beigetragen hat. Zuerst dachte ich, dass es der soziale Aspekt war, der mir sehr am Herzen lag und liegt. Und wieder werde ich mit meiner Überheblichkeit konfrontiert. Bin ich nicht auch nur der weiße »Herrenmensch«, der den armen Schwarzen, die ohne die westliche Welt verhungern würden, zeigt, wie man es richtig macht? Ich erkenne immer noch ein pralles Ego, das sich für etwas Besseres hält. Nur weil ich weiß bin und mehr Geld zur Verfügung habe als sie. Dabei haben sie mir mindestens genauso viel gegeben wie ich ihnen. Auch wenn ich an diesen Geschenken manchmal herumnörgle wie ein unzufriedenes Kind.

Ich weiß, dass sich noch einiges in mir verändern muss, damit ich wirklich nur dankbar sein kann und zu bedingungsloser Liebe und Vertrauen fähig bin. Auch wenn ich erfolgreiche Heilbehandlungen durchführe, bei denen ich auch mit Engeln, Spirits und Verstorbenen kommuniziere: Ich verheimliche es nach wie vor. Die Angst vor Bestrafung, vor Spott ist weiterhin da. Obwohl ich in unseren Breitengraden weder gesteinigt noch verbrannt werden kann. Ächtung ist schon genug.

Bei den Esoterikern fühlte ich mich zuerst sehr wohl, bis ich feststellte, dass einige noch viel verrückter waren als ich. Die auch im Alter kindlich gebliebene Vinaya, mit bürgerlichem Namen Helga, gewann mein Herz durch ihre nicht zu bremsende Fröhlichkeit. Sie sah alles positiv, auch wenn sie im Schlamm watete. Und als sie von Wesen sprach, die über 1000 Jahre alt seien, und verkündete, sie würde auf jeden Fall 300 Jahre alt werden, aber keine Ahnung hatte, wovon sie die nächste Miete zahlen würde, zog ich mich zurück. Was sie nicht abhielt, mich weiterhin mit ungebrochener Herzlichkeit zu überschütten, die wie ein warmer Monsunregen war, wenn sie mich irgendwo erwischte.

Dass ich auch noch mehr Achtsamkeit und Achtung vor anderen – wie vor mir selbst – lernen muss, wird mir immer klarer. Denn ich nahm die »Esoterikjunkies« auch nicht ernst – fühlte ich mich doch durch sie wieder einmal in meinem Misstrauen, meiner Abwehr gegenüber Unerklärbarem bestätigt. Wenn ich nicht gerade heimlich meine

Behandlungen durchführte, umgab ich mich weiterhin mit Menschen, die das alles als Spinnerei betrachteten. Eine Achterbahn meiner Gefühle und Gedanken, die immer noch eine tief sitzende Angst als Basis hatten – es war, als ob ich zwei Personen wäre.

Ich lese viele Bücher zu dem Thema, und die Autoren erscheinen mir bisher nicht allzu verrückt zu sein. Mehr und mehr erkenne ich jedoch, dass ich schon lange vor der Afrikareise Erklärungen bekommen hatte, und gebe meinen Zweifeln immer weniger Raum. Die Erfahrungen meines nicht eben einfachen Lebens waren Beweise genug.

Zweimal war ich in Todesgefahr und wurde gerettet. Zufall? Einmal stürzte ich im Gebirge elf Meter ab, überlebte, auch wenn ich mich danach jahrelang immer wieder in Krankenhäusern aufhielt. Ein Geschwader von Schutzengeln müsse um mich gewesen sein, meinte der Arzt, der mich behandelte. Da er dabei lachte, nahm ich das mit den Engeln nicht allzu ernst. Noch nicht.

Ein anderes Mal versuchte der Mann, mit dem ich lebte, mich aus heiterem Himmel umzubringen. Als ich schon halb tot war, nicht mehr atmen konnte unter seinem Würgegriff, betete ich lautlos: »Lieber Gott, lass diesen Menschen nicht zu meinem Mörder werden.« Der Mann, der mich liebte und nun töten wollte, ließ los und starrte mich fassungslos an, weil ihm nicht bewusst gewesen war, was er tat. Vielleicht hatte ein Gott uns gerettet, dachte ich später,

aber wenn es ihn gab – warum ließ er es denn zu, dass so etwas überhaupt passierte? Ich war ratlos.
Nach vielen Therapien, von denen einige mich immerhin aus dem tiefsten Dunkel herausholten, besuchte ich – ohne beruflichen Auftrag – immer häufiger Seminare, die sich mit außersinnlichen Phänomenen beschäftigten. Die Menschen, denen ich dort begegnete, schienen nicht verrückt, sondern weltoffen und sogar sehr geerdet zu sein. Aber sie hatten sich schon lange mit diesen Dingen beschäftigt und sie zu einem Teil ihres Lebens gemacht.

Auf einem Kongress traf ich erneut Graf Keyserling, den österreichischen Philosophen, der so viel Humor hatte und dessen scharfen Verstand und wachen Geist ich bewunderte. Kein fehlgeleiteter Irrer also. Nach dem Ende seines Vortrags bat ich ihn um ein Gespräch, erzählte ihm von meinen »Erscheinungen« und auch, dass ich als Kind solche Gaben hatte, sie aber seither verleugnet und panische Angst davor hätte. Er schlug mir eine Rückführung in ein Leben vor, in dem meine Ängste ihre Ursprünge gehabt haben könnten.

Als alle Teilnehmer aus dem Raum waren, schloss er die Tür ab. »So sind wir ungestört«, zwinkerte der alte Mann mit dem weißen Bart mir zu, und einen kurzen Moment dachte ich, er könne andere Absichten haben. Er sah mich an und lachte. »Nett, dass du mir das zutraust, aber wir machen jetzt wirklich eine Rückführung. Vielleicht hilft dir das.«
Ich legte mich auf die Matte, und er setzte sich hinter mich. Er bat mich, tief zu atmen, und sprach mit dunkler, mono-

toner Stimme. Mit jedem Atemzug vertraute ich ihm mehr, ließ mich fallen, seine Stimme machte mich schläfrig. »Du landest jetzt genau in dem Leben, aus dem deine Ängste vor Bestrafung begannen, die Bestrafung für deine Gaben, mit denen du doch nur helfen wolltest.«

Ich bin in einem Wald, die Vögel zwitschern. Ich lache und sehe mich nun von außen. Ein ganz junges Mädchen bin ich, vielleicht siebzehn, trage ein baumwollenes, etwas zerrissenes Kleid, habe einen Korb in der Hand und bücke mich zu den Pflanzen, pflücke sie. Ich drehe mich um und sehe eine ältere Frau, die mir zuwinkt. »Du sollst nicht so weit von der Hütte weggehen, meine Kleine. Es ist gefährlich da draußen. Komm zurück.«

Ich murre, denn ich liebe es, allein durch den Wald zu streifen. Aber ich gehorche, gehe zurück in die baufällige Hütte. Die Frau ist meine Mutter. Sie steht am offenen Feuer und rührt in einem Topf. »Lass mich sehen, was du gefunden hast.« Sie lächelt. »Du kennst die Heilpflanzen inzwischen fast so gut wie ich. Gib sie her, damit ich sie zubereiten kann. Nach Einbruch der Dunkelheit werden wir ein paar Kranke besuchen. Du weißt ja, dass uns niemand sonst sehen darf. Die Kranken brauchen uns und werden uns nicht verraten.« Ich nicke. Das ist erst seit ein paar Jahren so. Vorher waren wir gern gesehen, und ich wusste, dass ich im Wald geboren worden bin, aber nicht, wer mein Vater war. Sie wollte es mir einfach nicht verraten. » Zu deiner Sicherheit«, wehrte sie immer ab.

Ich bin traurig, denn ich, die ich ihr sonst alles erzähle, verschweige ihr, dass ich manchmal den jungen, schlanken Burschen mit den grünen Augen aus dem Dorf treffe und mein Herz heftig schlägt, wenn wir zusammen sind. Er sagt mir, wie sehr er mich liebe, und dass er mich heiraten wird eines Tages. Scheue Küsse tauschen wir aus, gehen Hand in Hand durch den Wald, aber sonst berührt er mich nicht.

»Wann wird es endlich anders?«, seufze ich halblaut. Meine Mutter schaut mich besorgt an. »Ja, irgendwann werden wir wieder so geachtet wie früher, als ich noch den Kindern auf die Welt helfen konnte. Aber es gibt zu viele, die uns jetzt hassen, uns verfolgen, und man darf niemandem trauen«, sagt sie leise.

Ich hörte jetzt wieder die Stimme des Grafen: »Jetzt erlebe den Augenblick deines Todes«, sagte er.

Ich schreie, sehe mich an einen Pfahl gebunden. Neben mir meine Mutter an einem anderen Pfahl, ihr Gesicht blutig, der Kopf nach vorne gesunken. Holz ist um uns geschichtet, die Leute des Dorfes warten stumm. Warum tun sie nichts, wir haben doch allen schon mal geholfen, denke ich verzweifelt. Dann sind da noch Männer in Talaren, die ich nicht kenne. Ich fürchte mich.

»Ihr wolltet nicht abschwören von euren teuflischen Taten, selbst die Folter habt ihr überstanden. Deshalb sollt ihr jetzt brennen wie alle anderen Hexen im Land«, hallt die Stimme des fremden Mannes in meinen Ohren wider. Dann wirft er

eine brennende Fackel auf das Holz. Durch die Rauchschwaden sehe ich meinen Liebsten. Sie haben ihn gefesselt, und er weint.

»Ich habe dich nicht verraten, und ich weigere mich auch, den Scheiterhaufen anzuzünden. Lieber sterbe ich«, ruft er, und ich spüre seine ohnmächtige Verzweiflung. »Sie sind mir gefolgt und haben euch gefunden. Bitte vergib mir«, schreit er. Die Flammen züngeln, und ich habe Angst. Der Rauch steigt in meine Lungen. »Ich liebe dich auch«, rufe ich zurück, »und irgendwann werden wir uns wiedersehen.« Dann wende ich mich an den Henker. »Ich schwöre, es nie wieder zu tun, wenn ihr ihn leben lasst«, rufe ich. Jetzt lachen alle. »Nun hat sie die Zauberei doch noch zugegeben«, sagt der Mann mit dem Talar triumphierend. »Dann geschieht ihr der Feuertod ganz recht. Zur Hölle mit ihr, wo sie herkommt.« Die Schmerzen werden unerträglich, und ich kann nicht mehr aufhören zu schreien. Gleich würde es vorbei sein.

In diesem Moment rüttelte jemand an meiner Schulter. »Du bist in Sicherheit, das ist alles schon lange vorbei«, sagte der Graf und streichelte meinen Kopf. Es dauerte eine Weile, bis ich mich beruhigt und meine Tränen getrocknet hatte. »Jetzt weißt du, woher deine Ängste kommen. Du bist für deine Gaben gestorben und hast damals geschworen, sie nie wieder anzuwenden. Doch jetzt lebst du in einer anderen Zeit und musst dich nicht mehr an diesen Eid halten. Du bist frei.«

Ich war beeindruckt, aber es dauerte nicht lange, bis ich dieses Erlebnis als Fantasieprodukt abtat und damit wieder relativierte, wie auch die vielen Bücher, die ich gelesen hatte.

»Heute wird man für das Anderssein nicht mehr hingerichtet, jedenfalls nicht in der westlichen Welt«, sagte ich dem Grafen später. »Aber die Ächtung, die man erfährt, und dass man der Lächerlichkeit preisgegeben ist – das reicht auch schon.«

Er lächelte weise. »Das habe ich schon lange hinter mir, und es ist mir egal«, sagte er dann.

Bis zu seinem Tod blieb ich mit ihm und seiner Frau befreundet, nahm an vielen seiner Veranstaltungen und Rituale teil, nur ganz konnte er meine Skepsis nicht auflösen. Und so ging ich weiter auf dem dornigen Weg, Vertrauen und Erkenntnis zu finden.

Durch ihn lernte ich ja auch Don Eduardo, den Schamanen aus Peru, kennen, durch den ich eine weitere Chance erhielt, zu mir zu finden. Der sagte mir damals schon, ich sei eben eine harte Nuss für die unsichtbare Welt. Und offensichtlich musste ich durch immer schwerere Prüfungen gehen, fast sterben wie auch in Afrika, bis ich endlich, endlich anfing zu verstehen.

Die Jahre nach meinem Afrika-Aufenthalt lebe ich weiter allein, kümmere mich um Kranke wie auch um Freunde, und das füllt mich aus. Der Mann mit dem weißen Bart und den grünen Augen, den Jambolane beim Knochenorakel gesehen hat, ist mir nicht begegnet, und ich finde mich damit ab, dass Jambolane sich wohl in diesem Fall geirrt hat und ich die Liebe, die ich in mir habe, nun auf viele Menschen und Tiere verteilen kann.

Ich bin viel in der Natur und werde kein einziges Mal mehr krank, nicht mal eine Erkältung erreicht mich. Das Ziegenritual scheint immer noch zu wirken.

Mein Bedürfnis, mal nachzuschauen, was aus allen geworden ist, wird mit der Zeit immer größer. Aber ich habe kein Geld für eine solche Reise, würde es – falls ich es hätte – auch lieber direkt an meine Leute weitergeben. Ngwenya hat mir inzwischen das Foto der kleinen Hella geschickt, deren zweiter Name der Swasiname Gabsile ist, und sie wächst und gedeiht, wie er mir schreibt.

Dann kommt der Tag, an dem mir mein Sohn eine Weltreise anbietet. Er hat so viele Meilen übrig von seinen Reisen rund um den Globus, dass er mir diese Möglichkeit eröffnet als Dank, dass ich ihn mehr oder weniger allein großgezogen habe. Als ich das Angebot vor mir habe, die vielen Orte, die ich weltweit besuchen könnte, freue ich mich und weiß zugleich, dass ich das so nicht möchte.

Ich frage ihn, ob ich ein kleineres Stück vom Kuchen haben kann, weil ich gerne nach Indien möchte und vielleicht vorher noch mal ein oder zwei Monate nach Afrika zu »meinen Leuten«. Ganz versteht er es nicht. Er war inzwischen mit seiner Frau zusammen ebenfalls in Südafrika, wohnte in den teuren Lodges und kennt das Land von einer ganz anderen Seite. Aber das ist mir nicht wichtig, auch wenn ich ihm verspreche, nicht nur im Kral zu sein, sondern es mir auch gut gehen zu lassen.

Ich werde ihm immer dankbar dafür sein, dass ich diese erneute Möglichkeit hatte, meine schwarzen Freunde zu besuchen, auch wenn es später schwierige Zeiten für unsere bis dahin meist stabile Mutter-Sohn-Beziehung gegeben hat. Was zum Ablösungsprozess dazu gehört und das persönliche Wachstum letztlich nur fördert.

Liebe heilt letztlich alle Wunden, wenn man bereit dazu ist. Und wie alle Eltern musste auch ich lernen, dass Kinder eben nur »Leihgaben« sind und einem nicht gehören.

ZWEITER TEIL

Die Rückkehr

»Wende dein Gesicht der Sonne zu,
dann fallen die Schatten hinter dich.«
Sprichwort aus Südafrika

Es dauert noch einige Monate, bis ich die Reise antreten kann. Diesmal ist alles besser organisiert.

Ngwenya wird in dieser Zeit wieder bei seinem Lehrer sein und soll mich in Nelspruit abholen. Wenn das nicht geht, kommt Doc, der älteste Sohn des Sangomas. Ich würde diesmal lieber einen Leihwagen nehmen, denn so abhängig wie das letzte Mal möchte ich nicht noch einmal sein. Aber ich will auch nicht unhöflich sein.

Ich habe vor, ungefähr zwei Wochen im Kral zu bleiben und nach dem Rechten zu schauen, vor allem auch wie das Geld aus den Sammlungen angelegt worden ist. Und ich suche größere Klarheit in mir selbst. Immer wieder reflektiere und frage ich mich – wo nagt noch der Zweifel, wo triumphiert das Ego, das wir wahrscheinlich alle auf der Schulter tragen, solange wir leben?

Mit Ngwenya will ich dann zu seiner Familie nach Swasiland fahren. Seine geliebte Frau ist vor Kurzem gestorben, und Ngwenya ist untröstlich, wie ich aus seinen Briefen herauslese. Danach möchte ich mich noch in der Nähe von Durban in San Lucia ein paar Wochen erholen. Ich habe alles bereits von Deutschland aus gebucht, denn diesmal soll es eben auch eine Erholungsreise sein.

Ich sammle Geld, Medizin, Kleidungsstücke und vor allem viel Modeschmuck, der die Augen der Frauen und Kinder das letzte Mal schon zum Leuchten gebracht hatte. Doch diesmal werde ich wohl nicht mit so viel Übergepäck durchkommen wie das letzte Mal. Also bleibe ich unter den erlaubten 30 Kilo. Obwohl ich fünf Jahre älter geworden bin, ist meine Abenteuerlust ungebrochen. Etwas weniger risikobereit bin ich vielleicht geworden – und bescheidener.

Der Kontakt mit Jannie war vor ein paar Jahren plötzlich abgebrochen. Bei einem unserer letzten Telefonate klang sie bereits mutlos und meinte, sie würde es finanziell doch nicht allein schaffen. Dann wurde ihr auch noch gekündigt, und sie sagte, dass sie Hendriks Drängen nachgeben und wieder zu ihm ziehen würde. Er habe ihr versprochen, sie diesmal besser zu behandeln und ihr allen Freiraum zu lassen: »Weißt du, er ist ja auch sehr alt inzwischen, und ein bisschen fühle ich mich auch verantwortlich.« Dann hörte ich nichts mehr von ihr. Alle Telefonnummern funktionieren nicht mehr, aber ich bin entschlossen, sie zu suchen, wenn ich wieder in Afrika bin.

Heiner, mein treuer Untermieter, hat mir versprochen, sich während meiner Abwesenheit nun um meine beiden Hunde zu kümmern. Er hängt sehr an ihnen, und ich mache mir keine Sorgen.

Anfang Oktober steige ich ins Flugzeug nach Johannesburg. Dort ist es jetzt Frühling. Der hiesige Spätherbst und der Winter sind die besten Reisezeiten für diese Länder. Die Reise ist als abgespeckte Weltreise so gebucht, dass ich von Afrika aus vor dem Flug nach Indien noch einmal eine Woche Zwischenstopp in München machen muss.

In der Boeing erscheinen mir die Sitze in der Touristenklasse als besonders eng, und als die freundliche Frau neben mir sich während des Fluges so breitmacht, dass sie fast auf mir liegt und schnarcht wie ein Holzfäller, ist an Schlaf nicht zu denken. Als ich entsprechend gerädert in Johannesburg angekommen bin, sagt man mir, dass die Maschine nach Nelspruit nicht flugtauglich sei und man auf die warten müsse, die auf dem Weg zurück sei. So dauert es weitere fünf Stunden, bis ich weiterfliegen kann.

Percy ist diesmal in »vollem Ornat« zum Flughafen gekommen und beeindruckt vor allem die Touristen. Er gibt mir ein Geschenk und einen Brief für seinen alten Lehrer mit, nimmt gern mein gutes Bakschisch an, lässt sich zum Essen einladen, und dann bin ich allein.

Ein Schwarzer um die vierzig, ein Flughafenangestellter, sorgt dafür, dass mein Gepäck an den richtigen Platz kommt und ich auf die neue Maschine gebucht werde. Dann hat er eigentlich frei, leistet mir aber noch Gesellschaft bis zu meinem Abflug. Er ist in Soweto geboren, erzählt er mir, und er habe den Sangoma, mit dem ich gerade zusammen war, auch gekannt. Percy habe sich bei den blutigen Unruhen 1976 sehr für seine Leute eingesetzt. »Ich war noch ein Kind, und meine Mutter hat mich versteckt, denn auch die Kinder gingen damals in die Schlacht und wurden getötet. Meine älteren Brüder sind gestorben, deshalb hat meine Mutter mich und meine Schwestern versteckt.«

Ob denn für ihn und seine schwarzen Schwestern und Brüder jetzt, seit dem Ende der Apartheid, alles besser sei, frage ich.

»Du siehst, ich kann hier arbeiten wie andere auch, das ist ein großer Unterschied, und ich darf hier mit dir sitzen und reden, ohne verjagt zu werden«, antwortet er. »Aber bis es wirklich eine Gleichheit zwischen Schwarz und Weiß gibt, wird es noch lange dauern. Auch wenn unser Held Mandela so viel bewirkt hat«, setzt er nachdenklich hinzu.

Jambolane hatte ich ein Handy geschickt, aber ich bin nicht sicher, ob es im Kral inzwischen Empfang gibt. Ich rufe ihn an und bin überrascht, dass es klappt. Ich gebe ihm meine neue Ankunftszeit durch, und er sagt, wie sehr er sich freue.

Als ich in Nelspruit aussteige, sind weder Ngwenya noch der Sohn des Sangomas am Flughafen. Das erinnert mich an meine erste Reise. Aber inzwischen gerate ich nicht mehr in Panik, denn ich weiß, dass sich alles fügen wird. Also nehme ich mir dann doch einen Leihwagen, so wie ich es anfangs geplant hatte. Es ist der letzte, der zu bekommen ist. Zuerst einmal fahre ich zum Doc, dem Sohn des Alten, denn den Weg in den Kral finde ich allein nicht, das weiß ich. Es dauert fast zwei Stunden, bis ich in Malelane bin. Den Linksverkehr bemerke ich erst, als mir immer mehr »Geisterfahrer« entgegenkommen.

Im Township frage ich mich nach der neuen Adresse des Docs durch.

Er hat mit seinen Maisfeldern wohl gut verdient, denn er hat ein neues Haus gebaut. Winni und der Doc begrüßen mich freundlich, machen mir aber klar, dass zu wenig Platz da sei und sie mir ein Zimmer in einer Lodge am Nationalpark gemietet haben. Sie wissen von den großzügigen Spenden aus Deutschland an seinen Vater und scheinen gekränkt zu sein, dass für die eigene Familie nichts abgefallen ist. Ich bekomme noch einen Drink, bevor mich Winni zur Lodge lotsen soll. Nun spreche ich ihren Mann direkt an. »Du weißt, Doc, wie sehr die Familie deines Vaters diese Hilfen brauchte, und wie ich sehe, hast du es ja auch ganz allein zu Wohlstand gebracht.«

Nun breitet sich doch ein stolzes Lächeln auf seinem Gesicht aus. Das Lob hat ihm gutgetan, und die Kränkung ist vergessen. Er klopft mir so anerkennend auf die Schultern, dass ich wieder blaue Flecken bekommen werde wie bei der letzten Begegnung mit ihm. »Am Abend kommen Winni und ich noch zum Essen in die Lodge. Du wirst sehen, da wird es dir wenigstens für eine Nacht gut gehen.«

Er versteht überhaupt nicht, dass ich noch einmal im Kral leben will, und sei es auch nur für zwei Wochen. »Gut, dass du das Auto hast«, brummt er, »dann kannst du jederzeit wieder verschwinden.« Inzwischen gehe ich auf den Hof, um die Hunde zu begrüßen, die Welpen von damals. Sie laufen frei herum. Das freut mich nur kurz, denn da stürzen sie sich schon mit wütendem Gebell auf mich, der größte zwickt mich sogar ins Bein. Ich bin froh, meine Stützstrümpfe aus dem Flugzeug noch zu tragen. Dann stelle ich mich vor die Zähne fletschende Meute und schreie sie so laut ich kann zusammen. Sie kuschen sofort. Der Doc meint anerkennend: »Das sind eben gute Wachhunde, und bei mir traut sich niemand einzubrechen.«

»Dann solltest du ihnen noch beibringen, Gäste von Einbrechern zu unterscheiden«, antworte ich mit einem schärferen Ton.

Nun bin ich doch froh, nicht in diesem Haus bleiben zu müssen, dem Doc und seiner Familie nicht mehr ausgeliefert zu sein wie beim letzten Mal. Winni fährt vor mir her, und die Lodge ist wirklich sehr schön. Ein altes afrikanisches Haus, ein ehemaliges Gymnasium für weiße Kinder. Es liegt direkt am Nationalpark, und ich bekomme für den Preis eines Zimmers eine große Suite. Als Erstes dusche ich ausgiebig, denn darauf werde ich in den nächsten Wochen verzichten müssen. Ich setze mich an einen Tisch mit Blick in den Park, wo man hinter einem Zaun die wilden Tiere sehen kann, die sich dort an einer Wasserstelle aufhalten.

Es ist kurz vor Sonnenuntergang und immer noch 30 Grad. Afrika genießen und gut für mich sorgen – das hat dieses Mal Priorität für mich. Als Winni und ihr Mann ankommen, habe ich bereits angefangen zu essen. Dem Kellner hatte ich schon vorher gesagt, dass die beiden, falls sie noch kämen, nicht meine Gäste seien. »Sie gehören zu den Farbigen dieses Landes, die ihr Essen selbst zahlen können«, hatte ich wie selbstverständlich erklärt.

Der Ober grinst und legt dem Doc nach dem Essen die Rechnung hin. Dessen Gesicht wird noch dunkler, als es ist, aber dann zahlt er, ohne mit der Wimper zu zucken, und legt noch ein großzügiges Trinkgeld obendrauf. Mit einem Blick hat er gesehen, dass meine Mahlzeit nicht auf der Rechnung steht, was ihn sichtlich erleichtert. Mir ist klar, dass ich die beiden nicht wiedersehen werde und kann es ohne Schuldgefühle und Trauer hinnehmen. Nicht alle schwarzen Menschen müssen meine engsten Freunde sein. Und irgendwie verstehe ich ihn jetzt auch besser. Es geht nicht um Gut und Böse, sondern für mich mehr und mehr darum, klarer mit mir und anderen umzugehen.

Noch lange stehe ich auf der Terrasse vor meiner Suite und höre den Geräuschen des Dschungels zu, bis es ganz dunkel ist und der Sternenhimmel fast bis auf den Boden reicht. Und ich schlafe tief und gut ohne Angstträume. Dieses Mal mag ich nicht nur in Armut leben, darf auch etwas Luxus genießen. Ich rufe Jambolane noch einmal an und bitte ihn, mir jemanden in die Lodge zu schicken, weil ich den Weg in den Kral nicht finden könne. Er macht keine Bemerkung dazu, dass sein Sohn das wohl nicht übernimmt.

Am nächsten Morgen schwimme ich meine Runden im Pool, frühstücke reichlich und warte auf Dodo, eine Tochter Jambolanes, die mit dem Bus zu mir kommen soll, um mich zum Kral zu lotsen. Sie kommt einigermaßen pünktlich, und ich frühstücke noch einmal ausgiebig mit ihr.

Zuerst freut sie sich, mich wiederzusehen. Sie erinnert sich noch gut an mich, und außerdem wird in ihrem Zuhause wohl viel über mich geredet. Damals war sie erst zehn, jetzt ist sie bereits eine angehende junge Frau.

Neugierig schaut sie auf meinen bereitgestellten Koffer und fragt, ob ich ihr etwas mitgebracht habe. »Ja, aber das bekommst du später mit den anderen zusammen«, sage ich, denn ich versuche, niemanden vorzuziehen. Das hat jedoch zur Folge, dass sie die Fahrt über zickig und mürrisch ist. Auch afrikanische Mädchen kommen in die Pubertät, denke ich, und lächle sie freundlich an. Langsam taut sie wieder auf.

Bei meiner ersten Reise hatte diese Fahrt fünf bis sechs Stunden gedauert, jetzt scheint es erheblich schneller zu gehen. Vielleicht sind die Straßen inzwischen ausgebessert oder erneuert worden. Wir kaufen noch in meinem Supermarkt ein, und der Kofferraum ist gut gefüllt mit Nahrung für Menschen und Tiere. Es ist klar, dass ich nicht mit leeren Händen kommen kann. Und es auch gar nicht möchte. Ich bin dankbar für meine Erfahrungen dort, auch wenn es eine harte Schule war. Wir fahren Richtung Jeepers und Tonga, dann nach Mbusini, einem Ort, der dem Kral am nächsten ist.

Danach muss ich aber noch einige Schotterstraßen fahren, bis wir nach guten drei Stunden ankommen. Ich hoffe, mein Leihwagen hält das durch.

Die Wege sind trockener und nicht so schlammig wie damals, als Jannie mich in letzter Sekunde vor dem großen Regen abholte. Mein Herz ist jetzt nur noch voller Freude, meine Familie wiederzusehen.

Auf der letzten Wegstrecke kommt uns schon eine Horde Kinder entgegen, die uns strahlend zuwinken und dann vor uns herlaufen bis zu dem Gatter, das vor dem Eingang des Krals weit geöffnet ist.

Mit einem Blick sehe ich, dass es Neubauten aus Stein und Lehm gibt, die Spendengelder scheinen gut angelegt worden zu sein. Rosarote Steinbauten, ineinander verwinkelt gebaut, mit gelbgrünen Schilfdächern. Im Abendlicht schimmert alles in zartem Rosa-Grün. Und überall laufen Hunde herum. Zaundürr zwar, aber nicht solche Gerippe wie die Hunde damals, alle gelb mit schwarzen Schnauzen, und sie scheinen keine Angst zu haben. Sicher sind das hier die Nachkommen der damaligen Hunde, und ich fühle Wärme durch meinen Körper strömen. Auch in dieser Hinsicht scheint sich etwas geändert zu haben. Ein Tropfen im Meer kann alles verwandeln, denke ich zufrieden.

Auf dem großen Platz zwischen den Hütten steht eine große Skulptur aus Holz, die Jambolane geschnitzt hat, wie Dodo mir sagt. Alle Frauen und Kinder scheinen vollzählig zu sein, und es sind noch kleinere Kinder dazugekommen. Der Alte war fleißig, und das mit den Dreimonatsspritzen von den fliegenden weißen Ärzten scheint nicht immer geklappt zu haben. Der Sangoma arbeitet wohl immer noch an den Weissagungen von Jesus und den Spirits.

Die Frauen und Kinder sehen gesund und wohlgenährt aus, und alle haben sich herausgeputzt. Viele sind noch umhüllt von bunten Tüchern, die Jüngeren und die Kinder tragen T-Shirts und Jeans. Auch diese Seite der westlichen Welt hat Einzug gehalten. Das macht mich ein wenig traurig, aber ich kann den Lauf der Dinge nicht aufhalten, und ich muss diesen Menschen zugestehen, dass sie sich ihre unterschiedlichen Träume erfüllen. Dann kommt auch Jambolane, begleitet von Ngwenya und Togo-Kleopatra, geschmückt, wie ein Sangoma geschmückt sein sollte, mit schönem Stoff, Federn und Fellen.

Jambolane sieht keinen Tag älter aus als vor fünf Jahren, im Gegenteil. Seine 85 Jahre sieht man ihm nicht an. Ngwenya ist mager geworden, Sorgenfalten durchziehen sein Gesicht. Der Tod seiner jungen Frau hat ihm mehr zugesetzt, als ich erwartet hatte. Kleopatra ist fett geworden, ihr Gesichtsausdruck melancholisch, das Lächeln verschwunden, das Strahlen in ihren Augen matt geworden. Ich schaue sie besorgt an, aber sie weicht meinem Blick aus. Der Alte hält wieder eine kleine Rede – niemand übersetzt.

Nun fangen alle an zu klatschen, zu tanzen und zu singen, die Schamanenschüler – es sind wieder neue – mit ihren rot gefärbten Rastazöpfchen geben hohe, kreischende Töne von sich. Dann murmeln alle eine ganze Weile etwas, was sich wie Gebete anhört. Wie ich später erfahre, sind es Gebete für mich, dass ich wiedergekommen bin, wie ich es versprochen hatte. Zwei winzige Babys werden mir in den Arm gedrückt, die anderen Kinder kämpfen um einen Platz in meiner direkten Nähe. Es ist noch nicht so heiß um diese Jahreszeit, ich sehe mehr Grün, es hat wohl reichlich geregnet, ohne diesmal Überschwemmungen hervorgerufen zu haben.

Mein Leihauto wird bewundert, und ich sage laut, dass sie es nicht anfassen dürfen. Und dazu »*haba* – weg da«. Das wird verstanden, ohne dass die Erwachsenen eingreifen müssen.

Jambolane kommt auf mich zu und nimmt mich lange in die Arme, bittet mich dann in seine neu gebaute, größere Hütte. Er drückt auf einen Schalter und schaut mich stolz an. Es gibt inzwischen elektrisches Licht. Die Frauen folgen und mit ihnen so viele Kinder, wie Platz für sie ist. Ich lasse nun die Koffer und Taschen aus dem Auto kommen und gebe dem Alten eine große Tasche getrockneter Früchte, Schokolade und Bonbons, die er unter seinen Frauen und Kindern verteilt. Ich hoffe, dass für die draußen Gebliebenen etwas übrig bleibt. Dann isst er selbst davon und verdreht entzückt die Augen.

Ngwenya übersetzt nun, was der Sangoma mir zu sagen hat. Er bedankt sich noch einmal für die Hilfe in den letzten Jahren. Sein Stamm hätte dadurch überlebt, es gab nur noch wenige Beerdigungen – und die mit allen dazugehörigen Zeremonien. Auch das Saatgut und die Pflanzen, die er von dem Geld gekauft hat, hat die Äcker wieder fruchtbar werden lassen. Es gäbe auch wieder mehr Hühner, Ziegen und noch andere Tiere.

Ich sage, dass ich diesmal nur kurz bleiben könne, vielleicht eine oder zwei Wochen, weil ich noch nach Swasiland zu einem weißen Schamanen wolle, Ngwenyas Familie kennenlernen und noch mal ans Meer fahren möchte. Ein kurzer Schatten streicht über sein Gesicht – ist er enttäuscht oder eifersüchtig?

Er fragt mich nach Jannie, und ich sage ihm, dass ich den Kontakt verloren habe.

»Du wirst sie wiederfinden, bald«, antwortet er. Nun will er wissen, wie es mir ergangen ist, ob ich meine Heilungen mache, ob ich die Kräuter verwende und die Zeremonien abhalte. Ich versuche ihm zu erklären, dass das mit dem Schlachten von Ziegen und Hühnern in einer großen Stadt nicht möglich sei, dass ich jedoch die Spirits rufe und auch er meist anwesend sei.

Er lächelt zufrieden. »Und hast du deinen Mann getroffen?«, fragt er.

Ich schüttle den Kopf.

»Dann werde ich morgen die Knochen werfen, um zu schauen, was dich noch hindert. Und danach machst du dann noch einmal eine große Reinigung.«

Obwohl ich weiß, wie anstrengend das ist, willige ich ein. Als er jedoch meint, dass er mir das Gesicht mit Rasierklingen aufschneiden und darin Kräuter verreiben müsse, um den alten Zauber am Fluss zurückzuholen, lehne ich rundweg ab. Ngwenya erklärt mir, dass man das hinterher nicht sehen würde, es seien nur dünne Ritze, doch ich lasse mich nicht überzeugen. Wir handeln einen Kompromiss aus – ein paar Ritzer auf dem Rücken, damit bin ich einverstanden. Wenn dort Narben bleiben sollten, ist es nicht ganz so schlimm, denke ich. Vor dem Schmerz der Schnitte fürchte ich mich nicht.

Unter den Frauen verteile ich Bekleidung in allen Formen, Röcke, Kleider, Shirts, Hosen für sie und ihre Kinder, und dann gebe ich noch jeder Frau ein schönes Schmuckstück, alles von Freundinnen eingesammelter Modeschmuck. Für die Männer und halbwüchsigen Jungen habe ich abgelegte einfache Armbanduhren aus dem Freundeskreis. Dann lasse ich die Kinder hereinkommen, gebe zuerst den Mädchen jeweils eine Kette, ein Armband oder Ohrringe.

Auch Freedom, der Sohn Kleopatras, der nun sechs Jahre alt ist, und Ingelosi, mein Engel, inzwischen neun Jahre alt, nehmen ihre kleinen Geschenke scheu entgegen. Freedom ist allerdings nicht davon zu überzeugen, dass die Ohrringe besser für ein Mädchen seien, und als er nicht aufhört zu weinen, gebe ich ihm Perlenohrringe, die er sich stolz von mir befestigen lässt.

Die Einkäufe aus dem Supermarkt sind verteilt, und nun essen wir zusammen. Jambolane ist froh über die vielen Cola-Flaschen, die ich ihm mitgebracht habe. »Sehr gut für den Bauch«, sagt er, und ich frage mich wieder einmal, ob das vom Standpunkt gesunder Ernährung ganz richtig ist. Allerdings hilft Cola bei Durchfall, und den hat man hier sicherlich des Öfteren.

Es dämmert schon, als man mir mein Zimmer zeigt, diesmal in den neu gebauten Haupthäusern mit zwei Pritschen, einem Tisch, zwei Stühlen und vielen bunten Decken. Das Foto des Sangoma hängt an einer kahlen Wand. Kleopatra gibt mir noch eine Schüssel mit Mais und gesäuerten Gemüse mit, aber ich weiß schon, wer das bekommt, wenn ich endlich allein bin. Die vielen Menschen haben mich angestrengt. Die Hunde sind mir gefolgt, Kleopatra und Miriam, die mich mit meinem Gepäck zum Zimmer bringen, wollen sie verscheuchen.

»Lasst sie bitte da, sie können mich heute Nacht beschützen«, sage ich.

Als Miriam lacht, sehe ich mit Entsetzen wieder einen zahnlosen Mund.

»Wo ist denn das Gebiss, das dir meine Freundin Ingrid bezahlt hat?« Ich befürchte schon, dass sie es gar nicht bekommen hat.

»Es hat so gedrückt«, murmelt Miriam beschämt, »und jetzt liegt es in einer Schublade, und ich ziehe es nur sonntags an. Heute wollte ich es für dich in den Mund tun. Aber dann habe ich es glatt vergessen.« Sie kichert, hält sich jetzt aber verschämt die Hand vor den Mund.

Mein Gähnen kann ich nun nicht mehr unterdrücken. »Verzeiht, aber ich muss jetzt schlafen. Wir sehen uns morgen wieder«, entschuldige ich mich.

Miriam zeigt ihre Enttäuschung offen, Kleopatra zuckt nur mit den Schultern und geht. Ich will beiden ein kleines Extra-Geschenk machen und ihnen etwas Geld zustecken, möglichst jeder allein, damit keine neidisch wird. Als sie weg sind, setze ich mich noch auf die Treppen unter das mit Schilf gedeckte Dach.

Es nieselt ein wenig und hat vielleicht nur noch 20 Grad, aber im Gegensatz zu der Hitze vor fünf Jahren finde ich es angenehm. Die anderen scheinen bei dieser Temperatur zu frieren. Drei der Hunde liegen vor meiner Tür auf den Steinen und zittern. Ich lege eine Matte auf die Erde und mein Tuch darauf, und sie lassen sich entspannt seufzend darauf nieder. Auch mein Abendessen und das Brot verschlingen sie sofort. Ich gehe noch hinter die Hütte und pinkele in die rote Erde. Das Sangomaklo hoffe ich umgehen zu können.

Als ich endlich auf der Pritsche liege, tauche ich wieder in die absolute Stille um mich herum ein, die mich an die vielen Monate von damals erinnert, an meine Einsamkeit und an die Leere, aus der ich die Jahre danach schöpfen konnte. Innerhalb von Sekunden falle ich in einen tiefen Schlaf, und ich werde erst wieder wach, als ich die Hunde vor meiner Tür knurren höre. Vor der kleinen Terrasse stehen Kinder und schauen ängstlich herüber. Auch Kleopatra wartet, bis ich komme. Jetzt lacht sie zum ersten Mal. »Welchen Zauber hast du mit denen gemacht? Sie lassen niemand mehr zu dir.« Ich streichle kurz die Hunde und sage dann in kurzem Ton »*haba* – weg hier« und noch ein heftigeres »*sugà* – haut ab«, und sie ziehen sich sofort zurück und verschwinden hinter den Hütten.

»Sie sind sonst ganz brav, haben auch noch nie jemanden gebissen, aber jetzt wollen sie dich wohl beschützen. Obwohl sie dich gar nicht kennen können, denn die Hunde von damals sind schon lange tot. Das sind die Kinder und Enkel«, erklärt Kleopatra.

Ich weiß, dass die Lebenserwartung von Hunden in diesen Ländern nur wenige Jahre ist. »Vielleicht haben die alten Hunde ihren Kindern von mir erzählt«, sage ich, und dann lachen wir beide, und ich sage ihr, wie sehr es mich freut, dass die Hunde nicht mehr geschlagen und weggejagt werden.

»Der Baba hat gesagt, sie seien deine Freunde, und so müssen wir ihnen immer die Essensreste geben«, antwortet sie.

Kleopatras Gesicht hat sich wieder verdüstert, und so stelle ich heißes Wasser auf, um ihr einen Nesquik zu machen, etwas, das sie immer getröstet hatte. Es gibt jetzt sogar einen kleinen Kocher. Dazu gebe ich ihr ein Stück Brot und streiche Marmelade darauf. Ich nehme ihre Hand. »Dir geht es nicht gut, liebe Freundin«, sage ich leise. »Was ist passiert?«

Sie versucht sich zusammenzureißen, aber dann kullern dicke Tränen über ihr Gesicht. Sie sei zwar jetzt die Lieblingsfrau vom Alten, aber dafür habe sie noch zwei Kinder mehr bekommen müssen. Und dass sie weggehen möchte. »Warum hast du mich damals nicht mitgenommen?«, sagt sie vorwurfsvoll, »oder wenigstens eines meiner Kinder, damit sie es mal besser haben.«

Wieder erkläre ich ihr geduldig, dass das nicht möglich ist und dass es keine Garantie dafür gibt, dass sie in Deutschland glücklicher wäre. Aber ich spüre, dass sie mir das nicht verzeiht, und fühle mich hilflos und schuldig. Vielleicht hätte ich doch versuchen sollen, wenigstens ein Kind mitzunehmen, und hätte dafür lieber Ninja dagelassen. Unsinn, was ich da denke, als ob das überhaupt möglich gewesen wäre …

Ich gebe ihr eine sehr schöne Perlenkette, ein Parfüm und 200 Euro, obwohl das nicht der Trost ist, den sie braucht. »Sag den anderen besser nichts von dem Geld, aber vielleicht kannst du ja mal wieder zu deinen Eltern fahren und dann den Bus nehmen. Kauf dir was Schönes dafür.« Sie wehrt zuerst ab, aber als sie Schritte hört, steckt sie alles schnell in die Tasche ihres Kleides.

Miriam kommt herein, und diesmal reißt sie den Mund ganz weit auf, damit ich das Gebiss sehen kann. »Wenn es dir wehtut, lass es draußen«, sage ich. »Ich komme nachher zu dir, und dann können wir über einen neuen Zahnarztbesuch reden.«

Sie schielt misstrauisch zu Kleopatra. Als sie niemand zum Bleiben auffordert, geht sie hoch erhobenen Hauptes zur Tür.

»Oder willst du lieber zu mir kommen auf einen Kaffee oder Nesquik? In einer Stunde?« Zum Glück ist mir noch eingefallen, wie sehr ihr dieses Kakaogetränk geschmeckt hat. Sofort ist sie versöhnt und nickt.

»Sie ist immer eifersüchtig auf mich und deinetwegen besonders«, sagt Kleopatra, und es ist, als ob sie sich ein bisschen dafür schämt. Ich nehme sie in die Arme. »Du bist eben mein Liebling, und auch du liebst nicht alle deine Kinder gleich. Und mir tut es sehr leid, wenn ich dir nicht so helfen kann, wie du es dir wünschst.«

Zögernd lässt sie sich diese Berührung gefallen. Sie erzählt, dass einige der Kinder jetzt in die Schule gehen dürfen und Jambolane das Schulgeld bezahlt. Aber nur für die, die fleißig sind. »Wenn sie nicht mitkommen und schlechte Noten bringen, müssen sie die Schule verlassen«, sagt sie traurig, »und dann müssen sie wieder auf dem Feld arbeiten. Zum Glück ist Freedom ein guter Schüler, und vielleicht schafft er es eines Tages, hier wegzukommen. Für mich ist es wohl zu spät, ich werde hier wohl sterben. Wenn der Baba nicht vorher stirbt. Er hat mir versprochen, mir genug zu vererben, damit ich den Kral verlassen kann.«

Ich frage sie, ob Jambolane noch mal eine junge Frau gekauft hätte. Sie nickt beschämt, und ich frage sie, ob diese Aktion vom Spendengeld bezahlt worden ist. Zorn steigt in mir hoch, denn das ginge wirklich zu weit. Andererseits weiß ich ja, dass auch Schamanen keine Heiligen sind. Ihre besondere Fähigkeit besteht darin, zwischen der sichtbaren und den unsichtbaren Welten zu wechseln, und ich weiß, wie wichtig sie als Heiler, Priester und moralische Instanz für ihr Volk sind. Dennoch sind sie sehr irdisch und haben

Schwächen wie jeder andere Mensch auch, wenn sie in der Realität sind.

Kleopatra schüttelt empört den Kopf. Nein, das hätte er nie getan. Er habe Mitglieder der Familie des Mädchens geheilt, sie beraten, und dafür habe er die 18-jährige Tochter bekommen. Denn die Familie war arm und froh, einen Esser weniger zu haben. »Sie bekam dann auch bald ein Baby, war aber immer sehr unglücklich. Ich habe sie getröstet«, erzählt Kleopatra, »dass sie sich daran gewöhnen und der Baba ja nicht ewig leben würde. Dann wäre sie frei. Das muss sie wohl auf eine Idee gebracht haben, denn der Sangoma wurde bald darauf krank, und bei der Befragung der Geister kam dann heraus, dass sie ihn langsam vergiften wollte.«

Ich bin entsetzt und frage, ob das der einzige Beweis gewesen sei. Kleopatra schüttelt den Kopf. »Sie hat es gestanden und den Baba um Verzeihung gebeten.« Er habe ihr verziehen und eine Zeremonie mit ihr gemacht, ihr aber gesagt, sie sei frei und könne gehen, wohin sie wolle. Sie sei keine Sklavin. Er habe ihr sogar Geld gegeben, damit sie es am Anfang nicht so schwer habe.

»Was ist aus ihr geworden?«, frage ich besorgt.

»Sie hat bei weißen Leuten geputzt in Komatipoort, aber es ging ihr wohl nicht so gut. Einer der Arbeiter kam zum Baba und erzählte ihm, dass sie ein Jahr später gestorben ist.«

Ich will mir nicht vorstellen, dass der Alte etwas damit zu tun hatte, er vielleicht doch auch ein Schwarzmagier ist. Denn ich weiß ja, dass diese Fähigkeiten für Gutes und sehr Dunkles angewendet werden können. Es ist die gleiche Kraft.

Kleopatra sieht, dass ich blass geworden bin, und beruhigt mich.

»Er hat sie nicht verflucht, auch wenn einige das denken. Er hat mich nach ihrem Tod in die Stadt geschickt, um nach dem Baby zu suchen. Ich habe es bei den Weißen gefunden, für die sie gearbeitet hatte. Sie waren ganz froh, es loszuwerden, und so habe ich es mitgebracht. Es lebt jetzt bei uns, und der Baba liebt es wie seine anderen Kinder und Enkel. Ich zeige es dir morgen. Es lebt bei einer Frau, die ein fast gleichaltriges Kind hat, und sie stillt es noch. Aber bald ist es zwei Jahre, und dann wird es allen gehören, wie die anderen Kinder.«

Ich bin beruhigt, nehme mir aber vor, den Alten danach zu fragen und ihm dabei in die Augen zu schauen, ob er die Wahrheit sagt. Ich habe schon wieder zu lange in meiner westlichen Welt gelebt, bewerte wieder, anstatt mit dem Herzen zu vertrauen. Aber ich spüre, dass ich auf dem Weg bin – jenseits von Zweifeln und Misstrauen. Weil es mir dann besser gehen wird.

Als ich Kleopatra hinausbegleite, sehe ich Miriam schon vor der Hütte stehen und nervös herumtrippeln. Sie hat wohl schon länger gewartet, damit niemand ihr mehr zuvorkommen kann. Hoch erhobenen Hauptes geht sie an Kleopatra vorbei, die nachsichtig lächelt. Als Erstes ziehe ich ein großes Foto hervor. In ihrem Zimmer hatte sie ein Plakat von Fußballern hängen, das der Alte aus Österreich mitgebracht hatte. Ein großes Herz hatte sie unter Beckenbauer gemacht – weil er der Schönste sei und sie jede Nacht von ihm träume, hat sie mir damals gestanden. Jetzt gebe ich ihr eine Autogrammpostkarte, auf der Franz Beckenbauer unterschrieben hatte.

Irgendjemandem hatte ich es zu Hause abgeluchst. Miriam ist überglücklich und überzeugt, dass er es mir für sie persönlich mitgegeben hat. Ich kläre den Irrtum nicht auf. Dann zeigt sie mir ihre entzündeten Augen. Ich beträufele sie, gebe ihr noch Tabletten und sage ihr, dass sie sich immer die Hände waschen muss nach der Arbeit oder wenn sie auf der Toilette war. »Mit abgekochtem Wasser«, füge ich streng hinzu. Dann behauptet sie, auch noch Kopfschmerzen zu haben, und sie gluckst zufrieden, als ich meine kühlen Hände auf ihre Stirn lege. Ich weiß, dass die Kopfschmerzen vorgetäuscht sind, aber meine Hände tun ihrer Seele gut.

Dann plappert sie noch eine Weile, rührt ein bisschen in der Gerüchteküche über die Vergiftung Jambolanes und dass alles besser sei, seitdem ich Hilfe schickte. Aber ob ich denn nicht noch ein paar Rand für sie und ihre Kinder übrig habe. Ich gebe auch ihr 200 Euro, sage aber, dass nun nichts mehr von mir komme und sie sparsam damit umgehen solle. Ich rate ihr, sich das Gebiss noch mal neu anpassen zu lassen. Sie nickt gehorsam, aber ich ahne, dass ihr die Zähne nicht ganz so wichtig sind. Euphorisch küsst sie mir die Hände, obwohl ich es ihr wie damals schon verbiete. Aber ich weiß auch, dass sie sich das nicht nehmen lassen wird.

Später gehe ich noch eine Weile zwischen den Hütten herum, begrüße die anderen Frauen, wechsle ein paar Worte. Sie können mich nicht verstehen und ich sie nicht, aber wir unterhalten uns lebhaft und freundlich. Ich kann nicht jeder Geld geben, der kurze Aufenthalt wird mich jetzt schon mehr kosten, als wenn ich in einem Luxusresort gewohnt hätte.

Gegen Abend kommt Ngwenya zu mir. Er lächelt nicht mehr wie früher, sondern ist untröstlich wegen des Todes seiner Frau. »Das Schlimmste ist, dass die kleine Hella nun wohl auch krank ist. Sie haben ihr Blut untersucht und festgestellt, dass sie Aids hat und dass sie sich im Bauch ihrer Mama schon angesteckt hat. Ich glaube das nicht, denn ich weiß, dass sie mir ebenso treu war wie ich ihr. Nur glaubt mir das niemand«, fügt er zerrissen von Schmerz hinzu und lässt seinen Tränen freien Lauf. Schlimmer als der Tod ist der Verdacht der Untreue, obwohl das zumindest bei afrikanischen Männern nichts Ungewöhnliches ist.

Ich schaukele ihn wie ein verletztes Kind, drücke ihn tröstend an mich.

»Hat sie nicht mal im Krankenhaus gearbeitet?«, frage ich ihn. Er nickt. »Weißt du was, dort gibt es doch viele Aids-Patienten, und vielleicht ist sie ja beim Putzen mit Blut in Berührung gekommen. Darüber kann man sich genauso leicht anstecken wie durch Sex«, beruhige ich ihn. Sofort hören die Tränen auf zu fließen, und sein altes breites Lächeln schimmert wieder durch. Das ist eine Erklärung, mit der er besser leben kann.

Ob die kleine Hella behandelt wird, frage ich ihn.

Er nickt, aber ich sehe, dass ihm das nicht gefällt. Er sei Sangoma und könne ihr doch viel besser helfen, sagt er trotzig. »Du kannst ja deine Rituale machen, Ngwenya, aber die Ärzte können vielleicht zusätzlich etwas tun.« Ich gebe ihm 100 Euro und ein paar Rand und sage, dass das für Hella sei. Sie brauche, abgesehen von den Medikamenten, vor allem auch eine gute Ernährung. Und wenn ich wieder zu Hause sei, würde ich eine Sammlung für sie machen.

Nun erzählt er mir, dass sie im Moment bei seiner Nichte Virginia lebe, die Lehrerin ist und sich besser als er um sie kümmern könne. Der würde er das Geld geben, wenn ich das erlaube. Ich nicke. »Du machst das bestimmt richtig, und wenn ich dich nach Swasiland bringe, besuchen wir sie.« Jetzt strahlt er fast wie früher. »Du bist da, und nun wird alles wieder gut«, sagt er dankbar. »Und ich bin dankbar für all das, was ich bei euch lernen konnte«, sage ich leise. Er schaut mich erstaunt an.

»Heute Nachmittag will Jambolane dir die Knochen legen, bevor er das Ritual wieder macht«, sagt Ngwenya, und ich spüre, dass er viel entspannter ist. »Hoffentlich nicht am Fluss mit den Krokodilen«, scherze ich. Er schüttelt den Kopf. »Das wäre natürlich noch besser, denn der Schutz von damals lässt etwas nach. Aber er sagt, du seist stark, und das kleine Ritual würde reichen. Aber die Schnitte müssen sein, und besser wäre es noch, sie im Gesicht zu machen, um die bösen Geister zu verscheuchen.« Ich winke ab. »Damit komm ich schon zurecht.« – »Ja, das sagt Jambolane auch. Du machst nichts, was du nicht willst. Ein Dickschädel eben.«

Als ich ihn nach draußen begleite, höre ich neben einer Hütte Kinder lachen. Entsetzt sehe ich, dass sie ein kleines Entchen zu Tode quälen und außerdem ein Küken packen, das verzweifelt piepst. Ich renne zu ihnen, schreie sie auf Englisch und Deutsch an, so dass sie erschreckt davonlaufen. Kinder können so grausam sein, das ist leider überall auf der Welt so, vor allem wenn man ihnen Achtsamkeit und Liebe nicht vorlebt. Ich bin traurig, bezweifle plötzlich, ob man als einzelner Mensch überhaupt etwas ändern kann. Ich nehme das Küken und suche eine Henne, die eine ähnliche Brut hat, und stelle es dazu. Das Küken will sich unter ihrem Gefieder verstecken, aber die Henne pickt es weg.

Einige Frauen kommen und schauen, was ich da mache. Das tote Entchen lege ich einer in die Hand und fauche sie an. »Bringt euren Kindern etwas mehr Respekt vor Lebewesen bei.«

Sie verstehen mein Englisch nicht, aber ich fühle, dass sie auch inhaltlich überhaupt nicht verstehen, was ich meine. Im Moment bin ich nur eine überspannte Weiße, auch wenn sie mich schätzen, weil ich ihnen geholfen habe. Und wahrscheinlich haben sie recht. Was weiß ich denn schon von ihren täglichen Nöten?

Mit Zeichensprache mache ich ihnen klar, dass ich die Henne suche, zu der das Küken gehört. Halbherzig begleiten sie mich auf der Suche, aber wir finden sie nicht. So nehme ich das Küken mit zu mir in mein Zimmer, lege es auf meinen Bauch, gebe ihm Rescue, die Bachblüten, Notfalltropfen, die mich auf allen Reisen begleiten. Dann lege ich es in meine Jacke, mit ein paar Brotkrümeln, und mache mich auf den Weg zum Sangoma, noch immer etwas verbittert wegen der Kinder.

Veränderungen und neue Sichtweisen

Er hat seine Bastmatte auf den Boden gelegt und bittet mich, ihm gegenüber Platz zu nehmen. Ngwenya sitzt an seiner Seite und soll *alles* übersetzen, wie er betont.

Der Sangoma schließt die Augen, fängt an, leise zu pfeifen. Das hatte ich vom letzten Mal vor fünf Jahren ganz vergessen. Er pfeift, um die Spirits anzulocken und die Ahnen, die ihm Auskunft geben würden. Nun öffnet er seinen Beutel und wirft die Knochen auf die Matte. Mit sanfter Stimme fängt er an zu reden.

Du hast gut gearbeitet in den letzten Jahren, die Geister sind bei dir. Aber wenn du sie weiter verleugnest, werden sie dich wieder verlassen. Deine Zweifel machen dir zu schaffen. Dein gebrochener Rücken vor dreißig Jahren – das war, um dich geduldiger zu machen, dich aufzuhalten, wenn du verwirrt bist durch deine Welt, die dich nicht sehen will. Wovor hast du Angst? Du wirst immer wieder Unfälle haben, wenn du nicht zu dir stehst. Deine Ahnen sind hier. Sie haben viele Morde begangen vor langer Zeit. Die Getöteten attackieren dich immer wieder, um sich zu rächen. Deine Ahnen versuchen es wiedergutzumachen, wenn du in Gefahr bist, damit du nicht früher stirbst, als es sein soll. Du bist dazu da, anderen zu helfen, und dazu musst du sehr alt werden, gesund bleiben.

Er kraust die Stirn, lacht leise. »*Und dem Mann mit dem Bart bist du immer noch nicht begegnet. Matasuwa sagt, dass das auch kein Wunder sei. Um zu lieben, musst du vertrauen. Du bist stark, aber das macht den Männern Angst. Gib dich hin, gib nach, kämpfe nicht gegen die, die dich lieben wollen. Das ist die wahre Stärke. Es wird noch lange dauern, aber du wirst ihn treffen. Es gibt ihn schon, und du wirst es vom ersten Augenblick an wissen, dass er es ist. Vorher irrst du dich noch ein paarmal.«* Er lacht.

»Aber das macht nichts, daraus wirst du noch mehr lernen und ein bisschen Spaß haben.«

Ich versuche, ein Grinsen zu unterdrücken. Da werde ich wohl schon eine Greisin sein, bis das passieren kann. In meiner Welt werden ältere oder gar alte Frauen nicht als Frau gesehen, vor allem nicht als erotische Gefährtin. Da muss sich der Wassergeist wohl irren, denke ich.

Nun macht Jambolane die Augen auf und lächelt mich liebevoll an. »Es fällt dir schwer, das alles zu glauben, ich weiß, aber du wirst immer wieder an deine Grenzen stoßen, wenn du nicht lernst, dich hinzugeben – an deine Fähigkeiten, an das, was aus der anderen Welt kommt, und auch an eine richtige Liebe.«

Was ich tun soll, frage ich, nachdem ich mich bedankt habe. Ich solle jedes Jahr eine Party veranstalten, mit Gesang und Tanz, und – wenn schon keine Ziege – dann ein Huhn opfern. Vorher sollte ich mich der Reinigungszeremonie mit Dampf und Kräutern unterziehen. Wie ich das auch jetzt gleich tun würde. Danach würde er auf dem Rücken und in der Zunge die Schnitte mit der Rasierklinge machen. »Ich werde sie mit Kräutern einreiben, dann wirst du keine Narben behalten. Aber die Spirits werden besser mit dir reden können. Sie sagen dir dann auch, was du schreiben sollst. Später irgendwann, wenn du so weit bist zuzuhören. Auch mit dem, was du schreibst, kannst du anderen Menschen helfen.«

100 Euro lege ich ihm für das Orakel auf die Matte. Er wehrt zunächst ab. »Das ist nicht für dich, sondern für die Spirits«, sage ich lächelnd. Er nickt und steckt sie ein. In zwei Stunden würde er dann das Ritual mit mir machen. Ich verneige mich wortlos und respektvoll.

Benommen gehe ich zur Hütte zurück. Das Küken sitzt in einer Ecke, es kuschelt sich sofort in meine offene Hand, und ich lege es auf meine Brust. Es piepst, gluckst friedlich. Nach einer Weile gehe ich mit ihm vor die Tür. Unter der Veranda pickt dieselbe Henne, die es vorher zurückgewiesen hat. Als das Kleine laut piepst, schaut sie in meine Richtung und gibt Locklaute von sich. Noch einmal setze ich es vor die Henne. Das Küken pickt nun munter und schlüpft dann zusammen mit den anderen unters Gefieder. Wahrscheinlich wird es in ein paar Monaten geschlachtet, aber ich freue mich, dass es noch ein Weilchen leben kann.

Es ist nun Zeit, sich bereit zu machen für die nächste Zeremonie. Den bitteren Kräutertrunk habe ich schon zu mir genommen, und ich weiß, dass es in meinen Gedärmen bald anfängt zu toben. Reinigung. Vorsichtshalber habe ich mir den Schlüssel zum Plumpsklo des Babas schon geben lassen, und nun liege ich auf meiner Pritsche und warte, die Desinfektionsflasche und Papierrolle stehen bereit. Das Brechen bleibt mir erspart, denn ich habe seit dem letzten Tag vorsichtshalber nichts mehr gegessen. Ich schaffe es gerade noch rechtzeitig auf das Klo und habe dann das Gefühl totaler Leere in mir.

Kleopatra wartet schon auf mich, um mich zum Dampfbad zu begleiten, damit sämtliche Poren und die Lunge gereinigt werden. In einem winzigen Raum schlägt mir der heiße Dampf schon entgegen. Innerhalb von Sekunden habe ich das Gefühl, dass meine Haut verbrennt. Nun sitze ich nackt auf den kalten Steinen, zugedeckt von stickigen, schmutzigen Decken. Die Desinfektionsflasche habe ich vergessen.

Kurz bevor ich das Gefühl habe zu ersticken und in Ohnmacht zu fallen, befreit Kleopatra mich, überschüttet mich mit kaltem Wasser und rubbelt mich trocken.

Sie lacht und sagt: »Du siehst aus wie ein neugeborenes Baby.« Und so fühle ich mich zugegebenermaßen auch. Ganz sauber und neu von ganz innen.

Sie erzählt mir, dass der Baba am nächsten Tag mit all seinen Frauen in einem Bus zu einem Ritual fahren würde, wo die Sangoma-Schüler initiiert werden. »Deshalb kann ich nicht mit dir nach Swasiland fahren, wie du es mir angeboten hast. So hätte ich meine Eltern und Geschwister mal wieder sehen können. Aber ich muss mitfahren, denn das ist ja hier meine Familie.«

Sie führt mich zu Jambolane, der mit Ngwenya auf mich wartet. »Du bist ja ganz jung geworden«, lobt er, »das solltest du bei dir zu Hause auch öfters mal machen.« Dann sagt er mir, dass er mich jetzt ritzen wird und es im Gesicht noch besser wäre. Da ich das aber immer noch nicht will, meint er, der Rücken ginge auch, die Zunge müsse aber sein. Ich füge mich, entblöße meinen Rücken und merke die Schnitte kaum, spüre aber, dass das Blut rinnt. Der Sangoma tupft eine brennende Flüssigkeit auf die Wunden, und der Schmerz ist gleich vorbei. Dann drehe ich mich um, strecke meine Zunge heraus.

Er sieht die Panik in meinen Augen und schüttelt den Kopf. »Immer noch kein Vertrauen?«, fragt er. Ich schüttle den Kopf und gebe ihm ein Zeichen, dass er anfangen kann. Dann schließe ich die Augen, um die Klinge nicht auf mich zukommen zu sehen. Seltsamerweise spüre ich fast nichts, schmecke aber auch das Blut im Mund und die brennende Flüssigkeit. Er lobt mich für meine Tapferkeit. »Jetzt bist du wieder jung und mutig, da könnte ich dich ja doch noch zur Frau nehmen«, höre ich ihn. Als ich die Augen aufmache, sehe ich, dass er unverschämt grinst. Er hat mich auf den Arm genommen.

Nachdem ich mich hingesetzt habe, frage ich ihn, ob ich zur Einweihung der Schüler mitfahren darf. Er wiegt nachdenklich den Kopf. »Du solltest besser hier im Bett bleiben, bis ich wiederkomme, denn das ist eine unbequeme, lange Reise, und du könntest krank werden. Ich überlege es mir noch und sage es dir später.«

Als ich ihn jetzt nach der jungen Frau frage, die ihn vergiftet haben soll, zuckt Ngwẹnya erschrocken zusammen. Wahrscheinlich steht es mir nicht zu, ihn danach zu fragen.

Aber Jambolane schaut mich freundlich an und antwortet: »Das war meine eigene Schuld. Ich habe nicht gesehen, wie unglücklich sie ist. Und von den vergifteten Speisen hat sie selbst auch gegessen. Sie war schwach, und deshalb hat sie es nicht überlebt, sondern ist in der Einsamkeit unter weißen Menschen und ohne Liebe gestorben.« Ein Schatten huscht über sein Gesicht, und ich sehe, wie traurig er ist.

»Ich habe es bis jetzt überlebt, aber es wird nicht mehr lange dauern, bis die Spirits mich zu sich rufen. Sie und Jesus werden mir verzeihen, dass mein Stamm nicht so groß geworden ist, wie sie es mir befohlen haben.«

»Aber der Stamm ist stark, und das ist doch dein Verdienst«, sage ich.

Ein scheues, dankbares Lächeln, das ihn weich aussehen lässt, spielt um seine Lippen.

Er erzählt mir, dass er die Frauen abgesichert und festgelegt habe, wer was bekommt von den Feldern, dem Vieh und auch, was er noch an Barem versteckt hat. »Sie werden gut ohne mich leben, weil sie gute Sangomas und wirklich sehr stark sind. Du musst dir keine Sorgen um sie machen.«

»Es tut mir sehr leid um Patrick, deinen Lieblingssohn«, sage ich, auch wenn ich nicht weiß, ob ich nicht schon wieder ein Tabu breche.

»Ich hätte darauf hören sollen, was du mir über Aids gesagt hast. Wenn er diese Gummis benutzt hätte, wäre er vielleicht noch am Leben«, anwortet er mit belegter Stimme. Er habe inzwischen mit Ärzten gesprochen, die schon mehrmals hier waren und die Frauen und Halbwüchsigen aufgeklärt und Kondome verteilt haben.

Er gibt seine Fehler und Schwächen zu, und dafür bewundere ich ihn. Eine Welle von Zuneigung steigt in mir hoch, und als ich aufstehen will, kommt er zu mir, hebt mich auf und umarmt mich lange.

»Wir werden uns nicht mehr wiedersehen, wenn du Afrika diesmal verlässt. Aber mein Geist wird immer bei dir sein und dir bei deinen Ritualen helfen, wenn du deine Ohren nicht mehr verschließt. Aber sei nicht böse mit dir, wenn es dir nicht immer gelingt. Sei auch nicht streng mit dir, du bist es doch mit anderen auch nicht. Auch Sangomas sind nur Menschen, vergiss das nie.«

Er setzt sich hin und schließt wieder die Augen, und ich weiß, dass er jetzt allein sein will.

Ngwenya begleitet mich. »Ich werde dir Bescheid geben, ob du morgen oder vielleicht auch übermorgen mit uns kommen kannst. Ich weiß, wie sehr du dir das wünschst. Aber eigentlich hat Jambolane recht, es ist auch gefährlich, wenn du dich nach diesem Ritual zu sehr anstrengst.« Wie Jambolane sieht er schon jetzt ein, dass ich nicht zu überzeugen bin.

Auf den Hof fährt ein fast neuer Kombi. Eine weiße und eine schwarze Frau steigen aus. Hinter ihnen her torkelt ein weißer, völlig betrunkener Mann. Lautstark verlangt er nach dem Sangoma, der den beiden Frauen sagen soll, dass sie aufhören sollen, sich ständig zu zanken. Er habe genug davon.

Die Weiße ist seine Ehefrau, die Schwarze erwartet ein Kind von ihm. Obwohl keine Apartheid mehr besteht und man ihn nicht belangen kann, ist er der Meinung, dass die Schwarze keine Rechte habe. Die weiße Frau stimmt ihm zu.

Ich schäme mich für diesen betrunkenen weißen Mann. Die Frauen, die inzwischen hinzugekommen sind, kichern amüsiert und wirken gelassen. Weiße dürfen wohl so sein, und nun braucht einer ihren Baba. Sie hoffen, dass er ihm das doppelte Honorar abknöpft. Ngwenya lässt den dreien Kaffee bringen und sagt streng: »Ihr müsst warten, bis der Sangoma Zeit für euch hat. Und er will dich erst sehen, wenn du wieder nüchtern bist.«

Die Frauen setzen sich in den Kombi, lassen die Türen auf und würdigen sich gegenseitig keines Blickes. Der Mann legt sich in den Fond und schläft sofort ein.

Erst gegen Abend fährt der Wagen wieder ab. Kleopatra erzählt mir, dass der Sangoma allen den Kopf gewaschen hätte und der weiße Mann die schwarze Frau ehren solle wie die weiße, denn sie trage sein Kind unter dem Herzen. »Er war ganz zerknirscht, als er wieder herauskam«, sagt Kleopatra triumphierend. Ich winke müde und sage, dass ich sofort schlafen müsse.

Erst nach fast zwölf Stunden wache ich wieder auf, als Ngwenya mich ruft, weil die Hunde ihn nicht hereinlassen wollen. »Wir fahren morgen, und du kannst mitkommen, weil Jambolane weiß, wie sehr du es dir wünschst. Aber wenn du krank wirst, musst du auch die Konsequenzen tragen.«

Die Vorstellung, allein im Kral tagelang auf ihn warten zu müssen, ist schlimmer, als mir einen Schnupfen zu holen. Und ich habe Ngwenya versprochen, mit ihm nach Swasiland zu fahren. Also kann ich nicht ohne ihn hier wegfahren. Da ich noch den Tag über Zeit habe, bitte ich Dodo, mit mir nach Maas zu fahren. Der Ort liegt eine gute Stunde weit entfernt, und dort soll es inzwischen einen kleinen Supermarkt geben. Außerdem will ich noch Trockenfutter für das gelbe Rudel kaufen.

Dodo schüttelt den Kopf, sie ist böse auf mich, weil ich mit ihr geschimpft habe, als ich sah, dass sie einem kleinen Mädchen mein Geschenk, eine schöne Brosche, abnehmen wollte. Ein anderes Mädchen bietet sich an, auch eine Enkelin Jambolanes. Die Halbwüchsigen können inzwischen alle etwas Englisch, ein Erfolg des Schulbesuchs in den letzten Jahren. Ich bin zufrieden, dass das Spendengeld gut angelegt worden ist.

Auf dem Rückweg bricht mir in Mbusini, nicht weit entfernt vom Kral, das Auto zusammen. Kein Wunder bei den Straßen. Zum Glück funktioniert mein Handy hier, aber beim Notdienst von Avis ist zwei Stunden lang besetzt. Eine Freundin in München gibt mir die Nummer von Avis am Flughafen von Nelspruit durch.

Eine Stunde später, kurz vor der Dämmerung, ist der Mann von Avis da. Ein netter junger Schwarzer, der mir klarmacht, dass da jetzt nichts zu machen ist, es höre sich nach einem Getriebeschaden an. Ich denke kurz nach.

»Bring mich bitte in den Kral zurück«, sage ich. »Das Auto lasse ich hier stehen. Und wenn ich zurückkomme, steht bitte ein neues Auto hier. Den Schlüssel kannst du dem alten Mann in Mbusini geben, einem Nachbarn, der aufpassen wird. Wenn das nicht klappt, gibt's echt Ärger«, drohe ich und sage ihm, dass ich dann noch eine lange Reise quer durch Swasiland vor mir habe.

Er nickt ergeben. »Es wäre aber schön, wenn du auf richtigen Straßen fahren würdest«, meint er und wirkt nicht sehr beeindruckt von meinem finsteren Gesicht.

Er fährt mich und das Mädchen in den Kral, schaut sich interessiert um. »Ich weiß, dass einige meiner Brüder und Schwestern noch so leben wie im letzten Jahrhundert, aber ich habe es noch nie gesehen.« Auf der Fahrt habe ich ihm vom Sangoma erzählt, und er sagt, dass das Menschen mit Zauberkräften seien, und wenn er mal krank würde, käme er hierher und ginge nicht ins Krankenhaus.

Schamanenschüler auf dem Prüfstand

Am nächsten Tag wollen wir um ein Uhr losfahren. Zwanzig Menschen stehen schon mit ihrem Gepäck herum, Frauen, heranwachsende Kinder, Sangoma-Schüler, aber der bestellte Bus ist noch nicht in Sicht. Es hätte mich auch gewundert, wenn er pünktlich gewesen wäre. Als er schließlich hupend auftaucht, wundere ich mich, dass er die Fahrt hierher überstanden hat. Bei uns stehen solche Gefährte auf Schrottplätzen herum. Der Fahrer steigt fluchend aus. »Er schimpft über die schlechten Straßen hierher«, flüstert Miriam mir zu.

Wir steigen ein, und ich frage mich, was das ganze Gepäck bedeutet. Das ist ja sogar mehr, als ich immer herumschleppte, wenn ich früher auf Reisen war. Ein junger Gefährte hatte es mir dann abgewöhnt. »Nimm immer nur so viel mit, wie du selbst tragen kannst«, keuchte er damals, als er meine Koffer auf einer Paris-Reise in den fünften Stock hievte.

Diese Frauen hier haben keine Träger, sondern sie laden es sich auf Kopf und Rücken und stolpern nicht ein einziges Mal.

Der Bus sieht innen fast noch schlimmer aus als von außen. Zerbrochene Fenster, Sitze, aus denen die Sprungfedern herauskommen. Und von Reinigung hat der Fahrer wohl auch noch nie etwas gehört. Dass die Stoßdämpfer des Wagens ihren Namen nicht verdienen, ist schon nach einer halben Stunde klar. Bei jedem Schlagloch, und das sind in den nächsten fünf Stunden, die gefühlte zehn sind, sehr viele, fliege ich fast an die Decke. Es zieht, und ich spüre eine beginnende Erkältung. Der Schal um den Hals hilft da nicht viel. Jambolane hatte mich gewarnt, und nun muss ich eben die Konsequenzen tragen, wie er vorausgesagt hat.

Plötzlich gibt es einen lauten Knall, alle schrecken hoch. Ein großer schwarzer Vogel ist an die Windschutzscheibe geflogen. Ich schaue Miriam an, die vor Schreck geweitete Augen hat. »Das war ein sehr, sehr böser Geist«, flüstert sie, »aber der Baba hat ihm grad den Hals umgedreht.« Sie zeigt durch das hintere Fenster auf die Straße. Dort liegt der schwarze Vogel mit ausgebreiteten Flügeln und rührt sich nicht mehr. Der Sangoma lächelt triumphierend.

Die Musik, die der Fahrer laufen lässt, zerreißt mir fast das Trommelfell. Die meisten Frauen schlafen trotzdem. Die anstrengende Feldarbeit, die sie bis zum letzten Moment erledigen mussten, lässt sie taub werden für Geräusche. Kleopatra sitzt neben mir, wechselt aber kein Wort mit mir. Hab ich etwas Falsches gesagt?, grüble ich. Als ich sie fragen will, ist auch sie eingeschlafen, und ihr Kopf sinkt an meine Schulter, als ob sie in diesem Dämmerzustand wieder Vertrauen zu mir fasst. Kurz bevor wir ankommen, geht Jambolane durch die Reihen der Seinen, singt und gibt jedem eine kleine Kopfnuss zum Aufwachen.

Als wir aussteigen, schimpft der Fahrer wieder lautstark. Miriam erklärt es mir. »Er sagt, dass er nicht wusste, dass es in die Wildnis geht, wo es keine Straßen mehr gibt, und dass er dafür mehr Geld will.« In dem Moment jedoch, in dem der Sangoma auf ihn zugeht, verbeugt der Fahrer sich, wird still, und ohne Widerspruch nimmt er den vereinbarten Preis aus seiner Hand an. Es sieht aus, als ob er in diesen Sekunden ein ganzes Stück kleiner geworden sei. Die Leute scheinen die Autorität eines Sangomas zu spüren und würden nie wagen, ihm zu widersprechen.

Wir gehen auf den Kral zu, in dem in den nächsten Tagen die Zeremonien stattfinden sollen. Alle fangen an zu singen. In den Stimmen ist kein Hauch von Müdigkeit. Sobald die Gesänge abebben, pfeift Jambolane durchdringend. Das kenne ich schon, er lockt die Spirits an. Drinnen warten Menschen aus der Umgebung, und nun trommeln und tanzen alle. Sie wirken frisch, und selbst die ältesten Frauen von Jambolane, die zwischen 70 und 80 Jahre alt sind, tanzen und singen wie junge Mädchen.

Jambolane und Ngwenya in ihrem vollem Sangoma-Ornat erinnern an tanzende Derwische. Erschöpft bin ich auf einen Stuhl gesunken, mein Hals kratzt, alle Glieder tun mir weh – ich muss über hundert sein. Gegen drei Uhr morgens wird gegessen und getrunken. Ich bekomme nichts herunter, während die anderen plappernd und lachend essen und trinken.

Diese Fahrt, der Aufenthalt wie auch das Essen wird von den Angehörigen der drei jungen Menschen bezahlt, die die dreijährige Schulung im Kral von Jambolane hinter sich haben und ab morgen ihre Prüfungen machen müssen, bevor sie initiiert werden: zwei junge Frauen und ein Mann.

Die meisten lassen sich in den Hütten auf Matten nieder zum Schlafen. Jambolane hat mit sechs Lieblingsfrauen ein eigenes Zimmer und ein großes Bett. Um mich kümmert sich mal wieder niemand. Nachdem ich eine Weile herumschimpfe, weil ich nicht weiß, wo ich schlafen soll, sehe ich den Verschlag mit dem Gepäck, das auf und neben einem Bett platziert ist. Ich werfe das Gepäck herunter und lege mich aufs Bett, das nicht gerade einen betörenden Duft ausströmt. Miriam luchst herein, fragt, ob sie bei mir im Bett schlafen kann. Standhaft sage ich Nein, weil ich nur einen – egoistischen – Wunsch habe: Ich will endlich schlafen. Es kommen noch einige Frauen, fragen mich durch Zeichensprache, ob noch ein Platz im Bett oder auf der Erde frei sei, und ich schüttle energisch den Kopf. Dann endlich ist es ruhig, alle haben wohl ihr Plätzchen für die Nacht gefunden.

Ich kann nicht einschlafen. Es ist so unvorstellbar still. Mein Puls verlangsamt sich, mein Atem und mein Herzschlag sind die einzigen Geräusche, dann endlich schlafe ich ein.

Die Ruhe in diesem Zimmerchen hält nicht lange an. Schon früh poltern alle paar Minuten Frauen herein und machen sich am Gepäck zu schaffen. Als ich sie griesgrämig anschaue, lächeln sie mich freundlich an. Sie haben kein schlechtes Gewissen, weil sie ja sehen, dass ich ein Bett für mich habe wie die meisten von ihnen nicht. Miriam kommt herein, fragt, ob ich gut geschlafen habe. Ihre Augen bitten um einen Platz in der nächsten Nacht. Ich nicke. »Also gut, du kannst die Hälfte des Betts haben, aber nur in der Nacht.«

Ich weiß, dass ich sonst auch tagsüber keine Sekunde für mich haben würde, weil ihre Freundinnen ein und aus gehen würden. Miriam nickt dankbar, und sie hält sich in den nächsten Tagen an diesen Deal – zumindest, soweit das ihr Temperament zulässt.

Als ich in einen sonnigen Morgen hinausgehe, sind noch viele neue Menschen hinzugekommen. Die Bewohner der umliegenden Dörfer sind da, um an den Zeremonien teilzunehmen. Sie sind stolz darauf, dass einige der Ihren nun auch Sangoma werden können. Sofern sie alle Prüfungen bestehen, und die sind nicht einfach. Ansonsten müssen sie ein weiteres Jahr zurück in den Kral des Sangoma.

Freudige, erwartungsvolle Gesichter überall. Natürlich wie immer auch Hunde, die in einem schlimmen Zustand sind. Ein graues, verstaubtes Tier liegt still da, hat entzündete Augen und sieht aus, als ob es sich zum Sterben hingelegt habe. Langsam gehe ich auf den Hund zu. Er hebt nur kurz den Kopf, lässt ihn dann ergeben wieder zurückfallen. Nicht einmal Angst hat er mehr. Er hat aufgegeben, und er wird sterben, aber vielleicht kann ich es ihm noch etwas leichter machen. Ich hole meine Apotheke heraus, salbe seine Augen, seine Wunden, gebe ihm Entzündungshemmer, Schmerzmittel, lege etwas Brot mit Käse vor seine Nase. Er schnuppert kurz, fängt dann an zu kauen, ganz langsam. Ein paar Leute bilden einen Kreis um mich und schauen neugierig zu.

Ein halbwüchsiger Junge kommt dazu. Er spricht ein wenig Englisch. »Ich heiße Elvis«, sagt er und wirft eine unsichtbare Tolle zurück. »Ich habe gehört, du bist die Hunde-Sangoma aus Europa, aber der da ist ja schon so gut wie tot.« Er hebt seinen Fuß, will dem sterbenden Hund wohl einen Tritt geben, aber mein scharfes Nein hält ihn zurück. Er ist verlegen. Ich habe nicht die geringste Lust, mich mit diesen Leuten zu unterhalten, die so mit den Tieren umgehen. »Elvis« entschuldigt sich, versucht sein Benehmen wiedergutzumachen, sagt, er werde etwas Wasser und Fressen für den Hund holen, sich noch etwas kümmern. Aber ich soll bitte nicht mehr böse auf ihn sein.

Eine Weile später, nachdem ich gesehen habe, dass er sich um den Hund kümmert, er ihn sogar vorsichtig in den Schatten gezogen hat, bin ich bereit, wieder etwas mit ihm zu reden. Er erzählt mir, dass er Sänger werden will und singt mir Presley-Songs vor; dass er in der Schule ist und viel lernt, damit er eines Tages einen guten Job bekommt und eine Familie ernähren kann. Ich lobe ihn, sage ihm aber auch, dass er seine Wurzeln nicht vergessen soll und vor allem eine andere Einstellung zu allen Lebewesen haben sollte. Die Älteren hätten das nicht gelernt, weil sie so arm waren und sich nicht auch noch um in ihren Augen nutzlose Tiere kümmern konnten. Aber er könne das, wenn es ihm besser ginge. Er gibt eine »five«, einen bestätigenden Handschlag auf Amerikanisch. Also kennt er das Fernsehen und amerikanische Filme. Ob das nun ein Fortschritt ist?

Das große Fest für die Initiierung wird vorbereitet. Wo ich hinkomme, werden Tiere geschlachtet, Hühner, Ziegen und eine Kuh. Ein blutiges Geschäft, das ohne große Vorbereitungen geschieht. Es riecht bald nur noch nach Blut und verderbendem Fleisch. Obwohl ich Hunger habe, lässt mich die Vorstellung würgen, davon etwas essen zu müssen. Ungefähr einen Kilometer entfernt gibt es in den Hügeln einen Kiosk, das hat mir »Elvis« gesagt. Vielleicht bekomme ich dort etwas Verpacktes – Kekse, Cola oder Wasser in Flaschen. Mir läuft das Wasser im Mund zusammen.

Jambolane hat mir sagen lassen, dass ich im Kral bleiben müsse, denn draußen sei es gefährlich. Alle sind beschäftigt, aber ich finde Miriam und bitte sie, mich zum Kiosk zu begleiten. Sie, die immer bereit war, mir meine Wünsche von den Augen abzulesen, schüttelt bedauernd den Kopf. »In diesen Tagen darf keine Frau den Kral verlassen.«

Ich weiß, dass ich ihr leid tue, vor allem als ich ihr sage, dass ich Hunger habe und das Fleisch nicht essen könne, aber die Solidarität ihrem Mann gegenüber ist größer. Dann winkt sie ein Mädchen heran. Es schielt und ist offensichtlich debil.

Miriam bittet sie, mich zum Kiosk zu begleiten. »Aber sage dem Baba bitte nicht, dass ich dir das gesagt habe. Ich spreche das Mädchen an, das brabbelnd neben mir her den Hügel hinaufläuft, und es antwortet immer: » I speak English.« Schnell merke ich, dass das der einzige englische Satz ist, den sie spricht.

Der Kiosk ist vergittert, davor lungern angetrunkene, finstere Gestalten herum, die mich verächtlich mustern. Der Mann hinter dem Gitter versteht nichts von dem, was ich sage, auch wenn ich auf etwas deute, reagiert er nicht. Sein Blick ist voller Hass. Das Mädchen zuckt mit den Schultern und hüpft den Hügel zurück zum Kral. Noch habe ich keine Angst, weil ich immer durstiger und hungriger werde, doch dann stolpere ich zurück und weine voller Zorn und Hunger. Jambolane weiß schon, warum er mir verboten hatte, den Kral zu verlassen. Mein schlechtes Gewissen regt sich.

Als ich zurückkomme, sieht Ngwenya meine Tränen. Nun vergisst er alle Verbote, bittet zwei junge Männer, ihn und mich zu begleiten. »Die beiden können Zulu, sie können sich mit dem Mann im Kiosk unterhalten.« Aber auch das ist nur die halbe Wahrheit. In einer Mischung aus Zulu und Swasi reden sie auf den Mann ein, der immer noch unwirsch mit den Augen funkelt. Aber dann packt er plötzlich eine Tüte mit Brot, Tomaten, unreifen Pfirsichen und einer Cola, ohne ein Wort zu sprechen. Auch die anderen Männer sagen nichts, aber ihre Körperhaltung drückt pure Aggression aus. Schnell ziehen wir uns zurück. Meine Beschützer haben offensichtlich Angst. »Die Zulu mögen uns Swasi nicht«, sagt Ngwenya mit seiner samtweichen Stimme, die etwas zittert, aber ohne Vorwurf ist, »das hier hätte gefährlich werden können.«

Einerseits schäme ich mich, hier fast einen kleinen Krieg provoziert zu haben, nur weil ich eine Hungerattacke bekommen hatte. Andererseits muss ich fast darüber lachen, dass meine Begleiter mehr Angst haben als ich. Ein wenig verstehe ich die Männer am Kiosk sogar. Ein Leben lang wurden sie von den weißen »Herrenmenschen« gedemütigt, und jetzt, wo sie offiziell frei sind, mögen sie einer weißen Frau gegenüber nicht einmal mehr freundlich sein. Vor allem weil sie immer noch arm sind, und die weiße Frau sicherlich reich ist. Einfach, weil sie weiß ist.

Im Kral versammeln sich alle Besucher und Jambolanes Familie unter dem Vordach eines Hauses, über das eine große Plane gegen die Sonne gespannt ist. Ich sichere mir einen Stuhl, alle anderen hocken erwartungsvoll auf dem Boden. Jambolane, Ngwenya und die älteste Frau vom Alten, auch eine Sangoma, ziehen unter Singen und Trommeln vom Haus auf den Platz – mit Tüchern, Federn,

Ziegenfellen und langen Stäben in den Händen führen sie einen furiosen Tanz auf. Das geht mindestens eine Stunde lang so, in der niemand müde zu werden scheint. Dann kommen die drei Sangoma-Schüler mit ihren orange gefärbten Haaren, die zu Zöpfen geflochten und drei Jahre nicht gewaschen worden sind.

Alle drei tragen identische Umhänge in Weiß und Braun, gemustert mit kleinen Karos. Sie werfen sich vor den Tanzenden auf den Boden, die Stirn auf der schmutzigen Erde, und bewegen sich nicht. Mit einem Trommelwirbel endet der Tanz, und Jambolane hält eine lange Ansprache. Ich würde sie gern verstehen und werfe einen flehenden Blick zu Miriam und Kleopatra hinüber. Miriam hört mit offenem Mund zu – in dem das Gebiss zur Feier des Tages blitzt –, bemerkt mich aber nicht. Kleopatra wirkt zwar etwas genervt von mir, rückt aber an mich heran. »Er hat erzählt, was für gute Schüler sie alle drei waren, und dass sie nun ihre Prüfungen bestehen müssten«, flüstert sie.

Alle klatschen aufmunternd. Die drei stehen auf und sehen sich um. »Sie müssen zuerst einmal alle Dinge finden, die versteckt worden sind. Wenn sie ihre Spirits hören, ist das auch kein Problem«, sagt Kleopatra. Ich bin skeptisch, wie das so meine Natur ist, auch wenn ich schon viel Magisches erlebt habe. Meine Spirits werden sich wohl gerade beschämt die Hände vors Gesicht schlagen, wenn sie meine Haltung sehen.

Die drei Schüler laufen plötzlich in verschiedene Richtungen. Ihre Angehörigen unter der Plane scheinen den Atem anzuhalten. Kurze Zeit später kommt eine der zwei Frauen mit einem Kind an der Hand zum Baba und strahlt. Er nickt zufrieden und hört sich an, was sie sagt. »Sie habe es unter einer Hütte gefunden, wo man es versteckt hatte«, erklärt Kleopatra mir. Danach kommt die zweite Sangoma-Schülerin mit einem Zicklein, das wohl auch sehr gut versteckt war. Als Letzter taucht der einzige männliche Schüler wieder auf. Er scheint nichts dabeizuhaben. Als er sich aber vor dem Sangoma niederwirft, öffnet er seine Hand. Ein weißer Knochen blitzt darin.

»Das ist etwas ganz Besonderes«, sagt Kleopatra bewundernd. »Er lag auf einem Dach und war zugedeckt. Diesen Knochen kann er sicherlich später für seine Orakel benutzen.«

Jambolane verkündet, dass diese erste Prüfung von allen bestanden worden ist. Jetzt geht es darum, ob sie ihre Sangoma-Arbeit wie Knochenwerfen, Heilen und Beraten auch beherrschen. Er sagt den Anwesenden, dass sie sich einen der drei angehenden Sangomas aussuchen dürfen, wenn sie ein Problem hätten, das gelöst werden soll. »Natürlich darf es niemand sein, den sie kennen«, setzt er mit erhobener Stimme hinzu. Ich frage Kleopatra, wie er denn wissen könne, ob nicht geschummelt würde. Sie schaut mich entsetzt an. »Das sagen ihm seine Spirits, und das wissen auch alle. Sie würden es niemals wagen zu betrügen.« Mir steigt die Schamröte in die Wangen.

Sehr bald bilden sich Grüppchen, und ich sehe alle drei in Aktion, beim Knochenwerfen, beim Beraten in schnellem Singsang, beim Heilen. Jambolane hat sich auf einen hohen Stuhl gesetzt und beobachtet seine Schüler aufmerksam.

Es dauert weitere zwei Stunden, bis die Schüler wieder zu ihrem Lehrer kommen und sich niederwerfen. Jambolane steht auf, geht auf jeden zu und legt ihm seine Hand auf den Kopf; dabei spricht er offensichtlich rituelle Sätze, die alle außer mir verstehen. Er gibt jedem einen langen Stab, das Zeichen ihrer neuen Würde. Dann bricht Jubel aus. Alle drei haben ihre Prüfungen bestanden, und nun kann gefeiert werden. Es wird wieder getrommelt, und die drei frisch gebackenen Sangoma tanzen sich in Trance, bis sie zusammensinken. Dann wird ihnen zu essen und zu trinken gebracht, das erste Mal nach fast einer Woche, wie mir Kleopatra zuflüstert. Nun tanzt, klatscht und trommelt fast jeder. Inzwischen haben die Frauen aus den anderen Stämmen das Essen aus den Häusern gebracht, und es wird lautstark gefeiert, bis es dunkel wird.

Jambolane geht mit drei Männern ins Haus zurück, und nun erzählt mir Ngwenya, der neben mir sitzt, isst und trinkt, dass der Sangoma nun sein Honorar für die Zeremonie inklusive aller Spesen ausgehändigt bekommt. Er schaut zufrieden aus, als er zurückkommt und sich zwischen seine Frauen an einem langen Tisch zum Essen und Trinken niederlässt. »Hoffentlich reicht es für eine Weile, und es wird keine neue Frau dafür gekauft«, sage ich.

Ngwenya lacht, denn er weiß, dass ich Bedenken habe wegen der vielen Mäuler, die satt gemacht werden müssen. Hin und wieder auch durch mich und meine Spenden. »Mach dir keine Sorgen, Freundin«, sagt Ngwenya, »zuerst muss es allen, die schon da sind, gut gehen, erst dann kann ein Mann über neue Frauen und Kinder nachdenken.«

Im Laufe des Abends fühle ich mich immer kränker, aus der Erkältung scheint eine Bronchitis zu werden. Ich bekomme Fieber. Zu Hause wurde ich nach meiner letzten Reise vor sechs Jahren selbst bei größter Kälte nicht krank, und hier scheint es mich zu erwischen. Umgeben von Medizinmännern. Aber ich bin zu stolz, um jemanden um Hilfe zu bitten.

Einmal kommt Jambolane, der hin und wieder aufsteht, um sich mit den Angehörigen zu unterhalten, an mir vorbei, schaut mich an. Er legt seine Hand auf meine glühende Stirn, schüttelt den Kopf, murmelt etwas, lächelt mich an und geht. Fragend schaue ich Ngwenya an. »Er hat gesagt, dass er dir von dieser anstrengenden Reise abgeraten hat und dass du das jetzt auch nur selbst wieder heilen könntest. Das würde aber noch etwas dauern.«

Ich weiß, dass er recht hat, und begehre nicht auf, ahne aber, dass ich noch viel lernen muss.

Bald verabschiede ich mich, weil ich auch nichts essen mag von dem frischen Fleisch, gehe in mein Zimmerchen, knabbere an meinen im Kiosk ergatterten Keksen und trinke die Cola. Dann schlafe ich fast übergangslos ein trotz der Trommeln, des Gesangs und des Gemurmels. Obwohl ich geschwächt bin, fühle ich mich eingebettet und zugehörig zu diesen Menschen und weiß, dass mir hier nichts geschehen kann.

Wir brechen früh auf, und ich schaue, dass ich meinen Hals schütze und nicht gerade den zugigsten Platz im Bus bekomme. Trotz des Gerumpels auf den holprigen Wegen schlafe ich fast während der ganzen Rückfahrt. Irgendwo sehe ich in einem Ort einen Supermarkt und bitte den Fahrer anzuhalten. Ngwenya geht mit, und als ich mit zwei großen Säcken Hundetrockenfutter und Brot wiederkomme, treffen mich missbilligende Blicke. Aber das ist mir egal. Ich habe genug für die Menschen im Kral getan, jetzt kommen mal die Hunde dran.

Als wir im Kral ankommen, reißen die Tiere mir das Brot aus der Hand. Auch die Kinder begrüßen mich johlend, zum Glück habe ich noch einen Sack voller Bonbons mitgebracht. Ich lasse ihnen von Kleopatra sagen, dass ich erschöpft und krank sei und mich jetzt nicht wie sonst um sie kümmern könne. Sie gehen sofort auf Distanz, beobachten aber mein Zimmer von einer Mauer aus, wohl in der Hoffnung, dass ich so freundlich wie sonst wieder herauskomme.

Ich lasse mich auf meiner Pritsche nieder und mache Selbstheilungen für meinen Hals. Kleopatra kommt, bringt mir heißen Kräutertee. Sie ist sehr traurig, weil ich am nächsten Tag mit Ngwenya nach Swasiland fahren werde. Sie würde so gerne mitfahren, ihre Eltern besuchen, aber sie sagt, das sei ihr nicht erlaubt, solange die zwei kleinsten Kinder, die sie ja noch bekommen hat, sie noch brauchen. Ich tröste sie so gut es geht, als ich ihren hoffnungslosen Blick sehe. »Wir schreiben uns, ich werde dir hin und wieder etwas schicken. Und wenn Jambolane nicht mehr lebt, kannst du dich selbstständig machen.«

Sie starrt mich erstaunt an, und ich sage ihr, dass Jambolane nicht mehr so lange leben würde und er alles für seine Familie geregelt habe – auch für sie. Ich bin selbst erschrocken darüber, weiß aber, dass das Gift der jungen Frau ihn letztlich töten wird. Sie nickt, stimmt mir zu. »Auch wenn ich mir die Freiheit wünsche, ich liebe den Baba und wünsche nicht seinen Tod.«

Am nächsten Morgen habe ich alles gepackt, mir den Schlüssel fürs Klo noch einmal ausgeliehen, alles desinfiziert. Das Auto ist von Avis ausgetauscht worden und steht vor der Tür. Ich warte darauf, zu Jambolane gerufen zu werden. Als niemand kommt, gehe ich einfach zu ihm hin.

Ngwenya sitzt neben ihm und sagt: »Wir warten schon die ganze Zeit auf dich.« Ich bin immer noch gewöhnt, gerufen zu werden, und bin überrascht. »Jambolane lässt dir sagen, dass du eine Sangoma bist und immer zu ihm kommen kannst, wenn du es für richtig hältst.«

Plötzlich wird mir klar, was er mir damit sagen will. Das Ritual mit der Ziege, das Jambolane damals mit mir gemacht hatte, bevor ich wieder nach Deutchland zurückgegangen bin, sehe ich nach der Reise zu den Schamanenschülern mit anderen Augen. Als ich ihn damals fragte, wozu das Ziegenritual gut sei, hatte er nur lapidar geantwortet: »Damit du immer gesund bleibst.«

Nun frage ich Ngwenya: »Was war denn nun Sinn und Zweck des Rituals mit der Ziege am Fluss, das Jambolane mit mir gemacht hat?

»Ngwenya schaut mich erstaunt an: » Das weißt du noch immer nicht? Da hat er dich zur Sangoma gemacht.«

Ich schüttele den Kopf. »Das ist doch nicht möglich. Seine Schüler lernen drei Jahre, und ich war doch nur ein halbes Jahr bei ihm und habe nichts von all dem getan, was Schüler sonst machen müssen.«

Ngwenya nimmt scheu meine Hand. »Der Baba wusste, dass du diese drei Jahre nie überleben würdest. Du bist eine weiße, nicht mehr junge Frau. Da musste er eine andere Initiation mit dir machen. Außerdem bist du bereits mit einem alten Wissen hergekommen und hast sehr schnell gelernt.«

Ich bin sprachlos – und das will etwas heißen bei mir.

Der Alte sitzt still neben Ngwenya und hört uns aufmerksam zu. Er kann kein Englisch, und dennoch habe ich das Gefühl, dass er alles verstanden hat. Denn nach den ersten Sätzen, die ihm Ngwenya übersetzt, fängt er an, schallend zu lachen – und klatscht begeistert in die Hände.

Nun bedanke ich mich für alles und bitte ihn darum, dass man weiterhin freundlich zu den Hunden ist. Er pfeift, und ein etwa elfjähriger Junge kommt herein, ein heranwachsender Sohn. »Er ist verantwortlich für die Tiere«, lässt er mir sagen. Er verbeugt sich vor mir, strahlt mich an und sagt: »*Minamingu ingelosi* – mein Name ist Engel.«

Jetzt erkenne ich ihn, er war der kleine Engel, der vor sechs Jahren immer hinter mir herzockelte. Bei der Begrüßung war ich mir nicht sicher gewesen, ob er es war. Der Alte will mir wohl zeigen, dass ich mir bei dem inzwischen großen Engel sicher sein kann, dass er dafür sorgt, dass es den Tieren, an denen – für meine schwarzen Freunde nicht ganz verständlich – mein Herz hängt, gut gehen wird.

Plötzlich huscht ein kleines Fellwesen ins Zimmer und springt auf den Schoß des Sangomas. Ich traue meinen Augen nicht, es ist ein dreifarbiges Kätzchen. Jambolane streichelt es. »Gut gegen Mäuse«, lässt er mir sagen. Dankbar schaue ich ihn an – meine Botschaft, was die Tiere angeht, ist angekommen.

Jambolane sagt, dass er jetzt keinen langen Abschied will, denn ich würde ja noch einmal wiederkommen, bevor ich in meine Heimat zurückflöge. Geduldig wiederhole ich wohl zum x-ten Mal, dass das nicht gehe, weil ich ja noch nach Swasiland und dann an die Küste fahren würde, und von dort aus direkt zurückflöge. Ganz kurz nach München und dann nach Indien, wie ich es ihm anfangs schon erklärt habe.

»Aber die Spirits haben gesagt, dass du noch einmal zurückkommst, bevor ich sterbe. Also werde ich dich bald wiedersehen.« Ich lache und sage, er würde noch lange nicht sterben, und es könne wohl sein, dass ich vor seinem Tod noch einmal käme – in vielen Jahren.

Er steht auf, umarmt mich lange, schaut mir in die Augen und sagt: »Jetzt geh ganz schnell und komm bald wieder.« Dann geht er in sein Schlafzimmer und macht die Tür zu.

Ngwenya zuckt mit den Schultern. »Er will jetzt keinen richtigen Abschied. Das müssen wir respektieren.«

Auch der Rest des Clans scheint keine Lust auf einen Abschied zu haben. Es wird mir mal ein »*sula gardié* – auf Wiedersehen« zugerufen und »*niabonya* – danke«, aber es ist, als ob ich nur mal ein paar Stunden weg sein würde. Nur Miriam und Kleopatra kommen ans Auto, bevor wir abfahren.

»Wir haben gehört, dass du noch mal kommst, deshalb gibt es heute keinen richtigen Abschied«, prustet Miriam los, und in Kleopatras Augen keimt Hoffnung. »Ich kann das nicht versprechen«, sage ich zögernd, denn ich weiß ja, dass das diesmal nicht machbar ist. Auch Spirits sind fehlbar, aber ich will sie auch nicht zu sehr enttäuschen.

Voller Zuneigung umarme ich sie beide noch einmal, setze mich dann ganz schnell ins Auto und drehe mich nicht mehr um.

Ngwenyas Welt

Als wir losfahren, hört sich dieser Wagen nicht gerade sehr vertrauenswürdig an, aber ich hoffe, er schafft die nächsten 2000 Kilometer noch, die ich auf der Reise nach und durch Swasiland vor mir habe. Ngwenya sitzt neben mir, sagt kaum etwas.

Einerseits ist er innerlich noch bei seinem alten Lehrer, und andererseits freut er sich schon auf seine Familie. Erst als ich ihm Fragen nach dem Weg stelle, ist er wieder ganz präsent und bei mir. Allerdings bringt er mich viele Male zur Verzweiflung, weil er immer rechts sagt, wenn er links meint. Und wenn ich gleich das Umgekehrte mache, ist es auch falsch. »Zeig mir einfach mit der Hand, wo es lang geht«, sage ich dann, bevor ich völlig nervös werde.

Ich huste immer noch vor mich hin, denn die Bronchitis wird einfach nicht besser. Manchmal fragen wir nach dem Weg, und dann bin ich froh, dass Ngwenya bei mir ist. Zuerst begegnen uns finstere Blicke, weil sie die weiße Frau am Steuer sehen, sobald jedoch Ngwenya das Wort an sie richtet, wobei er wohl irgendetwas Gutes über mich sagt, strahlen sie und schauen mir freundlich in die Augen.

Das Auto gibt hin und wieder ähnlich hustende Geräusche wie ich von sich, und das gefällt mir gar nicht. »Sobald wir in Manzini sind, muss ich mal in eine Werkstatt fahren. Und zur Bank muss ich auch dringend. Das meiste Geld habe ich im Kral gelassen«, sage ich. Ngwenya ist nicht beunruhigt. Noch fährt das Auto, und er hat sicherlich schon in lädierteren fahrbaren Untersätzen gesessen. Er vertraut mir bedingungslos, was die praktischen Dinge des Lebens angeht. Dann erklärt er mir, dass er sich in der Zeit, in der ich alles organisiere, darum kümmern wird, dass die kleine Hella-Gabsile von seiner Nichte Virginia in die Stadt gebracht wird, damit ich sie mal sehen kann, bevor wir weiter zu seiner Hütte fahren.

Hella-Gabsile lebt vorübergehend bei Virginia, weil es dort Krankenhäuser in der Nähe gibt. »Außerdem bekommt sie bei ihr auch besseres Essen als bei mir«, sagt er traurig, »obwohl ich mir wünsche, dass sie gesund wird und wieder bei mir leben kann.«

Ich tröste ihn und verspreche ihm, zu Hause in Deutschland eine Sammlung nur für Hella zu machen. Ich sage ihm auch, ich sei sicher, dass er sie dann bei sich haben und ihr als Sangoma helfen könne. Er strahlt die nächsten Stunden, bis wir endlich in der Hauptstadt ankommen.

Manzini ist laut, der Verkehr ein einziges Chaos, überall liegt Abfall. Ngwenya habe ich abgesetzt, was ich schnell bedaure, denn auch hier sprechen nicht alle Englisch – oder wollen es nicht. Endlich finde ich die Bank, aber dort zu parken scheint unmöglich. Direkt neben dem Eingang steht ein Geldtransporter mit zwei riesigen Schwarzen, die böse dreinschauen und Maschinenpistolen gezückt haben. »Im Auge des Orkans ist es am ruhigsten«, ist einer meiner Lebenssprüche. Mal sehen, ob das hier auch zutrifft.

Ich fahre auf den freien Platz neben dem Geldtransporter, öffne vorsichtig die Tür und steige mit erhobenen Händen und einem warmen Lächeln aus meinem Auto. Die Maschinenpistolen sind auf mich gerichtet, aber ich versuche, sie zu ignorieren. Sie können doch nicht im Ernst meinen, eine nicht mehr ganz junge weiße Frau mit erhobenen Händen würde einen Überfall geplant haben. Ich kicke meine Unsicherheit weit weg von mir und sage: »Mein Auto ist kaputt. Würden Sie mir erlauben, hier kurz zu parken, um Geld für meine afrikanischen Freunde abzuholen und eine Werkstatt zu suchen?«

Der eine »Gorilla« schaut immer noch furchterregend. Diese Situation gab es sicherlich nicht in seiner Ausbildung. Der andere verkneift sich ein Lachen und beruhigt seinen Kollegen damit, dass er mich und das Auto mal durchsuchen werde. Außerdem sähe ich nicht nach einem Bankräuber aus.

Ich trete zur Seite, frage höflich, ob ich die Hände wieder sinken lassen darf. Er nickt und schaut sich im Auto um. Auf der Ablage liegen Fotos aus dem Kral und eins von Jambolane im »Kriegsschmuck« als Sangoma. Als er mit den Fotos in der Hand wieder aus dem Fond auftaucht, strahlt er übers ganze Gesicht und wirkt dabei wie ein kleiner Junge. Nun zeigt er seinem Kollegen die Fotos, und das Wort Sangoma fällt ein paar Mal. Ich habe ganz offensichtlich sein Vertrauen gewonnen.

Es sei eine Ehre für ihn und seinen Kollegen, auf die Freundin seiner schwarzen Brüder und Schwestern und als Vertraute eines berühmten Sangomas auf mein Auto aufzupassen, bis ich meine Geschäfte erledigt habe, sagt er voller Hochachtung. Er hoffe nur, dass es nicht zu lange dauere, denn wenn der Geldtransport im Wagen sei, müssten sie weiterfahren.

Ich bedanke mich mit vielen Verbeugungen, gebe ihm meinen Schlüssel und verschwinde erleichtert in der Bank. Sie werden kaum zulassen, dass mein Auto oder mein Gepäck geklaut wird.

Drinnen ist eine lange Schlange, und ich befürchte, dass die Jungs nicht so lange Zeit haben, um auf mich zu warten. Also gehe ich an den Wartenden vorbei, direkt an die Kasse, wo ein junges Mädchen die Geschäfte abwickelt. Sie ist so schlecht gelaunt und so langsam, dass man schon beim Zuschauen einschläft. Ich erkläre ihr kurz die Situation, aber sie tut, als ob sie mich nicht höre, und zeigt mit dem Finger auf das Ende der Warteschlange. Das ist der Blick, den ich häufig erlebt habe und der einem sagt: Nun haben wir hier das Sagen und nicht mehr ihr Weißen.

Ich füge mich, aber nach ungefähr zehn Minuten kommt mein neuer »Bodyguard« herein, sieht, wo ich stehe, und sagt etwas im Befehlston zu dem Mädchen am Schalter. Ob er hier nur seine Uniform sprechen ließ oder wieder etwas von einem Sangoma erzählt hat, ist mir nicht klar. Auf jeden Fall schiebt er mich ganz nach vorne. Das Mädchen ist eingeschüchtert und beeilt sich wirklich. Als ich die Bank verlasse, läuft der Motor des Geldtransporters bereits. Die beiden sind froh, dass ich endlich da bin. Neben ihnen steht eine junge Polizistin, und ich befürchte schon, ein neues Problem zu haben. Aber sie verabschiedet sich kameradschaftlich von den Kollegen und lacht mich freundlich an. »Und wie geht es jetzt weiter?«, fragt sie. Ich erkläre ihr, dass ich unbedingt zu einer Werkstatt müsse und dann zum Supermarkt, um für meine Freunde einzukaufen.

Sie schaut kurz auf die Uhr und sagt: »Eigentlich habe ich Feierabend, aber ich werde Ihnen jetzt helfen, Ihre Erledigungen zu machen. Es ist ja sicher nicht leicht, allein in einem fremden Land unterwegs zu sein.« Mit so viel Mitgefühl und Freundlichkeit habe ich nicht gerechnet, und fast hätte ich zum Geldbeutel gegriffen. Vielleicht hätte sie das Geld sogar angenommen, aber eventuell hätte ich sie auch beleidigt. Sie heißt Metah, ist 22 Jahre alt und spricht ein sehr gutes Englisch. Sie sagt, dass sie viel studiert habe und auf jeden Fall Karriere machen will.

»Das ist wichtig für viele Frauen hier«, sagt sie, »sobald man nämlich einen Mann und Kinder hat, ist man wieder ausgeliefert.« Sie meint, bei uns sei das sicher ganz anders.

Ich denke nach und muss zugeben, dass Frauen in der westlichen Welt schon mehr Chancen haben, aber sobald es um Kinder und Familie geht, auch bei uns noch alte Strukturen wirken. Sie hat sich neben mich gesetzt, und so kommen wir schnell durch den dichten Verkehr, weil sie zwischendurch aussteigt und Platz für uns macht, indem sie den Verkehr regelt. In der Werkstatt schaut man bedenklich. Es sähe nicht gut aus, aber vielleicht hielte das Auto doch noch etwas. Denn jetzt sei ja Wochenende, und sie könnten nichts machen.

Ich weiß, dass ich nicht hierbleiben kann, weil ich Ngwenya in sein Dorf bringen muss. »Da hilft nur beten«, sage ich zu Metah, und sie nickt amüsiert. Sie begleitet mich noch zum Supermarkt, wo Ngwenya schon mit seiner Nichte und der kleinen Hella wartet. Ich erkläre Metah, dass das mein Patenkind sei und man es nach mir benannt habe. Sie klopft mir anerkennend auf die Schultern, gibt mir ihre Visitenkarte, falls ich wieder Hilfe brauche.

Die bewundernden Blicke auf meine Halskette mit sehr schönen Steinen hatte ich schon vorher gesehen, deshalb streife ich sie mir vom Hals. »Ein kleiner Dank für dein gutes Herz«, sage ich. »Diese Steine schützen dich.« Sie wehrt zuerst ab, will das Geschenk nicht annehmen, aber dann lässt sie es zu, dass ich ihr die Kette umlege. Zum Abschied küsst sie mich auf beide Wangen. Dann geht sie und dreht sich nicht mehr um. Sie hebt nur die rechte Hand zum Abschied, und ich frage mich, in welchem amerikanischen Film sie das wohl gesehen hat.

Ngwenya, Virginia und die kleine Hella haben die Szene mit offenem Mund beobachtet und schauen mich bewundernd an. Dass eine Polizistin mit mir so umgeht – da müssen wohl doch Zauberkräfte im Spiel sein, meine ich in ihren Gesichtern zu lesen.

Ich gehe auf die kleine Hella zu, die ich noch nie gesehen habe, denn sie wurde ja erst kurz nach meinem Abschied vor sechs Jahren geboren. Sie schaut mich schüchtern von unten an. Man hat ihr viel von ihrer weißen Patentante erzählt, aber jetzt ist sie sehr verlegen.

Nun hocke ich mich vor sie, obwohl meine Oberschenkel leise ächzen, schau ihr in die dunklen Augen und umarme sie liebevoll. »Ich freue mich so sehr, dich endlich kennenzulernen, und jetzt gehen wir zusammen einkaufen. Du darfst dir auch was wünschen.«

Sie steckt den Daumen in den Mund, ist wohl überwältigt davon, wie ich mit ihr umgehe. Ich schaue ihr in die Augen und sehe darin eine uralte Seele. Dann sagt sie leise: »I am happy to meet you, Aunt

Hella. God bless you.« Sie ist erst in der ersten Klasse, und von Anfang an war sie am fleißigsten im Englischunterricht. Später erzählt mir Ngwenya, dass sie immer gesagt habe, sie würde mich mal kennenlernen, und dann müsste sie mit mir sprechen können.

Virginia, die Nichte von Ngwenya, ist Lehrerin, westlich orientiert und sehr gewandt im Umgang mit mir. So ganz traue ich ihr nicht. Hat sie zu ihren drei Kindern Hella bei sich aufgenommen, weil sie über die reiche weiße Patentante aus Europa Bescheid weiß? Erhofft sie sich vielleicht auch Unterstützung von mir, was ihre eigene Familie angeht? Ich ärgere mich ein wenig über mein aufkeimendes Misstrauen, zeige es aber nicht. Sie kümmert sich wirklich gut um Hella, und warum sollte sie nicht auch davon profitieren? Ich gebe Ngwenya einen großen Einkaufswagen, sage ihm, dass er alles, was er braucht für seine anderen Kinder und seine Tiere in den Wagen tun soll. Inzwischen hat er mir erzählt, dass der Hund, den er von mir hat, noch lebt und es noch zwei weitere gibt.

Den zweiten Wagen nehme ich und gehe mit Virginia und der kleinen Hella durch den Supermarkt, um für diese Familie einzukaufen und Geschenke für die Kleine zu besorgen. Sie hält die ganze Zeit meine Hand, traut sich kaum, auf etwas zu zeigen, was sie möchte. Ich zeige ihr Spielsachen, Puppen, Sachen zum Anziehen. Es ist schwierig herauszubekommen, was sie braucht und möchte. Virginia dagegen hat keine Scheu, füllt den Wagen schnell mit Nahrung, Geschenken für ihre Kinder und ein paar Sachen zum Anziehen für Hella.

Als ich Hellas Augen bei einer Puppe besonders leuchten sehe, kaufe ich sie ihr. Es ist eine Puppe mit verschiedenen Kleidern, die mich an die früheren Barbies erinnert, die mein Sohn zum Glück nicht haben wollte. Ngwenya steht an der Kasse, und in seinem Wagen sind nur die notwendigsten Dinge. Er ist so bescheiden wie seine Tochter. Ich schaue mir Virginias Wagen an, nehme einiges, was mir zu üppig erscheint, wieder heraus und lege es in Ngwenyas Wagen. Bei den Geschenken für ihre Kinder sage ich, sie müsse sich für eines pro Kind entscheiden. Ich sei nicht ganz so reich, wie sie vielleicht denke. Einen Augenblick verzieht sich ihr Gesicht, aber dann nickt sie ergeben. Man kann es ja mal versuchen, sagt ihr Blick.

Ngwenya erklärt ihr, dass er die kleine Hella nun doch mitnehmen würde und sie ihr in ein paar Tagen wiederbringen werde. Jetzt weiß er, dass für alle genug Essen da sein wird. Die Kleine ist außer sich vor Freude. Das war eigentlich nicht so geplant gewesen, aber als ich ihm vorhin vorgeschlagen hatte, ihn und Hella wieder in Manzini abzusetzen, bevor ich ans Meer weiterfahre, war sein Entschluss schnell gefasst.

Wir machen uns auf den Weg nach Dudusini, dem Ort, in dessen Nähe seine Hütte mit den anderen Kindern ist. Unterwegs spricht er noch einmal über die Mutter des Kindes, und dass es ihm sehr geholfen habe, als ich ihm erklärt habe, die schreckliche Krankheit Aids könne auch durch verschmutztes Blut übertragen werden. »Aber auch wenn es anders gewesen wäre, ich werde nicht aufhören, sie zu lieben und zu respektieren«, fügt er hinzu. Ich frage ihn, ob er inzwischen nicht über eine neue Frau, eine Mutter für seine Kinder nachgedacht hätte. Er nickt. »Ja, das wäre auch in ihrem Sinne, aber ich kann mir die Lobolla für eine neue Frau nicht leisten. Und zuerst einmal ist es wichtig, dass ich meine Kinder ernähren, sie lernen lassen kann und auch Geld fürs Krankenhaus habe, wenn meine Kräfte nicht reichen.«

Er bedankt sich für meine Spenden in den letzten Jahren. »Ohne die hätte ich meine Familie nicht ernähren können, denn wenn man sich um seine Kinder kümmert, kann ein Mann nicht so viel arbeiten.« Es waren nicht mehr als 300 Euro im Jahr gewesen, die ich ihm schicken konnte, und ich möchte ihm die 200 Euro, die nach den Einkäufen noch übrig geblieben sind, gerne geben. Er wehrt jedoch ab. »Inzwischen kann ich ja wieder als Hilfslehrer in Dudusini arbeiten und manchmal auch als Sangoma, das reicht. Und außerdem hast du noch eine lange Reise vor dir.«

Ich stecke ihm das Geld in die Tasche und beruhige ihn. Auf meinen weiteren Fahrten durch Swasiland käme ich noch an anderen Banken vorbei, und ob ich dann in Deutschland noch etwas auf dem Konto habe, würde mich jetzt nicht kümmern. Aber ich sage ihm auch, dass ich in Zukunft nicht mehr so viel spenden könne. Eventuell käme noch einmal eine Aktion für Hellas Behandlung zustande, aber ich würde inzwischen nicht mehr viel verdienen, und die Leute würden nicht ständig spenden. Es gäbe zu viel Elend und Armut in der Welt.

Die Straßen von Manzini sind einigermaßen gut, aber nach der Abzweigung Richtung Dudusini wird es abenteuerlich, und ich bin nicht sicher, wie lange das Auto noch mitmacht, so sehr knirscht das Getriebe. Unterwegs gibt es auch keine Werkstatt mehr. Wir befahren nur noch steinige Wege und ausgetrocknete Flussbetten auf der Fahrt zu seiner Hütte. Wir sind im Niemandsland, und ohne Ngwenya würde ich die Fahrt eventuell nicht überleben. Ich weiß auch nicht, ob die anderen Schwarzen am Wegesrand Feinde oder Freunde von Ngwenya sind.

Dann versperrt uns ein Traktor den Weg, und als ich versuche, über eine kleine Anhöhe an dem Fahrzeug vorbeizukommen, gibt mein Auto endgültig den Geist auf und bleibt qualmend stehen. Sofort kommen aus allen Hütten Menschen herbeigerannt. Mir wird mulmig, aber Ngwenya beruhigt mich. Alles nur Nachbarn und Freunde. Mein Gepäck und die Einkäufe landen in den hilfreichen Händen, und dann marschieren wir los. Es dauert nicht lange, sagt Ngwenya, und dann ist es doch noch eine Stunde Fußmarsch. Obwohl man mir nicht erlaubt, irgend etwas zu tragen, keuche ich. Meine Bronchitis ist schlimmer geworden, meine Stirn heiß, und ich fühle mich fiebrig.

Als wir an seiner Hütte ankommen, warten drei Mädchen auf uns, seine beiden Töchter im Alter von neun und vierzehn Jahren und ein sechzehnjähriges Mädchen, das ihm zugelaufen sei, erklärt er mir. »Sie war halb verhungert, war geschlagen worden. Niemand wusste, woher sie kam. Da konnte ich sie doch nicht wegschicken. Und durch deine Hilfe konnte ich sie mit durchfüttern.« Die kleine Hella wird überschwänglich begrüßt.

Nun stellt sich heraus, dass mein Rucksack mit den Papieren fehlt. Keine Sorge, sagen Ngwenyas Augen, und dann geht er mit seiner älteren Tochter den Weg noch einmal zurück. Sie müssen gerannt sein, denn sie sind bereits nach einer halben Stunde zurück. Schon von Weitem sehe ich, dass er freudig mit dem Rucksack winkt. Er lag neben dem Wagen, und es fehlt nichts. »Du siehst, nur ehrliche Leute«, sagt er stolz, »arme Leute bestehlen sich nicht gegenseitig.« Dennoch bin ich froh, dass ich Ngwenya alles Bargeld gegeben habe. Vielleicht hätten sie da doch nicht widerstehen können.

Wo die anderen Kinder seien, frage ich ihn. Ich erinnerte mich, dass er noch von drei Jungen sprach. »Die wohnen schon lange nicht mehr hier«, erzählt er. »Sie sind groß genug, um zu arbeiten und sich selbst zu ernähren. Manchmal kommen sie zu Besuch und bringen uns Geschenke«. Die beiden großen Mädchen sehen gesund aus, die Neunjährige hat überall weiße Flecken, ist mit nässenden Ekzemen übersät. »Ich schaue mir das nachher mal an«, verspreche ich. »Die weißen Flecken sind angeboren«, erklärt Ngwenya, »wie gut, dass sie kein Albino ist, denn das ist lebensgefährlich für ein schwarzes Kind. Weil es dann für einen bösen Geist gehalten und oft getötet wird. Diese Ekzeme aus den Flecken brechen immer auf, wenn sie Stress hat. Das fing an mit dem Tod ihrer Mutter.«

Nach dem Essen, das wir aus den Einkäufen machen, strahlen alle. Richtig satt werden, das erleben sie nicht jeden Tag, auch wenn sich der Vater alle Mühe gibt. Über das Spielzeug und den mitgebrachten Schmuck aus Deutschland, den ich noch retten konnte, freuen sie sich, wie ich es noch nie bei Kindern erlebt habe. Dann behandle ich die Kleine mit Zinksalbe, Rescue und Belladonna, verbinde sie mit Mull und lege ihr lange meine Hände auf. Sie schaut mich voller Vertrauen an, und schon am nächsten Tag sind die Ekzeme eingetrocknet.

Ngwenyas Hütten sind sauber und ordentlich, auch wenn die Armut offenkundig ist. Er bringt mich zu einer kleinen Hütte, wo sonst die Kinder schlafen, und sagt, heute Nacht bekäme ich sie für mich, weil ich jetzt Ruhe brauche.

Auf dem Weg kommt mir ein Hund entgegen, der aussieht wie eine sehr magere Variante meiner Ninja in München – ihr großer Bruder. Zuerst bleibt er scheu stehen. Als ich ihn auf Deutsch mit seinem damaligen Namen Jambolane anspreche, rennt er auf mich zu und springt auf meinen Arm. Nach so vielen Jahren hat er mich erkannt. Ngwenya sagt, dass er auch in die Hütten darf, weil er ein besonderer Hund ist, da er ein Geschenk von mir sei. Jambolane, den er nun Tiger nennt, folgt mir die nächsten Tage auf dem Fuß, lässt mich nicht mehr aus den Augen. Nachts schläft er auf einem T-Shirt vor meinem Bett.

Ob er Medizin für meinen Husten habe, frage ich Ngwenya nun. Er schüttelt verlegen den Kopf. »Der Sangoma hat gesagt, das würdest du selbst am besten heilen, weil du es dir ja auch allein zugezogen hast. Du wüsstest schon warum.« Ich nicke und gebe ihm recht. Bevor ich schlafen gehe, durchwühle ich meine mitgebrachte Medizin, finde genug gegen den Husten, lege meine Hände auf die Brust zur Selbstheilung und lasse dem Fieber seinen Lauf. Das scheine ich wohl zu brauchen. Am nächsten Tag geht es mir viel besser, obwohl es dann doch noch einige Wochen dauern wird, bis alles ausgeheilt ist. Zumindest habe ich kein Fieber mehr, und allein das tut mir in dieser Hitze schon gut.

Es gibt noch mehr Hunde, die allerdings draußen schlafen müssen, eine Mutter mit mehreren Welpen. Sie sehen krank aus, die Mutter hat keine Milch, und ich sehe, dass ich nichts mehr machen kann. Am nächsten Tag sind die Welpen alle tot. Gemeinsam mit seinen Kindern, die ein wenig weinen, begräbt er sie. Aber dann vergessen sie es sofort wieder. Leben und Sterben – das ist hier Alltag.

Um das Auto, das ja nicht gerade um die Ecke steht, mache ich mir Sorgen. Ngwenya beruhigt mich. Er habe einem Nachbarn die Nummer von Avis gegeben. Und der habe versprochen, zum nächsten Telefon zu laufen und Avis anzurufen. Kismet. Wieder heißt es warten. Eigentlich wollte ich schon morgen weiterfahren, um rechtzeitig in meinem gebuchten Hotel in St. Lucia am Meer anzukommen. Fatalismus – der stellt sich sofort ein, wenn man wieder in Afrika ist, und ich bin sicher, ich werde da sein, wenn ich da sein soll.

Es dauert noch zwei Tage, bis der neue Wagen von Avis vorfährt. Diesmal in Begleitung eines zweiten Wagens, mit dem die beiden Angestellten zurückfahren und das kaputte Auto abschleppen wollen. Ich habe wieder ein Austauschauto, das dritte inzwischen, und ich frage, was denn eigentlich der Schaden gewesen sei. Sie murmeln etwas von schlechten Straßen, versuchen aber wenigstens nicht, es mir in die Schuhe zu schieben.

Von den drei Mädchen, die allein zurückbleiben, verabschiede ich mich herzlich. Zum Glück geht es dem Kind mit den weißen Flecken besser, die Entzündungen sind weg. Tiger, den ehemaligen Jambolane, müssen sie an einen Strick binden, damit er nicht hinter mir her läuft. Hella krabbelt schnell in den Fond, damit wir sie ja nicht vergessen. Eigentlich wollte ich mit Jambolane und der Mutterhündin noch zum Tierarzt fahren, aber Ngwenya winkt ab. »Wir nehmen nur etwas Haare und den Kot mit zum Tierarzt. Dann gibt er uns die Medizin mit.« Warum nicht? Ferndiagnose, das gibt es ja inzwischen auch bei uns.

Da die Avis-Leute sofort wieder verschwunden waren, fürchte ich mich vor dem Weg zurück durch das unwegsame Gelände. Ngwenya kratzt sich kurz am Kopf und sagt dann, dass wir jetzt doch noch einen Moment warten müssten. Er wisse eine Lösung. Die kommt dann eine Stunde später mit Ngwenya zurück. Ein Nachbar, der sich mal kurz ein Auto besorgt hat. Er ist Zeuge Jehovas erfahre ich noch, bevor er den Lotsen für mich macht. Da kommt er ja viel herum, denke ich, und weiß auch, wo die Autos stehen.

Wir fahren zuerst in die Tierklinik, und der schwarze Tierarzt – ich sehe keinen einzigen Weißen – schaut sich den Kot an, befühlt die Haare, stellt eine Diagnose, die er uns nicht verrät, gibt uns Medizin und knöpft mir 30 Rand ab. Ende der Vorstellung.

Ngwenya und die kleine Hella-Gabsile setze ich dann am Hospital für Menschen ab. Dort will er Hella kurz untersuchen lassen und für seine Neunjährige nach einer weiteren Ferndiagnose auch Medizin mitnehmen. Vorsichtshalber stecke ich ihm noch mal etwas

Geld zu, das ich unten im Rucksack gefunden habe. Hella fängt an zu weinen, als ich mich verabschiede, und ich verspreche, mich auf der Rückfahrt vom Meer zu melden, um sie noch einmal zu sehen. Und da man Kindern nichts versprechen darf, was man nicht auch halten kann, weiß ich, dass ich es hinbekommen muss – egal wie.

2000 Kilometer durch Swasiland

Bevor ich mich nun auf den Weg mache, muss ich noch einmal zur Bank, diesmal ohne »Gorillas«, aber mit einem vernünftigen Parkplatz und einer inzwischen freundlichen Schalterdame, die mich wiedererkennt. Es ist schon Mittag, als ich losfahre. Es sind mindestens fünf bis sechs Stunden Fahrt, sofern das ausgetauschte Auto durchhält. Aber der Motor hört sich auch nach der Fahrt auf den schlechten Straßen noch gut an. Ich möchte gerne vor Einbruch der Dunkelheit ankommen.

Die Fenster lasse ich offen, und es riecht nach Afrika. Swasiland ist grün, und der Blick auf Bäume, Palmen und Plantanen, auf blühende Sträucher und Blumen in leuchtenden Farben und sanfte Hügel ist atemberaubend.

Ich fahre vorschriftsmäßig, auch wenn ich mich oft überholen lassen muss. Diesmal habe ich keinen schwarzen Freund in meinem Auto, aber ich fühle mich beschützt, habe keine Angst, auch wenn an den Straßen viele Jugendliche herumlungern. Mein Sohn hatte mich gewarnt, dass auf dieser Strecke sehr viele Überfälle passieren und Freunde von ihm ausgeraubt worden seien. Fotos meiner schwarzen Familie liegen auf der Ablage, und als ich einmal anhalten muss, um nach dem Weg zu fragen, kommen einige Jugendliche ans Auto. Sie sehen Jambolane auf den Fotos und fragen, ob er ein Sangoma sei. Dann erklären sie mir freundlich den Weg und winken mich durch.

An einem Restaurant direkt an der Straße, das von einer weißen Frau geführt wird, halte ich noch einmal, um mich bei etwas Essen und Trinken zu erholen. Als ich anfange, ihr von meinen Abenteuern zu erzählen, will sie mich gar nicht mehr gehen lassen. »Ich werde mich von nun an auch mehr um meine schwarzen Mitbürger kümmern«, sagt sie zum Abschied. »Du bist wirklich ein Vorbild.«

Kurz vor Einbruch der Dunkelheit komme ich unbeschadet in St. Lucia an. Ich dusche ausgiebig, das erste Mal seit Wochen, genieße das gute Essen und sinke erschöpft in ein sauberes Bett. Der Duft des Meeres weht durchs offene Fenster, und ich fühle mich gut. Die Zivilisation ist mir sehr willkommen.

Beim Frühstück unterhalte ich mich mit June, der weißen Leiterin des Zulani Guesthouse. Sie ist auch die nächsten Tage freundlich, aber immer sehr beschäftigt. Ich erzähle ihr von meiner verschwundenen Freundin Jannie, der sie sehr ähnlich sieht, und sie verspricht mir, Erkundigungen in Amanzimtoti und auch über die Ämter einzuholen.

Vielleicht kann ich Jannie während meiner Zeit hier doch noch kontaktieren, vielleicht sogar sehen. Ihre Wärme fehlt mir, und die anderen Gäste, meist Paare, sind fast ausschließlich mit sich beschäftigt, zeigen kein Interesse an einer allein reisenden älteren Frau. Ich selbst fühle mich nicht so, aber ich spüre, dass sie mich so sehen. Und sie ignorieren mich höflich. Das kenne ich von zu Hause nur zu gut, wenn ich alleine unterwegs bin. Das ist der Preis für meine Freiheit. Ich geniesse den Komfort meines Lebens zu Hause, spüre aber die Kühle der Menschen schmerzhaft, und ich fühle mich trotz der vielen Menschen einsam.

Ich schwimme eine Runde im Pool, will später ins Städtchen gehen, mich umschauen, wo ich hier gelandet bin. Als ich in mein hübsches Erkerzimmer zurückkomme, sitzt eine graublaue Katze auf meinem Bett und schaut mich aus unergründlichen Augen an. Als ob sie auf mich gewartet habe. Tiere ziehe ich wohl immer wieder magisch an, wo immer ich bin. Sie spüren, wie diese Katze, dass ich ihnen wohlgesonnen bin und sie nicht verscheuche. Ich streichle sie, gebe ihr etwas von meinem Käsebrot, das ich nicht essen konnte, und sie schnurrt dankbar.

Von June erfahre ich, dass diese Katze und noch ein Hund, der Nicholson heißt, dem Nachbarn gehören. Der Nachbar ist gerade verreist und lässt das Haus von einem Freund sitten. Aber dieser Laurens denke nicht im Traum daran, sich um die Tiere zu kümmern, behandle sie sogar schlecht. Sie ist empört darüber, aber sie hat zwei eigene Hunde und kann sich nicht noch anderer Tiere annehmen. Sie sagt, manche der Gäste übernehmen das für die Zeit des Aufenthalts, und das ist besser als nichts. Diesmal scheint zumindest die Katze mich als ihre Urlaubsbekanntschaft auserkoren zu haben.

Als ich meinen kleinen Rucksack für die Stadtrunde hole, sitzt dann auch Nicholson, ein freundlicher Terrier, vor meiner Tür. Herein hat er sich nicht getraut, denn da thront die Katze auf meinem Bett und faucht, wenn er nur die Nase hereinsteckt. Ich begrüße ihn, und dann folgt er mir durch den Ort. Als Erstes gehe ich ins Internetcafé. Er legt sich zu meinen Füßen, und obwohl man nicht begeistert von ihm ist, sagt niemand etwas.

Nach langen Wochen melde ich mich nun bei Freunden, bei meinem Sohn, der beunruhigt ist wie immer, wenn seine Mutter sich auf gefährlichen Reisen befindet. Er ruft sofort an, als ich ihm die Mail mit ein paar Fotos schicke, und er hört es gern, dass ich nun am Meer in einer komfortablen Unterkunft bin. Finanziell hat er das alles unterstützt, dennoch versteht er nicht, dass ich immer wieder bei den armen Leuten sein muss. Was mich selbst sicherlich viel Geld kostet, weil er mich als großherzige Spenderin kennt.

Wahrscheinlich geht es ihm ähnlich wie anderen Eltern mit ihren vagabundierenden Kindern, denke ich lächelnd. Und vielleicht folgt ja mein Enkel eines Tages meinen Spuren.

St. Lucia ist so touristisch, wie ich es mir vorgestellt habe, nur ein paar ältere Häuser zeugen vom Charme vergangener Tage. Ich kehre in eine Pizzeria ein, um selbst etwas zu essen und auch für Nicholson, der mir nicht von der Seite weicht, etwas zu besorgen. Als er den Kellner sieht, flüchtet er jedoch jaulend und versteckt sich.

»Bist du vielleicht Laurens, der das Haus neben dem Zulani Guesthouse hütet?«, frage ich ihn, weil ich ahne, warum Nicholson Reißaus nimmt. Er nickt überrascht. Als ich ihm sage, dass mir das durch das Verhalten des Hundes klar geworden ist, wird er zugeknöpfter. Was mischst du dich da ein?, sagt sein jetzt eher finsterer Blick.

> Ja, ich mische mich ein, und das bringt mir nicht immer Sympathien ein. Der Psychotherapeut und Autor Horst-Eberhard Richter war einer der wenigen, der öffentlich sagte: »Mischt euch ein, dann wird die Welt anders aussehen.« Er sagte es sogar von der Kanzel einer Münchner Kirche, und Tausende klatschten. Bis zu seinem Tod war er mir Vor-

bild und väterlicher Freund. Und das nicht nur mir, denn er hat Spuren hinterlassen in einer kälter werdenden Welt.

Wenn ich an mir und meinem Engagement für andere zweifelte, man mir gern ein Helfersyndrom vorwarf, mich rügte, dass ich zu viel liebte, stand er mir bei, bestätigte er mich. »Das sind in erster Linie die Egoisten, die anderen vorwerfen, zu hilfreich zu sein. Und zu viel lieben kann man nicht in einer Welt, in der zu wenig geliebt wird.«

Das sind Sätze, an die ich mich immer erinnere, wenn ich Ablehnung erfahre für mein mitfühlendes, liebendes Herz, das nie aufgibt, auch wenn es viele Male verraten worden ist.

So freundlich wie möglich frage ich Laurens, warum er nicht besser mit dem Hund und der Katze umgeht. *»Dogs are just for security and cats for rats«* – Hunde sind für die Sicherheit und Katzen für die Ratten, antwortet er ablehnend und bittet dann einen Kollegen, mich zu bedienen. Sobald Nicholson sieht, dass ich alleine am Tisch bin, kriecht er fast auf dem Bauch aus seinem Versteck hervor und bleibt unter dem Tisch auf meinen Füßen liegen.

Zwei Pizzen bestelle ich, eine vegetarische für mich und eine mit Schinken für meinen vierbeinigen Freund, der sie ganz schnell verschlingt, als habe er Angst, dass man sie ihm wieder wegnehmen würde. Nur ein junges Paar am Nebentisch lächelt mir freundlich zu, die anderen strafen mich mit Nichtbeachtung.

Im Touristenzentrum beschließe ich, eine Fahrt zum Whale-Watching zu buchen, des Weiteren eine Flussfahrt, bei der es Krokodile und Nilpferde zu sehen gibt, und eine Führung in einem Wildpark, der Hlulelewe Farmlodge, um noch einmal die großen Tiere Afrikas richtig zu sehen. Damit bin ich schon mal drei Tage beschäftigt, denke ich, dann gehe ich noch ein paar Mal ans Meer und lese. Die Menschen hier langweilen mich.

Nicholson kann ich nicht mitnehmen, aber ich werde beide Tiere füttern, bevor ich gehe.

Abends schläft Nicholson vor meinem Bett, die Katze darauf. Die beiden haben wohl beschlossen, sich gegenseitig zu respektieren, solange ich sie beide bei mir haben will.

Zwei Paare und ich sind in einem großen Motorboot. Der Himmel ist grau, die Wellen auf dem Meer sehr hoch. Ein besonders gutes Gefühl habe ich nicht.

Das Boot rast los, und durch die Wellen schlägt es immer auf, als ob wir über Beton führen. Mein Magen, der zum Glück nicht allzu voll ist, rebelliert. Aus der Ferne sehen wir dann ein einziges Mal einen Walrücken, aber der Wal hat wohl nicht viel Lust, dem brummenden Ungeheuer, in dem wir sitzen, näher zu kommen.

Einige Zeit später bin ich froh, wieder an Land zu sein. Beim Aussteigen frage ich, ob man sein Geld vielleicht wegen Körperverletzung zurückbekäme, aber auf diesen Scherz bekomme ich keine Antwort, sondern werde nur wütend angefunkelt.

Der Abend am Pool mit meinen Tieren ist der beste Teil dieses Tages. Ich kann mich entspannen, die Seele baumeln lassen und ungestört in das Abendrot über mir blinzeln.

Am nächsten Tag steht die Flussfahrt auf dem Plan. Der Himmel ist immer noch grau, aber diese Fahrt ist weitaus interessanter und ruhiger als das Whale-Watching ohne Wale. Der Kapitän erzählt, dass die Hypos weitaus gefährlicher seien als die Krokodile und er uns nicht raten würde, bei Landgängen zu nahe ans Wasser zu gehen. Den auf den Sandbänken ruhenden Krokodilen zuzuschauen und die laut brummelnden Hypos zu beobachten, ist Labsal für mein Gemüt. In einem atemberaubenden Sonnenuntergang, der die ganze Farbpalette des Universums bietet, fahren wir zurück.

June erzählt von ihren Recherchen wegen Jannie. Diese wohnt schon lange nicht mehr in Amanzimtoti, aber sie hat eine Telefonnummer in Pretoria herausgefunden. Als ich dort anrufe, ist Jannies Freude durch das Telefon zu spüren. Sie ist wieder bei Hendrik.

»Ich habe keine Arbeit mehr gehabt, und da war ich ganz froh, wieder bei ihm unterschlüpfen zu können«, erzählt sie atemlos. »Er ist aber zum Glück inzwischen weit über siebzig und zumindest lässt er mich im Bett in Ruhe.«

»Und wo bleibst du mit deinen Bedürfnissen, deinen Hoffnungen, deinen Sehnsüchten?«, frage ich leise.

»Ich habe zu Gott gefunden«, antwortet sie, und mir ist nicht ganz klar, ob sie es ernst meint, oder ob da nicht eine leichte Selbstironie in ihrer Stimme zu hören ist. Ich beschließe, nicht weiter nachzufragen. Es ist ihr Leben, und das habe ich zu respektieren.

Zum Glück habe ich ein paar englische Bücher im Städtchen gefunden, die mich interessieren, und so ist mir auch nicht langweilig in den Tagen am Meer. »Ein Bücherfreund ist niemals allein, auch im Bett nicht«, ist einer meiner Standardsprüche.

Ein einziges Mal schwimme ich auch im Salzwasser, das ich mindestens genauso liebe wie meine Bücher. Aber durch den Sandstrand bringt mir das Schnorcheln nichts. Nicht eine einzige Koralle gibt es hier.

Meine Bronchitis flammt wieder auf, und so schütze ich mich gegen Wind und Nässe. Die Führung im Wildpark am vorletzten Tag lasse ich mir dennoch nicht entgehen. Mein bäuerlicher Vater würde sagen: »Das ist schon bezahlt, und das wird jetzt auch gemacht.« Ein schwarzer Ranger steht mit seinem Jeep bereit, darin eine amerikanische Familie mit ihrer kleinen Tochter und ein dickbäuchiger älterer Mann, der nur seine Videokamera vor der Nase hat. Wir fahren los. Es begegnen uns jede Menge Impalas, Giraffen, einmal sehen wir einen Löwen in der Ferne, ein mächtiges Rhinozerus und einige Elefanten.

Der Dicke sagt dem Ranger immer wieder, dass er gefälligst näher an die Tiere heranfahren soll, damit er sie besser filmen kann. An seinem radebrechenden Englisch erkenne ich einen Deutschen, aber ich oute mich nicht, habe keine Lust, mich mit ihm zu unterhalten.

Dann erscheint ein riesiger Elefantenbulle auf einem Hügel neben der Hauptstraße. Wieder wird gedrängt, den sandigen Weg nach oben zu fahren für einen guten »Schuss«.

»Das ist ein Einzelgänger«, sagt der Ranger warnend, »und die können sehr gefährlich werden, wenn man ihnen zu nahe kommt.«

Den Vater des Mädchens bitte ich um sein Fernrohr und erkenne schon als Laie, dass dieser Koloss uns nicht wohlgesonnen ist. Seine weit abstehenden Ohren und sein wütendes Trompeten sagen uns deutlich, dass er nichts mit uns zu tun haben will.

Der dicke Mensch lässt nicht locker, wedelt mit einem großen Geldschein vor der Nase des Rangers herum. Der zuckt mit den Schultern und steckt das Geld ein: »Aber nur ein kleines Stück den Hügel hinauf. Ganz nah kann ich nicht heran.«

Am liebsten würde ich aussteigen, aber ich weiß ja nicht, ob noch andere Raubtiere im Gebüsch sind, denen ich als Mittagessen gerade recht komme. Auf halbem Weg nach oben sehen wir, dass der Elefant, der sich gerade in die Gegenrichtung trollen wollte, umdreht und in unsere Richtung stampft. Er rennt nicht, aber er wirkt bedrohlich. Die Eltern des Kindes werden blass und drücken das kleine Mädchen an sich.

Der Ranger dreht an einer kleinen Ausbuchtung um und gibt Gas. Nun fängt auch der Elefantenbulle an, schneller zu werden. Wir haben ihn wohl richtig verärgert. Das Mädchen fällt in einer Kurve an mich, und ich halte es fest. Falls der Bulle uns einholt, nehme ich das Kind und springe in den nächsten Busch, nehme ich mir vor. Schlangen hin oder her. Dass Elefanten, die einem etwas übel nehmen, Menschen schon zu Tode getrampelt haben, weiß ich.

In allerletzter Sekunde kommen wir auf die Hauptstraße, und der Elefant dreht sich mit einem letzten Trompeten um und trottet auf den Hügel zurück. Vielleicht wollte er uns ja auch nur ein bisschen Respekt beibringen. Dem Ranger laufen die Schweißperlen von der Stirn, und dem Dicken scheint die Luft entwichen zu sein, denn er sagt kein Wort mehr, sondern packt seine Kamera wortlos ein.

Nachdem alle vor dem Haupthaus ausgestiegen sind, unterhalte ich mich noch mit dem Ranger. Er macht sich Vorwürfe, dass er mal wieder einem dieser *bloody tourists* nachgegeben hat. »Das war noch gefährlicher, als es aussah«, sagt er mit fast tonloser Stimme. »Aber unsere Gehälter hier sind nicht so hoch, und wenn ein großes Trinkgeld winkt, wagen wir schon manchmal etwas. Obwohl erst vor zwei Wochen ein Tourist aus Europa, der vom Jeep aus in den Busch gegangen ist, um näher an die Elefanten heranzurobben, zu Tode getreten wurde. Ich hab jetzt endgültig meine Lektion gelernt.«

Die Abenteuerlust ist auch mir ein wenig vergangen, und so beschließe ich, am nächsten Tag in Richtung Manzini, der Hauptstadt Swasilands, zurückzufahren, wo James, ein Amerikaner mit seiner Familie, lebt. Ich hatte ihn im letzten Jahr auf einem Schamanengipfel in Österreich getroffen, ihn herumkutschiert, auch einige Tage in München bei mir als Gast gehabt, und so war ich sicher, willkommen zu sein.

Er hatte schon viele Bücher geschrieben darüber, wie er als einziger weißer Schamane in Swasiland lebt, mit der Königsfamilie eng befreundet und auch als Sangoma in diesem Land anerkannt ist. Dass er als erfolgloser Drehbuchautor Jahre zuvor Los Angeles verlassen hatte, wusste ich da noch nicht. Er lud mich herzlich ein, ihn auf meiner Reise zu besuchen, die zu diesem Zeitpunkt schon geplant war.

Auf der Hinfahrt nach St. Lucia hatte ich ihn angerufen und ihm angekündigt, dass ich ihn und seine Familie besuchen würde. Er klang kühl, sagte, dass er noch eine Weile auf seinem Filmfestival beschäftigt sei und ich ein paar Tage in einer Lodge wohnen sollte, bis er zurückkäme.

Die Fahrt Richtung Manzini verläuft reibungslos, obwohl mich manchmal ein seltsames Gefühl beschleicht, als ich Hunderte von Kilometern, durch eine menschenleere Gegend fahre. Das Auto scheint durchzuhalten, eine Panne hier ganz allein wäre kein Vergnügen. Manchmal muss ich anhalten, um einem die Straße kreuzenden Krokodil oder ein paar Affen den Weg frei zu geben.

Die Mantasans Lodge, die ich von St. Lucia aus gebucht habe, liegt in einer zauberhaften Landschaft, auch hier gibt es einen Swimmingpool. Ein helles, schönes Zimmer mit Blick auf einen Wasserfall ist für mich reserviert. Die Pflanzen sind ein Rausch in Blau und Orange.

Auch hier Touristen, die lieber unter sich bleiben. Nur die schwarzen Angestellten plaudern mit mir und bewundern mich, dass ich ganz alleine reise.

Beim Abendessen spreche ich einen Südafrikaner an, der ebenfalls allein am Tisch sitzt. Ich frage ihn, ob ich mich zu ihm setzen darf. Zuerst scheint es ihm peinlich zu sein, und er schaut sich verlegen um, denkt wahrscheinlich, dass ich ihn anmachen will. Erst als ich ihm sage, dass ich es satthabe, immer allein zu essen und einfach nur Gesellschaft will, wird er freundlicher. Er ist Ehemann, Großvater und arbeitet ein paar Wochen als Ingenieur in der Gegend.

Dann versuche ich, Ngwenya über seine Nichte Virginia zu erreichen. Ich sage ihr, wo ich bin, und dass er mich dort einen Tag besuchen solle. Ich würde ihm die Reise auch bezahlen. Zuerst will sie es mir ausreden, meint, sie könne doch viel besser kommen, aber ich bleibe hart: »Ich möchte ihn sehen, Virginia, und ich besuche dich und die Kinder, nachdem ich bei diesem weißen Sangoma war.«

Am nächsten Tag ist Ngwenya da. Er besucht die Wasserfälle mit mir und ein afrikanisches Dorf, das als Touristenattraktion nachgebaut wurde. Es finden rituelle Tänze statt. Gegen Bakschisch auch für die Touristen.

Ngwenya ist viel zu höflich, als dass er das Künstliche daran bemängeln würde, das mich an Disneyland erinnert. Er sagt nur: »Wir wären froh, wenn wir in so großen und stabilen Hütten wohnen könnten.«

Es ist Ngwenyas erster Urlaubstag in seinem eigenen Land. Er genießt jede Minute und bedankt sich unaufhörlich für den Luxus. Die Tänzer haben inzwischen ihre Kostüme ausgezogen und laufen in Jeans und T-Shirts herum. Als wir im Restaurant essen, ignorieren die Touristen mich und den schwarzen Mann, nur die Kellner mit derselben Hautfarbe behandeln mich und den Sangoma mit besonderer Hochachtung und lassen dafür hin und wieder einen weißen Gast warten.

Ngwenya platzt fast, so viel isst er, und als er das dritte Steak nicht mehr schafft, bittet er, es ihm für seine Kinder einzupacken. Sie bringen ihm ein beachtliches Paket zurück, worin offensichtlich noch einiges mehr aus der Küche Platz gefunden hat. Wir verabschieden uns herzlich, und ich verspreche ihm, ihn noch einmal bei Virginia und Hella zu treffen. Entweder noch vor dem Besuch bei dem weißen Sangoma in Manzini oder danach. Dann erstatte ich ihm die Reisekosten und lege noch etwas drauf. Er strahlt satt und glücklich.

Ein weißer Schamane in Afrika

Als ich wieder in meiner Unterkunft bin, rufe ich James an und frage ihn, wann ihm denn mein Besuch jetzt recht wäre. Wir machen aus, dass ich meinen Leihwagen am Flughafen von Manzini abgebe und er mich dort abholt. Auf ihn und seine Familie freue ich mich, und ich bin gespannt, wie der Mann, mit dem ich einen so guten Kontakt während des Schamanenkongresses hatte, privat ist. Vielleicht kann er mir auch helfen, dass meine Bronchitis besser wird.

Nachdem ich den Leihwagen abgegeben habe, warte ich auf ihn, bis ich ihn schon von Weitem sehe. Er winkt, kommt auf mich zu, beachtet mich dann aber gar nicht. Der Premier von Swasiland ist gerade mit Gefolge gelandet, und den will er doch lieber zuerst begrüßen. Der aber schaut nur erstaunt hoch und rauscht dann aus dem Flughafen hinaus Richtung Luxuslimousine. James hatte mir erzählt, dass er – James – eine wichtige Persönlichkeit in Swasiland sei, sogar ein Freund des Königshauses. Danach sah das eben aber nicht aus, denke ich erstaunt.

Als ich ihn begrüße, ist von seiner früheren Herzlichkeit nichts mehr zu spüren. Meinen Rucksack habe ich auf dem Rücken, die beiden zusätzlichen Taschen muss ich ihm in die Hand drücken, denn er hat sich bereits abgewendet. Inzwischen scheint er sich wohl daran gewöhnt zu haben, dass schwarze Angestellte oder die eigenen Frauen niedere Arbeiten machen.Vielleicht wäre ich besser noch einmal zum Kral gefahren, anstatt James zu besuchen.

Hätte ich damals auf meinen Instinkt gehört, wäre mir vielleicht einiges erspart geblieben, denn bereits das kühle Telefonat hätte mich warnen sollen.

Stattdessen denke ich, er habe ja vielleicht nur einen schlechten Tag. Denn der James, den ich damals vom Flughafen abgeholt habe, mit nach Österreich nahm, der vier Tage mein Gast in München war, kann doch nicht völlig verschwunden sein. Ich versuche, meine Enttäuschung zu unterdrücken.

Es regnet inzwischen, und es ist kühler geworden. Auf der Fahrt ist er fast stumm, dafür hat er laute Musik angemacht. Ich wundere mich, dass er die Strecke fährt, aus der ich vorher gekommen bin. Wohin wir eigentlich fahren, frage ich ihn.

Er zeigt auf sein linkes Ohr und sagt, dass er nichts hören kann. Das habe ich bei unserem letzten Treffen nicht bemerkt. Er fährt ganz offensichtlich nicht zu seinem Haus, sondern in eine weitere Lodge, die etwas verfallen mitten in der Pampa liegt. Auf dem Weg zur Rezeption erklärt er mir, dass die Lodge einem Freund gehört und wir dort kostenlos parken könnten. Ich frage ihn, was wir hier eigentlich machen.

»Damit du mal eine *gamelodge* siehst«, ist die kurze Antwort, während wir durch den Matsch zu einem Imbiss stampfen. Weit und breit sind keine Tiere zu sehen.

Inzwischen ist es Mittag, und ich habe Hunger. Ich bestelle mir einen Kaffee und einen Toast, denn ich werde am Abend sicherlich in der Familie essen. Er erzählt mir von seiner amerikanischen Familie. Alle haben sich mit ihm überworfen. Er klingt zynisch und misstrauisch. Dann fahren wir nach Mbabane, holen seine Tochter und drei Freundinnen von der Schule ab. James hat eine schwarze Frau geheiratet, und die fünfzehnjährige Tochter ist schon jetzt eine Schönheit. Er scheint sie sehr zu lieben, und als er sie umarmt und begrüßt, spüre ich wieder sein warmes Herz.

Anschließend fahren wir wieder stundenlang nach Manzini zurück, er setzt zuerst die Freundinnen ab und dann seine Tochter vor seinem Haus. Es ist groß, und man sieht, dass hier kein armer Mann wohnt. Hohe Stacheldrahtzäune schützen vor Einbrechern. Ich steige aus, will mein Gepäck herausholen, denn er hatte mir ja gesagt, ich wäre natürlich sein Gast. Er ist verlegen. »Leider kannst du hier im Moment nicht wohnen, weil wir gerade im Umbau sind. Ich bringe dich zu einem Hotel eines Freundes, da ist es für die ersten Tage bequemer für dich. Vielleicht geht es dann, sobald das Schlafzimmer fertig ist.« Flexibilität habe ich mir in diesem Land zum Glück angewöhnt, ich hätte nur von ihm erwartet, dass er mir das vorher gesagt hätte.

Das Hotel ist eher eine Pension und sieht ein bisschen nach Absteige aus. Wenn ich duschen kann und es einigermaßen sauber ist, soll es mir recht sein. Ich soll 250 Rand im Voraus zahlen – bar – und wundere mich über James' mangelnde Gastfreundschaft. »Ich habe kein Bargeld«, sage ich lakonisch.

Es ist James offensichtlich peinlich, dass ich nicht zahlen kann. Da es Wochenende ist, kann ich auch nicht zur Bank gehen. James sagt dem Besitzer der Pension, dass ich am Montag zur Bank gehen werde.

»Und was machen wir heute Abend?«, frage ich ihn und versuche, meinen Ärger herunterzuschlucken.

»Ich bin müde und rufe dich morgen früh an«, antwortet er kühl und verabschiedet sich schnell. Und ich bin so verblüfft, dass mir dazu nichts mehr einfällt.

Es ist inzwischen 17 Uhr, und in einer Stunde wird es stockdunkel sein. Das Hotel liegt etwas außerhalb der beleuchteten City. Diese Straßen sind in der Dunkelheit unsicher. Das weiß auch James, und ich verstehe ihn nicht. Ich bin eingesperrt, hungrig und ziemlich wütend. Die weiße Frau des muskulösen schwarzen Hotelbesitzers ist eine dicke, freundliche Frau. Im Hotel gibt es nichts zu essen, und so zeigt sie die Straße hinunter. »Das ist nur eine Viertelstunde, aber bis Sie gegessen haben, ist es dunkel, und das ist sehr gefährlich hier. Mr James holt Sie doch sicher ab?« Ich schüttle den Kopf und sehe das Entsetzen in ihren Augen. »Dann rufen Sie mich an, und mein Mann holt Sie dann ab«, sagt sie energisch.

Ich habe nur noch wenig Bargeld, aber ich will jetzt etwas essen und gehe zu dem Restaurant am Ende der Straße. Weiß gedeckte Tische, schwarze Kellner und außer mir kein Mensch. In zwei Stunden ist es hier sicher voll, davon bin ich überzeugt. Ich bestelle ein Filet, aber obwohl ich Hunger habe, kann ich es nicht genießen. Der Zorn schnürt mir die Kehle zu.

Nach dem Essen rufe ich wie verabredet im Hotel an, aber niemand geht ans Telefon, also beschließe ich, mich allein auf den Weg zu machen. Ich umklammere meine Pfefferspraydose in der

Jackentasche und gehe einfach los, besser gesagt, ich marschiere eher wie ein gereizter Soldat. Ich bin so wütend, dass ich jedem, der mich dumm anredet, das Gas in die Augen sprühen und mich mit Tritten in die Hose verteidigen würde. Die jungen herumlungernden Schwarzen, die ich nur an den glühenden Zigaretten und dem Weiß der Augen erkennen kann, spüren das vielleicht. Sie weichen aus und sagen kein Wort. Vielleicht habe ich aber auch nur Glück gehabt.

Ich würde jetzt so gerne mit einer guten Freundin sprechen, aber das Münztelefon im Eingang ist kaputt, ich habe kein Guthaben mehr auf meinem Handy und kein Telefon im Zimmer. Die Rezeption ist verwaist. Dann kommt Adams, der Besitzer, schlaftrunken aus einem Raum. Er leiht mir sein Handy. Aber bei der einen besten Freundin ist dauernd belegt, die andere geht nicht ans Telefon. So ist das mit »besten Freundinnen«, denke ich. Für mich jedenfalls waren sie eigentlich nie da. Vielleicht sollte ich sie mal auswechseln.

Als der Zorn nachlässt, ertrinke ich fast in Selbstmitleid und lege mich weinend aufs Bett. Bis vor Kurzem fühlte ich mich doch so stark, war so voller Vertrauen, und dann lassen eine Bronchitis und die Begegnung mit einem Weißen, auch wenn er ein Sangoma ist, mich jetzt wieder fast verzweifeln. Dieser Gedanke macht es nicht unbedingt einfacher. Im Moment bin ich ratlos, aber vielleicht gehört das immer wieder zu dem Prozess des Lernens und Bei-sich-Ankommens dazu.

Ich fühle mich entsetzlich verlassen, ein Gefühl, das ich aus meiner Kindheit so gut kenne. Ich habe wieder etwas Fieber, und das macht es nicht besser. Irgendwann schlafe ich schluchzend ein. Ich träume viel, und nicht immer sind es schöne Träume in letzter Zeit.

In dieser Nacht ist es ein besonders schlimmer Albtraum. Aber ich bleibe seltsam unbeteiligt. Eine Englisch sprechende Erzählerin begleitet die Bilder des Grauens:

> *Eine Horde Paviane umzingelt einen Kral, in dem die Menschen sich vor ihnen verschanzen. Sie haben Angst und haben hohe Palisaden um den Kral gezogen. Bald haben sie nichts mehr zu essen und zu trinken. Eine Frau geht mit einem Eimer an das Gatter, versucht, die kreischenden Paviane zu beruhigen. Sie will doch nur Wasser aus dem Fluss für ihre Kinder holen und vielleicht ein paar Kräuter. Immer wieder waren einige Menschen geflohen, um Hilfe zu holen, aber sie kamen nie wieder. Sie öffnet das Gatter, hofft, dass die Paviane sie in Ruhe lassen. Aber die Paviane überfallen sie, reißen ihr das Herz heraus, fressen ihr Gehirn. Dann fallen sie in die Hütten ein, zerfleischen alle, die sie erwischen.*
> *Die leidenschaftslose Stimme der Erzählerin sagt, dass die Affen hoffen, durch das Fressen der Herzen und Hirne wie Menschen zu werden.*
> *Die Paviane werden stündlich grausamer. Sie quälen ein Kind, das sich unter einem Bett versteckt hatte, zu Tode, bevor sie es fressen. Ein alter Pavian verliebt sich in eine Menschenfrau. Er kann jetzt sprechen und sagt, er werde sie nicht töten, wenn sie bei ihm bliebe, solange sie lebe. Sie bekommt Kinder, die halb Affe, halb Mensch sind. Eine Frau überlebt mit ihrem Vater und ihrem Kind. Sie haben nichts mehr zu*

essen, der Vater wird krank, sagt, sie solle mit dem Kind weggehen und ihren Mann suchen. Vielleicht habe er irgendwo überlebt. »Wenn ich jetzt rufe, läufst du mit dem Kind fort«, sagt er. Sie weigert sich, aber dann erkennt sie, dass das ihre einzige Chance ist. Während die Paviane den Vater zerfleischen, rennt sie los. Aber sie nimmt nicht den Pfad, auf dem die Menschen bisher geflohen sind, sondern sie geht quer durch den Dschungel. Ihr Kind schreit, sie hält ihm den Mund zu, bis es fast erstickt. Dann bricht sie zusammen. Sie wird von den Menschen jenseits des Dschungels gefunden, die sich retten konnten. Sie findet auch ihren Mann. Im Kral versammeln sich die Paviane mit den Halbaffen, die ihre Kinder sind. Der älteste Pavian sagt, dass sie aufhören sollen, wie Menschen sein zu wollen. Inzwischen seien sie ihnen ähnlicher geworden und viel grausamer, als sie es als Affen je waren.

Er schaut die Halbaffen an: »Ihr habt beides in euch, Mensch und Affe, vielleicht könnt ihr mit den guten Anteilen von beiden eine bessere Welt schaffen.«

Schweißgebadet wache ich auf, aber ich versuche erst gar nicht, diesen Traum zu verstehen.

Um zehn Uhr kommt James und holt mich ab. Er fragt, wann ich zur Bank gehe, um das Hotel zu bezahlen.

Ich schaue ihm in die Augen und sage: »Ich weiß nicht, was dich so verändert hat, James, du wirkst auf mich nicht wie ein guter Sangoma, sondern eher wie jemand, der noch immer nicht seinen

Platz gefunden hat.« Ich sage ihm, dass ich morgen zur Bank gehen würde, mir wieder ein Auto mieten und dann noch mal zu Ngwenya und der kleinen Hella und vielleicht sogar auch zu Jambolane fahren würde. »Das sind Menschen, die mich respektieren und lieben, deshalb bin ich dort lieber als bei dir.«

Sein Gesicht wird aschfahl. »Ich bin dir nicht böse, James, ich hatte nur Illusionen in Bezug auf dich. Und es ist besser, wenn ich jetzt gehe.«

Nun fängt er an, sich stotternd zu entschuldigen. Er habe mir das Haus im Umbau nicht zumuten wollen, und es ginge ihm auch nicht gut im Moment. Nun besteht er darauf, das Hotel zu bezahlen, und bittet mich inständig, mit zu ihm nach Hause zu kommen. »Bitte verzeih mir«, flüstert er. Als ich Tränen in seinen Augen sehe, gehe ich auf ihn zu, umarme ihn. »Alles wird gut«, tröste ich ihn.

Seine Frau begrüßt mich sehr herzlich. Eva heißt sie, und sie ist nicht mehr so schön wie in den Büchern, die James über sein Leben und Wirken in Swasiland schrieb. Sie ist sehr dick geworden wie viele schwarze Frauen, wenn sie älter werden. Aber ich sehe ihre schöne Seele.

Eva sieht James an und nickt zufrieden. Es scheint ihm besser zu gehen, sagt ihr Lächeln.

Sie führt mich durch ihren Garten und pflückt einige Kräuter. »Die sind gut für deinen Husten«, sagt sie. Dann erzählt sie mir, dass sie gerade ein *guesthouse* mit dem restlichen Geld von James baut, damit sie unabhängiger wird und auch die Sicherheit der Familie gewährleistet ist.

»Er war so ein guter Sangoma«, sagt sie leise, »aber er kann es im Moment nicht, macht lieber Seminare, schreibt Bücher über seine Ausbildung zum Sangoma. Er hat seine Wurzeln verloren und hier bei uns noch keine neuen schlagen können. Aber ich bin da für ihn, ich bin doch seine Frau.« Ihre Stimme ist voller Kummer, und jetzt verstehe ich James ein wenig besser. In seinem Innersten ist er immer noch heimatlos. Auch wenn man noch so viele spirituelle Wege gegangen, wenn man Heiler, Schamane, Magier ist – wir bleiben weiterhin Menschen mit körperlichen und seelischen Wunden.

Menschen mit besonderen Gaben sollten nicht nur andere, sondern auch sich selbst bewusster erkennen und dadurch ihren inneren Diamanten zum Leuchten bringen. Dazu gehört auch, das Ego hin und wieder zur Seite zu stellen und nur in der Liebe zu sein – mit einer großen Portion Demut und Vergebungsbereitschaft. Ich weiß mehr denn je, dass auch ich noch sehr viel lernen muss, und dass es nie aufhören wird, ein Beginnender zu sein.

Ein Hundebaby rennt durch den Garten, und ich nehme es auf den Arm. In einer Ecke steht ein halb zerfallener Schuppen, davor ein enger Zwinger, in dem drei riesige Rottweiler bellen und zähnefletschend an das Gitter springen, als ich mit dem Kleinen auf sie zugehe. Ich rede mit leiser Stimme, versuche sie zu beruhigen. Sie hören auf zu knurren, wedeln mit den Schwänzen, aber ich weiß, dass sie durch ihr Gefängnis sehr gefährlich sind. James erklärt mir, dass sie nachts herausgelassen werden, um das Anwesen und die Familie vor Einbrechern zu schützen.

Als ich abends das Hundekind weinen höre und zur Küchentür hinauswill, kann ich sie gerade noch schließen, bevor der Rottweiler mich angreifen kann. Ich versuche, mit James darüber zu reden, dass es nicht gut ist, Hunde zu Bestien abzurichten, aber er winkt ab. »Was verstehst du schon von Afrika.«

Wir essen in der Küche, Eva kocht und serviert, während die schöne Mulattentochter plappert und der pubertierende Adoptivsohn mürrisch schweigt. Sie helfen ihrer Mutter nicht, aber das kommt ja in meiner Welt sicher ebenso oft vor. Eva bietet mir das Bett ihrer Tochter an, aber ich lehne ab, denn ich spüre, dass das Mädchen es schwer akzeptieren könnte. So schlafe ich auf einer Matratze im riesigen Wohnzimmer. Durch Evas Kräutertee ist mein Husten besser geworden.

Am nächsten Tag hockt James fast ununterbrochen vor dem Computer, isst allein in seinem Studio, das nächste Mal mit mir, während Eva in der Küche bleibt. Als ich mir wünsche, dass wir zusammen essen, lehnt sie das ab. Es ist ihr eher peinlich.

James will, dass ich ihm Seminare in Deutschland organisiere. Ich mache einen Entwurf für ihn, sage ihm aber, dass er den Rest selbst machen müsse. Unhöflich bin ich nicht, aber ich habe auch nicht die geringste Lust, noch etwas für ihn zu tun. Das Vergeben hat mein Herz noch nicht erreicht.

Die Tochter fragt mich, ob sie mich mal mit ihren Freunden besuchen könne. Ich erkläre ihr, dass meine Wohnung zu klein sei, ich ihr und den Freunden aber gern bei der Suche nach einem Hotel oder einer Jugendherberge helfen könne. Dadurch erlischt ihr Interesse an mir auf der Stelle.

Am zweiten Tag sage ich, dass ich weiterfahren müsse. Ich habe mir bei Avis wieder einen Leihwagen gemietet, der am Flughafen steht, die Flüge so umgebucht, dass ich ein paar Tage mehr Zeit habe und so noch einmal Ngwenya bei Virginia treffen und für ein paar Tage in den Kral fahren kann. Eva schenke ich zum Abschied meine letzte Perlenkette, über die sie sich sehr freut. Aus James werde ich nicht schlau. Eigentlich wirkt er erleichtert, als ich ihm sage, dass ich abreise, aber als er mich am Flughafen absetzt, weint er wie ein kleiner Junge. Ich war wohl zur falschen Zeit bei ihm. Oder vielleicht hat sich das Kind in ihm durch meine Anwesenheit erst wieder zeigen können.

Wieder fahre ich die lange Strecke bis Mbabane, wo Virginia mit ihrer Mutter und ihren Kindern wohnt und wo auch die kleine Hella-Gabsile vorübergehend ein Zuhause gefunden hat. Ngwenya hatte ich über seine Schule in Dudusini Bescheid gegeben, und als ich ankomme, wartet er schon auf mich. Die kleine Hella-Gabsile ist außer sich vor Freude. »Ich bin schon viel besser in der Schule«, sagt sie, »weil ich immerzu lerne, und wenn ich groß bin und einen Beruf habe, besuche ich dich in Europa.«

Mein Herz zieht sich zusammen, denn ich weiß ja nicht, ob sie ihre Aidskrankheit noch lange überleben wird.

Virginia zeigt mir stolz ihr Haus und stellt mir ihre Kinder vor, die sie alleine erzieht. »Auf die afrikanischen Väter kann man sich nicht verlassen«, meint sie lakonisch. Als Lehrerin verdient sie zum Glück ganz gut. Ihre Mutter kocht für uns, und so wird es ein fröhlicher, lebhafter Abschiedsabend mit diesem Teil meiner afrikanischen Familie. Ich erzähle Ngwenya, dass ich Jambolane noch einmal besuchen möchte, aber nicht wisse, ob er überhaupt da sei. Ngwenya lächelt und meint: »Der Baba hat mir gesagt, dass er in den nächsten Wochen immer im Kral ist und weil er sicher ist, dass du noch einmal zurückkommst.«

Als ich am nächsten Morgen abfahre, hören die Umarmungen gar nicht auf, und wir alle weinen. Wenn hier einer mal anfängt, weinen alle immer mit. Ngwenya bleibt noch ein paar Tage bei seiner Tochter, obwohl ich ihm angeboten habe, ihn in der Nähe seines Zuhause abzusetzen.

Sula gardíe – das Lebewohl

Ich fahre noch viele Stunden durch Swasiland, und als ich über die Grenze fahre, weiß ich, dass ich diesmal den Weg zum Kral ganz allein finden werde. Es ist wie nach Hause zu kommen. Unterwegs habe ich noch eingekauft – für die Menschen und die Tiere –, und als ich an das Gatter des Krals komme, rennen mir die Kinder entgegen, begleitet von einem aufgeregten und bellenden Hunderudel.

Die Kinder holen mein Gepäck aus dem Auto, zwei nehmen mich an die Hand und führen mich über die engen Wege zwischen den Hütten. Überall kommen Frauen heraus, klatschen in die Hände, lachen und umarmen mich. Auch Miriam und Kleopatra laufen auf mich zu und strahlen. Ich bin total überrascht. Sie konnten doch gar nicht wissen, wann ich komme, eigentlich müssten sie alle auf den Feldern sein.

»Wer hat euch denn gesagt, dass ich heute komme?«, frage ich Kleopatra.

»Der Baba hat es uns gesagt«, antwortet sie, als sei das ganz selbstverständlich.

Ich verstehe gar nichts mehr. Ich hatte ihn extra nicht benachrichtigen lassen, denn es sollte eine Überraschung werden. »Du hast wieder dasselbe Zimmer. Ich habe es heute Morgen noch geputzt. Aber zuerst müssen wir zum Baba. Er hat gesagt, du sollst sofort zu ihm kommen.«

Und da steht er schon vor seiner Hütte. Er hat sich gekleidet wie für ein großes Ritual, mit seinem königsblauen Umhang, seinen

Ziegenfellen, den Federn auf dem Kopf und dem Stab des Sangomas in der Hand. Nur das Lachen ist das eines großen Lausbuben. Meine Verwirrung amüsiert ihn.

Wir setzen uns unter eine Plane vor der Hütte, die uns vor der brennenden Sonne schützt. »Ich will nicht so egoistisch sein und dich mit in die Hütte nehmen«, raunt er mir zu.

»Alle wollen dich sehen, und alle sollen dich sehen.« Tücher werden ausgebreitet und das vorbereitete Essen serviert. »Ich habe doch im Auto genug zu essen dabei«, wehre ich ab. »Heute bist du unser Gast, ab morgen nehmen wir gerne deine Geschenke an.«

Um uns herum, auf dem Vorplatz, drängeln sich Frauen und Kinder. Jeder darf sich etwas zu essen nehmen. Es gibt nicht nur Mais in allen Variationen, sondern auch Früchte und Huhn. Eigentlich möchte ich das Wasser aus den Krügen nicht trinken, und ich zögere. »Alles vorher abgekocht«, beruhigt er mich, als er meinen Blick sieht.

»Wir haben eben auch ein wenig von dir gelernt.«

Die Halbwüchsigen haben die Trommeln, die ich noch nie außerhalb des Trommelraums gesehen habe, hergebracht, und nach dem Essen wird getrommelt und getanzt.

»Heute ist Feiertag«, sagt der Alte freundlich, »dir zu Ehren muss heute niemand arbeiten.« Dann fragt er mich aus, wie es denn am Meer und bei dem »weißen Sangoma« war. Ich höre den spöttischen Unterton in seinen Fragen und erzähle nur die halbe Wahrheit, denn ich möchte James nicht herabsetzen, auch wenn Jambolane alles zu ahnen scheint.

Aber am Ende des Palavers sage ich: »Ich bin froh, wieder zu Hause zu sein. Und mein Zuhause wird es in meinem Herzen auch bleiben, selbst wenn ich nicht mehr hier bin.« Dann bedanke ich mich noch einmal für all das, was ich bei ihm und durch ihn lernen konnte. Jetzt wird es mir erst klar, dass auch die schlimmen Erlebnisse richtig waren, um zu reifen, zu wachsen. Heimat ist immer da, wo man Liebe bekommt und geben kann.

Er fragt mich, wie lange ich bleiben kann. Als ich ihm sage, dass mein Flugzeug von Nelspruit schon in zwei Tagen abfliegt, huscht ein enttäuschter Schatten über sein Gesicht. Ich nehme seine Hand, und er lässt sich diese Berührung gefallen. »Das haben dir deine Spirits wohl nicht verraten«, scherze ich. »Und nun komm bloß nicht auf die Idee, mich durch schlechtes Wetter oder Ausfälle von Flugzeugen länger hierzubehalten.«

Er lacht wieder. »Jede Stunde, die du noch hier bist, ist wie sonst ein Jahr«, antwortet er ungewohnt blumig. »Und auch wenn du ein Teil von uns bleiben wirst, gehörst du wieder in deine Welt. Wenn ich tot bin, werde ich oft an deiner Seite sein, egal wo du bist.« Sein Gesicht ist wieder ernst geworden. Ich schaue ihn fragend an.

»Das Gift wirkt immer mehr, und es wird nicht mehr lange dauern. Ich habe alles geordnet für die Zeit danach. Das Erbe ist gut verteilt, und ich kann in Frieden gehen, bald.«

Dann steht er auf und fordert mich auf, mit ihm und den anderen zu tanzen. Ich wundere mich, wie dieser alte Mann, der fast 86 Jahre alt und sehr krank ist, wie ein Derwisch tanzt, als ob er ein ganz junger Mensch sei. Und als ich ihm ins Gesicht schaue, sieht er aus wie Mitte zwanzig. Vielleicht hat er mich hypnotisiert und seine »Schalternummer« noch einmal gezeigt. Seine Frauen schauen ihn bewundernd an.

Auch ich fühle eine nicht enden wollende Energie, aber nach zwei Stunden kann ich nicht mehr. Ich bitte, mich zurückziehen zu dürfen. Er nickt. »Ruhe dich aus, wir feiern noch etwas. Und morgen sehen wir uns noch einmal.«

Ich gehe in mein Zimmer, die Kinder und Hunde folgen mir. Das Futter verteile ich an die Hunde, gebe den Rest meinem kleinen Engel von damals, der nun für die Hunde zuständig ist. Die Kinder bekommen wieder Süßigkeiten, und den Frauen übergebe ich meine Einkäufe. Dann falle ich müde aufs Bett. Dieses Mal stören mich weder die Gerüche noch die mangelnde Hygiene, ich fühle mich einfach nur wohl und schlafe schnell ein.

Am anderen Morgen höre ich Kinderstimmen und Hundegebell. Sie werden mich keine Sekunde aus den Augen lassen, solange ich noch da bin, und es stört mich auch nicht. Ich bin ein Teil von ihnen, auch wenn ich nie ganz dazugehören werde. Trauer steigt in mir hoch, denn ich spüre, dass ich nicht mehr so bald wieder in diesem Teil der Erde sein werde.

Der Tag vergeht wie immer. Ich spiele mit den Kindern und Hunden, habe Besuch von verschiedenen Frauen, die noch einmal mit mir allein sein wollen. Niemand fragt mehr, ob ich noch Geschenke und Geld habe, jede gibt mir etwas Selbstgebasteltes oder Gefundenes – Kräuter, getrocknete Blumen, Steine, Ketten und Armreifen.

Am Abend gibt es noch einmal ein gemeinsames Essen, dieses Mal von meinen mitgebrachten Sachen, und es wird wieder lange getanzt und gesungen. Am nächsten Morgen ist es dann so weit. Jambolane will mich noch einmal allein sehen. Nur Kleopatra ist dabei und übersetzt. Er sagt mir noch einmal, dass seine Zeit gekommen ist, dass ich aber auch nach seinem Tod immer mit seiner Unterstützung rechnen kann.

»Es wird noch ein paar Jahre dauern, bis du endlich um deine Kraft weißt, sie einsetzen kannst, an dich glaubst und an das, was man nicht mit bloßen Augen sehen kann«, sagt er ernst. »Und dem Mann mit dem Bart wirst du dann begegnen, wenn du auch der Liebe vertraust«, setzt er mit belustigtem Ton hinzu.

Jambolane, der Sangoma, der Baba, der Alte umarmt mich das letzte Mal – und ich kann meine Tränen ebenso wenig zurückhalten wie er und Kleopatra. Als ich ins Auto steige und aus dem Gatter herausfahre, fangen sie wieder an zu trommeln, damit ich sie auch noch hören kann, wenn ich schon weit entfernt bin.

Die Trommeln im Kral schweigen erst wieder, als ich zurück in Deutschland bin.

Der Sangoma Jambolane starb im Alter von 86 Jahren, umringt von seinen Frauen und Kindern, wie Kleopatra mir in ihrem Brief schrieb, der Wochen unterwegs war.

Als ich auf das Datum und die Uhrzeit schaue, weiß ich, warum ich in dieser Nacht aufgewacht bin und sein erlöstes, glückliches Gesicht gesehen habe.

Epilog

»Der Mensch bereist die Welt auf der Suche nach dem, was ihm fehlt. Und er kehrt nach Hause zurück, um es zu finden.«

George Moore

Ich habe noch jahrelang Kontakt zum Kral über Kleopatra und auch Ngwenya, auch wenn er seltener wird. Die Frauen haben es geschafft, sich auch ohne ihren Häuptling mit der Arbeit auf dem Feld und mit Heilungen durchzuschlagen. Einige haben den Kral verlassen. Kleopatra gehört nicht dazu.

Die kleine Hella lebt immer noch.

Ich leide nicht mehr an den schmerzhaften Schwankungen zwischen Vertrauen, Hingabe und Zweifel, seitdem ich meine heilerische Tätigkeit offener zeige und zu mir selbst stehe.

Es kommt mir ganz normal vor, bei den Behandlungen Kontakte in die unsichtbare Welt zu haben, mit Engeln, Spirits und Verstorbenen zu sprechen, und ich merke, dass ich die Kraft des Kindes, das ich einmal war, zurückbekommen, die Angst vor Ächtung und Strafe jedoch verloren habe. Jambolane wie auch Don Eduardo gehören zu meinen Helfern aus der anderen Welt.

Wie Jambolane sagte, würde ich dem Mann mit den grünen Augen erst dann begegnen, wenn ich nicht mehr schwanke, wenn ich mir selbst vertraue, wenn ich der Liebe vertraue. Ich wurde ihm bei Freunden vorgestellt, und zu unser beider Überraschung wurde uns klar, dass wir in den letzten Jahrzehnten viele Male am selben Ort waren, sowohl beruflich als auch im Freundeskreis, uns aber nicht wahrgenommen hatten. Nun war von der ersten Minute an klar, dass wir für den Rest dieses Lebens zusammenbleiben und dass wir jeden Moment genießen würden, solange es möglich sein würde. Er war ähnliche Wege wie ich gegangen, um zu sich und seiner Spiritualität zu finden. So können wir uns bis heute gegenseitig unterstützen und bestätigen.

Nun ist alles richtig, wie es von Anfang an sein sollte.

Wir können gemeinsam ernten.

Zwei Lektüretipps aus meinem Buchregal:

- Alberto Villoldo, „Das geheime Wissen der Schamanen",
- Wolf Wies, „Magie der Heilung", Goldmann

Kontakt:

Hella Schwerla
www.lebensspuren.info
www.hitze-dreck-und-erleuchtung.de

10% meines Honorars geht an den Kral und Ngurenya